國家圖書館出版品預行編目資料

新譯小窗幽記(下)／馬美信注譯.——初版四刷.——
臺北市：三民，2022
冊；　公分.——(古籍今注新譯叢書)

ISBN 978-957-14-5932-5（上冊:平裝）
ISBN 978-957-14-5933-2（下冊:平裝）
1. 筆記 2. 明代

075.6　　103011964

古籍今注新譯叢書

新譯小窗幽記(下)

注譯者　馬美信
發行人　劉振強
出版者　三民書局股份有限公司
地　址　臺北市復興北路386號(復北門市)
　　　　臺北市重慶南路一段61號(重南門市)
電　話　(02)25006600
網　址　三民網路書店 https://www.sanmin.com.tw

出版日期　初版一刷 2014年7月
　　　　　初版四刷 2022年9月
書籍編號　S033460
ISBN　978-957-14-5933-2

三民書局

馬美信 注譯

新譯小窗幽記（下）

三民書局

新譯小窗幽記　目次

下冊

卷六 景

六・一 結廬❶松竹之間，閒雲封戶；徙倚❷青林❸之下，花瓣沾衣。芳草盈階，茶煙幾縷；春光滿眼，黃鳥一聲。此時可以詩，可以畫，而正恐詩不盡言，畫不盡意。而高人韻士，能以片言數語盡之者，則謂之詩可，謂之畫可，謂高人韻士之詩畫亦無不可。集景第六。

【注　釋】❶結廬　修建房舍。❷徙倚　徘徊。❸青林　蒼翠的樹林。

【語　譯】在松樹竹林間修建房舍，悠然飄浮的白雲封閉了門戶；徘徊在蒼翠的樹林之下，花瓣沾上了衣服。芳草長滿臺階，煮茶的煙飄起幾縷；春光滿眼，時而傳來一聲黃鶯的啼鳴。這時候可以寫詩，可以作畫，可是正恐怕詩不能說盡想說的話，畫不能完全表達自己的意思。可是見識高超和風雅的人士，能以簡短的語言說盡其中的妙處，那麼他的話可以說是詩，也可以說是畫，說是高人韻士的詩畫也無不可。集景第六。

【研析】自然風光千姿百態，意趣無窮，詩畫難以窮盡其神態，這是人工不及天然的道理。然而中國的語言富有形象性、概括性，能「狀難寫之景如在目前」，創造出自然所沒有的意象，因為在語言的描述中，融入了作者自身的感情和哲理。作為語言的藝術，源於自然，但又超越自然，可以給人觀賞自然風光之外的審美享受。

六・二

花關❶曲折，雲來不認灣頭❷；草徑幽深，落葉但敲門窗。

【注釋】❶花關　用花做的門戶處的屏障。❷灣頭　水邊曲折處。

【語譯】花做的屏障曲曲折折，雲來認不出水灣處；長滿草的小路幽靜深遠，落葉只敲門窗。

【研析】此聯寫景，語言生動活潑。雲來不認灣頭，用擬人的手法突出了花障的茂密曲折。草徑幽深，落葉也尋找不到，只能飄灑在門窗上。此句將死景寫活了。

六・三

細草微風，兩岸晚山迎短棹❶；垂楊殘月，一江春水送行舟。

【注釋】❶短棹　小船。棹，船槳。

【語譯】微風吹拂著細草，兩岸披著夕照的山峰迎來小舟；殘月照射著垂楊，一江春潮送小舟遠行。

【研　析】此聯善化用前人名句。「兩岸晚山迎短棹」，化用李白〈望天門山〉：「兩岸青山相對出，一片孤帆日邊來。」「垂楊殘月」兩句，化用柳永詞〈雨霖鈴〉「楊柳岸，曉風殘月」的意境。

六・四　草色伴河橋，錦纜❶曉牽三竺❷雨；花陰連野寺，布帆晴掛六橋❸煙。

【注　釋】❶錦纜　用錦做成的纜繩。❷三竺　杭州天竺山，有上天竺、中天竺、下天竺三座寺院，合稱「三天竺」，簡稱「三竺」。❸六橋　杭州西湖蘇堤上有六座橋，分別名為映波、鎖瀾、望山、壓堤、東浦、跨虹。

【語　譯】草色陪伴著河上的橋，錦纜牽來三竺的晨雨；花陰連接著野外的寺院，船上的布帆掛著六橋的晴煙。

【研　析】此聯言西湖周邊景色。「草色伴河橋」，化用韓翃「草色河橋落照中」；「錦纜曉牽三竺雨」，出自杜甫「遲日徐看錦纜牽」；「布帆晴掛六橋煙」，出自皮日休「布帆晴照海邊霞」。

六・五　閒步畎畝❶間，垂柳飄風，新秧翻浪；耕夫荷❷農器，長歌相應；牧童稚子，倒騎牛背，短笛無腔❸，吹之不休，大有野趣。

【注　釋】❶畎畝　田地；田野。畎，田地中間的溝。❷荷　背負；肩扛或擔。❸無腔　沒有腔調節奏。

【語　譯】在田野中散步，垂柳在風中飄拂，新栽的秧苗翻滾著綠浪；耕田的人背負著農具，高聲唱歌互相應和；幼小的牧童倒騎在牛背上，吹著短笛不成腔調，還是不停地吹著，大有山野的趣味。

【研　析】此條寫農耕生活，富有田園之趣。「牧童」數句，出自宋雷震〈村晚〉：「牧童歸來橫牛背，短笛無腔信口吹。」悠然自得之情，躍然紙上。

六・六　夜闌人靜，攜一童子立於清溪之畔，孤鶴忽唳，魚躍有聲，清入肌骨。

【語　譯】夜深人靜，帶著一個童兒站在清澈的小溪旁，孤獨的鶴忽然鳴叫，魚躍出水面發出聲響，清涼之氣滲入肌膚骨髓。

【研　析】孤鶴夜唳，聲音淒亮，魚躍出水，打破深夜的寂靜，作者運用音響效果，營造出幽清的意境。

六・七　垂柳小橋，紙窗竹屋，焚香燕坐❶，手握道書❷一卷。客來則尋常茶具，本色清言，日暮乃歸，不知馬蹄為何物❸。

【注　釋】❶燕坐　閒坐，此指坐禪。❷道書　道家或佛家的典籍。❸不知馬蹄為何物　《莊子．馬蹄》：「馬蹄可以踐霜雪，毛可以禦風寒，齕草飲水，翹足而陸，此馬之真性也。」此句意為不知道馬蹄踐踏霜雪那樣的艱辛。

【語　譯】垂柳小橋，紙糊的窗戶竹子蓋的屋，焚香閒坐，手握道藏佛經一卷。客人來了就用尋常的茶具招待，暢所欲言地閒聊，到傍晚客人才回去，不知道踐霜踏雪的滋味是怎樣的。

【研　析】一卷道書，一杯清茶，暢所欲言，不受世俗束縛，是文人雅士悠閒生活的寫照。

六．八　門內有徑，徑欲曲；徑轉有屏，屏欲小；屏進有階，階欲平；階畔有花，花欲鮮；花外有墻，墻欲低；墻內有松，松欲古；松底有石，石欲怪；石面有亭，亭欲樸；亭後有竹，竹欲疏；竹盡有室，室欲幽；室旁有路，路欲分；路合有橋，橋欲危❶；橋邊有樹，樹欲高；樹陰有草，草欲青；草上有渠，渠欲細；渠引有泉，泉欲瀑❷；泉去有山，山欲深；山下有屋，屋欲方；屋角有圃，圃欲寬；圃中有鶴，鶴欲舞；鶴報有客，客不俗；客至有酒，酒欲不卻；酒行❸有醉，醉欲不歸。

【注釋】❶危　高；高聳。❷瀑　水湍急飛濺。❸酒行　即「行酒」，依次斟酒。

【語譯】門內有小路，小路要曲折；小路轉彎處有屏風，屏風要小；過了屏風有臺階，臺階要平整；臺階邊上有花，花要新鮮；花外有牆，牆要低；牆內有松樹，松樹要古老；松樹底下有石頭，石頭的形狀要奇特；石頭上面有亭子，亭子要簡樸；亭子後面有竹子，竹子要稀疏；竹子盡頭有房間，房間要幽靜；房間旁邊有路，路要分岔；路的匯合處有橋，橋要高聳；橋邊有樹，樹要高大；樹蔭下有草，草要青；草上有水渠，渠要細；水渠引來泉水，泉水要湍急；泉流向的地方有山，山要幽深；山下有屋，屋要方；屋角有園林，園林要寬敞；園林中有鶴，鶴要能飛舞；鶴通報來客人，客人要不俗；客人來了有酒，喝酒不要推卻；喝酒醉了，醉了想不回去。

【研　析】此條總結了中國古代營造園林的方法，出自明程羽文《清閒供．小蓬萊》。文中「門、徑、屏」等是園林中常見的景物，「內、轉、進」等是兩類景物的空間布局關係，「曲、小、平」等表現了各種園景的形態，營造出某種意境。這段文字提出了一些建造園林的基本法則，如對比法則，橋與樹，一高一低，一豎一橫，通過形態的對比形成完美的構圖；如平衡法則，「路合有橋，橋欲危」，路上有橋，橋臨泉水，將路、橋、水三者和諧地結合在一起；如發射法則，「室旁有路，路欲分」，通過路的延伸增強了園林的縱深感；如調和法則，「松古」與「石怪」，互相映襯，顯得十分和諧。中國古代園林建築，首先注重意境，強調整體的構思和形式美法則的運用，通過不同景物的形態、材質、色彩的對比和協調，組合成錯落有致的空間樂章，具有強烈的節奏感和韻律美。（注：此條研析，參考了陳教斌、鍾濤等〈淺議中國古典園林形式美〉一文。）

六·九 清晨林鳥爭鳴，喚醒一枕❶春夢❷。獨黃鸝百舌❸，抑揚高下，最可人意❹。

【注　釋】❶一枕　猶言睡一覺。睡臥必用枕，故以一枕指睡臥。❷春夢　春天的夢，也指好夢。❸百舌　即百舌鳥，善鳴，聲音多變化。❹可人意　符合人意。可意，合意。

【語　譯】清晨林間百鳥爭鳴，喚醒一覺春夢。只有黃鸝百舌，聲音抑揚高下，最合人意。

【研　析】此條寫春天清晨醒來，聽到窗外百鳥爭鳴，可以想像到春色宜人，有孟浩然「春眠不覺曉，處處聞啼鳥」的意境。

六·一〇 高峰入雲，清流見底，兩岸石壁五色交輝，青林翠竹四時俱備，曉霧將歇，猿鳥亂鳴，日夕欲頹❶，池鱗競躍，實欲界❷之仙都。自康樂❸以來，未有能與其奇者。

【注　釋】❶頹　消退。❷欲界　指人間。❸康樂　東晉文學家謝靈運，封康樂公。

【語　譯】高峰插入雲霄，清澈的流水能看到底，兩岸石壁五色交相輝映，青翠的樹木竹林一年四季常綠，晨霧即將消散，猿鳥亂鳴，太陽到了傍晚即將消失，池中的魚爭相跳出水面，真是人間的仙境。從謝康樂以來，還沒有人能經歷這樣奇妙的境地。

【研　析】此條寫山中之景，出自陶弘景〈答謝中書〉。陶弘景是齊梁間著名道士，長年隱居山中，自號「華陽隱居」。梁武帝禮聘不至，卻每每諮詢朝廷大事，時人稱為「山中宰相」。高峰入雲，清流見底，高峰巍然挺拔，清流秀麗靈動，孔子說：「仁者樂山，智者樂水。」有山水處即為風景。兩岸石壁五色交輝，當為丹霞地貌。丹霞地貌由長年風化的紅色砂礫岩組成，在日光照射下，岩石呈五彩色。「曉霧將歇」四句，描寫從朝至暮的不同景象。清晨煙霧繚繞，猿啼鳥鳴打破了深山的幽靜；傍晚在晚霞的映照下，遊魚躍出水面，激起層層漣漪。「曉霧將歇」二句照應「高峰入雲」，「日夕欲頹」二句照應「清流見底」，章法十分嚴謹。最後說「自康樂以來，未有能與其奇者」，好景並非人人能欣賞，《世說新語・棲逸》載許掾好山水，「非徒有勝情，實有濟勝之具」，意為遊山玩水不僅要有好興致，還要有好身體。此外，還須有審美的胸襟和眼光，否則就不能真正領略山水之美。

六・一一　曲徑煙深，路接杏花酒舍；澄江日落，門通楊柳漁家。

【語　譯】曲曲折折的小徑籠罩著濃煙，道路通往杏花村的酒家；清澈的江水映照著落日餘暉，門戶連接著楊柳樹下的漁家。

【研　析】此條描寫田園風光。曲徑煙深，寫環境的幽靜。詩云「曲徑通幽處」，彎彎曲曲的小路通往遠處，連接著杏花叢中的酒家，而濃濃的煙霧隔斷了塵世的喧囂。落日照紅了清澈的江水，門戶連接著綠楊環繞的漁家。古代漁民以船為家，在晚霞籠罩的江邊，垂楊之下停泊著幾艘漁船，構成一幅美不勝收的畫面。此條文字純屬寫景，卻透露出作者的閒情逸致，是以景寫情，意在言外的妙筆。

六・一二　長松怪石，去墟落❶不下一二十里。鳥徑❷緣崖，涉水於草莽❸間數四。左右兩三家相望，雞犬之聲相聞。竹籬草舍，燕處其間，蘭菊藝之，霜月春風，日有餘思。臨水時種桃梅，兒童婢僕皆布衣短褐❹，以給薪水❺，釀村酒而飲之。案有《詩》、《書》、《莊周》、《太玄》、《楚辭》、《黃庭》、《陰符》、《楞嚴》、《圓覺》數十卷而已❻。杖藜❼躡屐❽，往來窮谷大川，聽流水，看激湍，鑒澄潭，步危橋，坐茂樹，探幽壑，升高峰，不亦樂乎。

【注釋】❶墟落　村落。❷鳥徑　曲折盤旋的山間小道。❸草莽　草木叢生的荒原。❹短褐　粗布的短衣，為貧賤者或童僕所穿。❺薪水　柴和水，借指生活必需品。❻案有詩書句　詩，專指《詩經》。書，專指《尚書》。

莊周，戰國時哲學家，著有《莊子》。此處莊周當指《莊子》。太玄，漢代揚雄模仿《易經》的哲學著作。黃庭，《黃庭經》，道家典籍。陰符，《陰符經》，道家典籍，相傳為春秋時鬼谷子所著。楞嚴、圓覺，皆為佛教經典。❼藜　一種草本植物，其莖老了可以做手杖，稱為「藜杖」。❽躡屐　穿著木屐。屐，古代的木鞋，鞋底有兩齒，適合在泥地行走。

【語譯】高高的松樹奇異的石頭，離開村落不下一二十里。山間小道順著崖壁向前延伸，多次在草木叢生的荒原中涉水而過。左右有兩三家相望，彼此能聽到對方的雞鳴狗叫聲。竹籬笆茅草屋，安逸地生活在其中。種植蘭草菊花，享受著秋天的月亮春天的風，每日思緒翩翩。時常在水邊種桃樹梅花，兒童婢僕都穿著粗布短衣幹活，以此來維持日常的生活，喝的也是家釀的酒。案頭有《詩經》、《尚書》、《莊子》、《太玄》、《楚辭》、《黃庭》、《陰符》、《楞嚴》、《圓覺》，總共數十卷而已。拄著藜杖穿著木屐，往來深谷大川，聽流水聲，看湍急的河流，欣賞清澈的水潭，走上高聳的橋梁，坐在茂盛的樹木下，探訪幽深的溝壑，攀登險峻的高峰，不也很快樂嗎。

【研析】此條寫隱居田園的農家之樂，元陶宗儀《說郛》錄宋虎《澗泉日記》、明高濂《遵生八牋》引《澄懷錄》，皆有此段文字，個別字句各有不同。

六・一三　天氣晴朗，步出南郊野寺，沽酒飲之。半醉半醒，攜僧上雨花臺❶，看長江一線，風帆搖曳❷，鍾山❸紫氣❹，掩映黃屋❺，景趣❻滿前，應接不暇。

【注　釋】❶雨花臺　在江蘇南京。相傳梁武帝時，雲光法師在此講經，落花如雨，故名雨花臺。❷搖曳　晃蕩；飄蕩。❸鍾山　在江蘇南京，山石呈紫紅色。❹紫氣　紫色的雲氣，古代認為是祥瑞之兆，帝王建業之地。❺黃屋　帝王宮殿。❻景趣　由景色而生的情趣，此處即指美好的風景。

【語　譯】天氣晴朗，走出南郊的寺院，買酒來喝。半醉半醒，帶著僧人登上雨花臺，看長江好似一根線，風中的船帆搖晃不定，鍾山紫氣氤氳，映照著黃色的宮殿，眼前全是美好的景色，讓人應接不暇。

【研　析】此條寫在雨花臺上遠眺長江和鍾山的景色。登高望遠，浩瀚的長江猶如一根細線，令人覺得天地之遼闊，而江上蕩漾的風帆，讓人聯想起人生的艱險和動盪，如范仲淹〈江上漁者〉詩所云：「君看一葉舟，出沒風波裡。」南京是六朝古都，因此相傳鍾山紫氣氤氳，為帝王建業祥瑞之兆。元舒岫〈金陵懷古〉詩云：「六代繁華古又今，鍾山王氣拂雲岑。」看到鍾山紫氣掩映宮殿，不禁有朝代更迭，世事興廢的感歎。

六・一四　淨室❶一掃，用博山爐❷爇❸沉水香❹，香煙縷縷，直透心竅，最令人精神凝聚。

【注　釋】❶淨室　清潔安靜的房間，也指寺院中供人休息的房間。❷博山爐　古香爐名。❸爇　燒。❹沉水香　以沉香木製成的香料。

【語　譯】打掃完淨室，用博山爐燒沉水香，香煙縷縷，直透心扉，最讓人精神集中。

【研　析】古代文人喜焚香，且有很多講究。宋洪芻著《香譜》，列舉數十種香料的特性及用法；葉廷珪《名香譜》主要介紹各種香料的產地來歷；臞仙《焚香七要》講焚香的方法和須注意的事項。古代焚香，以博山爐爇沉水香最為普遍，李白〈楊叛兒〉詩即云：「博山爐中沉香火，雙咽一氣凌紫霞。」

六・一五

每登高丘，步邃谷❶，延留❷燕坐，見懸崖瀑流，壽木❸垂蘿，悶邃岑寂❹之處，終日忘返。

【注　釋】❶邃谷　深谷。❷延留　同「淹留」。在一個地方不忍離去。❸壽木　長壽之木；古老的樹木。❹悶邃岑寂　幽深冷清。

【語　譯】每次登上高丘，走在深谷，逗留安坐，看懸崖瀑布，老樹垂蘿，在幽深冷清的地方，停了很久忘了返回。

【研　析】此條出自宋种放《退士傳》，記述隱士的生活狀況。在深山峽谷，坐看瀑布從懸崖上飛瀉而下，磅礴的氣勢動人心魄；面對老樹垂蘿，悠遠的歲月令人遐想。身處幽靜之地，遠離塵世煩擾，怎麼不令人樂而忘返。

六・一六　每遇勝日有好懷，袖手哦古人詩足矣。青山秀水，到眼即可舒嘯❶，何必居籬落❷下，然後為己物。

【注釋】❶舒嘯　長嘯，放聲高歌。陶淵明〈歸去來兮辭〉：「登東皋以舒嘯，臨清流而賦詩。」❷籬落　即籬笆。

【語譯】每當遇到好日子有好心情，抄著手吟誦古人的詩就足夠了。青山秀水，看到了就可以長嘯高歌，何必一定要把它放在居處的籬笆之下，然後才當做自己的東西。

【研析】此條文字也見於高濂《遵生八牋》所引《澄懷錄》。詩言志，作詩可以抒發情志，讀詩也可以抒發情志。古今人事不同，但人的本性、喜怒哀樂的情感是相通的，閱讀、吟誦古人詩歌，可以引起精神上的共鳴，宣洩自己的情感，獲得精神的享受和慰藉。心情好的時候，閱讀、吟誦古人詩歌可以助興；心情不好的時候，閱讀、吟誦古人詩歌可以發洩心中的憤懣，保持心靈的平衡，這就是「借他人酒杯，澆自己塊壘」。青山綠水，隨處可見，是人人共享的自然遺產，並非一己私物。然而如今有些地方，將自然景觀視作私產，隨意圈地，收取高價門票。李白詩說「清風明月不用一錢買」，若青山綠水被金錢所褻瀆，就失去了原有的魅力。

六・一七

柴門不扃❶，筠簾❷半捲，梁間紫燕，呢呢喃喃❸，飛出飛入。山人以嘯詠佐之，皆各適其性。

【注釋】❶扃　上閂；關門。❷筠簾　竹簾。❸呢呢喃喃　燕子鳴叫聲。

【語譯】木門不關，竹簾半捲，房梁間的紫燕，呢喃地叫著，飛出飛進。山人用長嘯吟詠來配合牠，各自都稱心合意。

【研析】柴門不閉，竹簾半捲，燕子得以自由出入。山人悠閒地欣賞燕子呢喃飛翔，心情也是舒適的。這就是「各適其性」。

六・一八

風晨月夕，客去後，蒲團可以雙跏❶；煙島雲林，興來時，竹杖何妨獨往。

【注釋】❶雙跏　雙腳交疊而坐，是佛教徒坐禪的姿勢。

【語譯】在颳風的早晨有月亮的夜晚，客人去後，可以在蒲團上打坐；煙嵐籠罩的島嶼，雲霧遮蔽的林子，興致來時，何妨拄著竹杖獨自前往。

【研析】此條出自屠隆《婆羅館清言》，自述其歸隱生活的情狀。屠隆性情豪放，生活放蕩，以致染上性病。晚年篤信佛教，參禪禮佛，很是虔誠，臨終時念佛不止，以減輕病痛。然而他嚮往自由，親近自然的本性未改，「竹杖何妨獨往」，顯示出他遺世獨立的個性。

六・一九 三徑❶竹間，日華❷澹澹❸，固野客之良辰；一編窗下，風雨瀟瀟❹，亦幽人之好景。

【注釋】❶三徑 西漢末年，蔣詡辭官回家，在園中開三徑，唯與羊仲、求仲遊。❷日華 日光。❸澹澹 蕩漾的樣子。❹瀟瀟 風雨急驟的樣子。

【語譯】漫步在竹林中的小徑，日光閃耀，固然是山野之人的好時光；拿著一卷書坐在窗下，聽著風雨的瀟瀟聲，也是幽隱之人的好景致。

【研析】此條出自屠隆《娑羅館清言》，言隱居之悠閒自適。風和日麗，漫步竹徑，令人神清氣爽；冷雨敲窗，挑燈夜讀，令人神定氣閒。黃庚〈茅亦山相過〉詩：「洗盞共嘗春甕酒，挑燈對讀夜窗書。」即寫出挑燈夜讀的趣味。

六・二〇 喬松❶十數株，修竹千餘竿；青蘿❷為牆垣，白石為鳥道；流水周於舍下，飛泉落於簷間；綠柳白蓮，羅生池砌❸。時居其中，無不快心。

【注釋】❶喬松　高大的松樹。❷青蘿　一名「松蘿」，一種攀附在山崖、牆壁、松柏上的植物。❸池砌　池塘邊的岸堦。

【語譯】高大的松樹十幾棵，修長的竹子千餘竿；青蘿當做牆壁，白石砌成小道；流水環繞在房舍之下，飛泉滴落在房簷間；綠色的柳樹白色的蓮花，並排地長在池塘邊的岸階上。有時身居其中，沒有不讓人高興的。

【研析】此條出自白居易〈與元微之書〉。白居易貶謫江州，曾遊廬山，在香爐峰下修建草堂。白居易在給元稹（微之）信中介紹了草堂清幽的景色。

六・二二　人冷因花寂，湖虛受雨喧。

【語譯】人因花寂寞而感到寒冷，平靜的湖面因雨點敲擊而變得喧鬧。

【研析】花本無情，為什麼會感到寂寞？陸游〈卜算子・詠梅〉說：「驛外斷橋邊，寂寞開無主。」花開在荒僻處，無人觀賞，因此感到寂寞。花的寂寞，是作者將自己的感情移置於花的擬人手法。人因花的寂寞而冷，是因為觀花者在幽僻處看到孤芳自賞的花，會有一種淒清的感覺，也會被花的冷傲高潔所感動。「冷」具有雙重含義，既指淒涼的感覺，又指冷傲的品格。

六・二三　有屋數間，有田數畝；用盆為池，以甕為牖❶；牆高於肩，室大於斗。布被暖餘，藜羹❷飽後。氣吐胸中，充塞宇宙；筆落人間，輝映瓊玖❸。人能知止，以退為茂❹；我自不出，何退之有？心無妄想，足無妄走，人無妄交，物無妄受。炎炎❺論之，甘處其陋；綽綽❻言之，無出其右。羲軒之書❼，未嘗去手；堯舜之談，未嘗離口。談中和❽天，同樂易友；吟自在詩，飲喜歡酒。百年昇平，不為不偶❾；七十康強，不為不壽。

【注　釋】❶以甕為牖　以破罐子的口作窗戶，比喻貧寒之家。《禮記・儒行》：「華門圭窬，蓬戶甕牖。」甕，水罐、酒罈。牖，窗戶。❷藜羹　用藜菜做的羹，比喻粗劣的食物。藜，野菜名。❸瓊玖　皆玉石名。❹以退為茂　即以退為進。茂，勸勉；努力。❺炎炎　形容言論華美雄辯。❻綽綽　寬裕舒緩的樣子。❼羲軒之書　指伏羲氏所演之八卦和軒轅氏所著之《本草經》。❽中和　謂萬物各得其所，達於和諧的境地，是儒家中庸之道的主要內容。❾不偶　指命運不好。

【語　譯】有房屋數間，有田地數畝；用盆子做池塘，用瓦罐做窗戶；矮牆只高過肩膀，居處只比斗大一些。布被禦寒尚有餘溫，藜羹充饑綽綽有餘。氣從胸中吐出，充塞了整個世界；寫下文字流傳人間，可以與玉石互相輝映。人能懂得適可而止，就是以退為進；我自己不出頭，還有什麼可退步的？心中沒有妄想，腳下不亂走，人不要隨便交友，物不要隨便接受。遇到那些雄辯華美的言論，我甘願處於鄙陋的地位；遇到那些從容舒緩的談話，我也不去超越；伏羲和軒轅氏的書，從不離手；堯舜的言論，從不離口。談論中庸的道理，與歡樂平易的人為友；吟誦隨意寫出的詩，喝讓人高興的酒。在百年昇平的盛世，不能說命運不好；七十歲還很康健，不能說不長壽。

【研　析】此條出自宋邵雍〈甕牖吟〉，宣揚知足常樂，安貧樂道的思想。「有屋數間」至「藜羹飽後」寫居處的簡陋和生活的儉樸，突出一個「貧」字。「氣吐胸中」至「輝映瓊玖」寫自己的抱負和文才，胸中有浩然之氣，筆下籠罩天地精華。然而自己甘於貧寒，與世無爭，日子過得自在安逸。「義軒之書」至「飲喜歡酒」寫平淡生活之舒適，突出一個「樂」字。最後感歎生當盛世，年老康健，還有什麼不滿足的呢？邵雍是宋代著名的哲學家，對易學有精深的研究，他的思想是「內聖外王」，深受道家影響，他宣揚的以退為進、與世無爭、知足常樂、甘於貧寒的思想，大多淵源於道家。

六·二三　中庭蕙草銷雪❶，小苑梨花夢雲❷。

【注　釋】❶中庭蕙草銷雪　語出唐楊巨源〈崔娘詩〉：「清潤潘郎玉不如，中庭蕙草雪消初。」蕙草，香草名。❷梨花夢雲　指梨花似夢中所見的白雲。語出唐王建〈夢看梨花雲歌〉：「薄薄落落霧不分，夢中喚作梨花雲。」形容白色的梨花似雪似雲，在霧中朦朧看去，猶如在夢中相見。

【語譯】庭中蕙草消融了積雪，小園中梨花似夢中的白雲。

【研析】元張翥〈風入松〉詞：「蕙草情隨雪盡，梨花夢與雲消。」此兩句當化用張翥詞。清代嶺南才子宋湘曾書此兩句為楹聯。

六·二四 以江湖相期，煙霞相許；付同心之雅會，託意氣之良遊。或閉戶讀書，累月不出；或登山玩水，竟日忘歸。斯賢達❶之素交❷，蓋千秋之一遇。

【注釋】❶賢達　有才德聲望的人。❷素交　真誠純潔的交往。

【語譯】相約在江湖之上，以煙霞相託付；託付給志同道合的雅會，託付給意氣相投的暢遊。或者關門讀書，好幾個月足不出戶；或登山玩水，日暮了忘記返回。這就是賢達之士真誠的交往，大約千年才能遇上一回。

【研析】此條寫文人之交遊，出自唐楊炯〈原州百泉縣令李君神道碑〉，文字略有出入。以江湖相期，指與朋友自由自在地遊山玩水，乃反用「相忘于江湖」之意。《莊子．大宗師》：「泉涸，魚相與處于陸，相呴以濕，相濡以沫，不如相忘于江湖。」意為與其大家在困難時互相幫助，不如大家互不相識而能自由自在地生活。煙霞指山水勝境。與志同道合、意氣相投的朋友聚會旅遊，是人生一大樂事。然而良友難遇，就只能閉戶讀書，累月不出，或獨自登山玩水，竟日忘歸。

六・二五 蔭映巖流之際，偃息❶琴書之側。寄心❷松竹，取樂魚鳥，則淡泊之願，於是畢矣。

【注釋】❶偃息 睡臥休息。❷寄心 寄託心意。

【語譯】樹陰覆照在山岩和流水之間，睡臥在琴書之旁。在松竹上寄託了心意，從魚鳥中得到快樂，那麼淡泊度世的心願，在這兒就完成了。

【研析】此條寫閒遊之趣，出自戴逵〈閒遊贊〉。倘佯於山水之間，流連於琴書之中，是文人典型的生活方式。寄心松竹，取其堅貞不屈之品格；取樂魚鳥，取其自由閒適之狀態，是文人嚮往的精神境界。

六・二六 庭前幽花時發，披覽既倦，每啜茗對之，香色撩人，吟思忽起，遂歌一古詩，以適清興。

【語　譯】庭前香花按時而開，讀書已經疲倦，時常對著花品茶，香色誘人，詩興忽起，於是吟誦一首古詩，以此抒發自己高雅的情趣。

【研　析】賞花是雅事，讀書是雅事，對花讀書是雅上加雅；品茗是雅事，對花品茗是雅上加雅；吟詩是雅事，對花吟詩是雅上加雅。幾件雅事聚集在一起，可謂雅到極致。

六·二七　凡靜室，須前栽碧梧，後種翠竹，前簷放步，北用暗窗，春冬閉之，以避風雨，夏秋可開，以通涼爽。然碧梧之趣，春冬落葉，以舒負暄❶融和❷之樂；夏秋交蔭，以蔽炎爍蒸烈❸之威。四時得宜，莫此為勝。

【注　釋】❶負暄　冬天曬太陽取暖。❷融和　和煦溫暖。❸炎爍蒸烈　形容酷暑。

【語　譯】凡是安靜的房間，必須前面栽綠色的梧桐樹，後面種青翠的竹子，房子的前簷加長，北面用暗窗。春冬兩季關閉暗窗，以此遮避風雨，夏秋兩季可以打開，以此通風取涼。然而碧梧的意趣，在於春冬時節葉子落了，可以舒坦地享受曬太陽取暖的樂趣；夏秋時節樹蔭交疊，可以遮蔽酷暑的炎熱。梧桐樹四時得其所宜，沒有勝過它的了。

【研　析】此條言房屋建築，須利用自然之趣，將人工的建築和自然的景色融合在一起。

六·二八　家有三畝園，花木鬱鬱。客來煮茗，談上都❶貴遊❷，人間可喜事，或茗寒酒冷，賓主相忘。其居與山谷相望❸，暇則步草徑相尋。

【注　釋】❶上都　京城。❷貴遊　顯貴；有權勢者。❸其居與山谷相望　〈四休居士詩序〉作「其居與予相望」。山谷，宋代詩人黃庭堅字山谷。

【語　譯】家裡有三畝園子，花木鬱鬱蔥蔥。客人來了煮茶，談論京城的權貴和人間可喜的事情。有時候茶涼酒冷，主人和客人都忘了對方的存在。他的居處與山谷相望，閒暇時就踏著長滿草的小徑去找他。

【研　析】此節文字出自黃庭堅〈四休居士詩序〉，描寫鄰居孫昉安樂的生活。孫昉是宋代太醫，自號「四休居士」，說「粗茶淡飯飽即休，補被遮寒暖即休，三平兩滿過即休，不貪不妒老即休」。黃庭堅為他作〈四休居士詩〉，並有詩序。詩云：「富貴何時潤髑髏，守錢奴與拘官囚。太醫診得人間病，安樂延年萬事休。」「無求不著看人面，有酒可以留人嬉。欲知四休安樂法，聽取山谷老人詩。」

六·二九　良辰美景，春暖秋涼，負杖躡屐，逍遙自樂。臨池觀魚，披林聽鳥，酌酒一杯，彈琴一曲，求數刻之樂，庶幾居常以待終。築室數楹，編槿❶

為籬，結茅為亭，以三畝蔭竹樹栽花果，二畝種蔬菜，四壁清曠，空諸所有。蓄山童灌園薙草❷，置二三胡床著亭下，挾書劍伴孤寂，攜琴奕以遲良友，此亦可以娛老。

【注釋】❶槿　木槿，落葉灌木，莖的纖維可以造紙或做蓑衣。❷薙草　割草。

【語譯】良辰美景，在春暖秋涼的季節，帶著竹杖穿著木屐，逍遙悠閒自得其樂。到池塘邊觀魚，撥開林木聽鳥叫，倒上一杯酒，彈上一曲琴，求取一段時間的快樂，但願能長久如此直到老。蓋幾間房，編槿枝為籬笆，結茅草為亭，用三畝地養育竹子樹林，栽培花草果木，二畝地種植蔬菜，室內四壁空曠，一無所有。養著山中童僕澆園割草，在亭下放兩三張胡床，帶著書籍寶劍陪伴孤獨寂寞，拿著琴和棋等待好友，這樣也可以老有所樂。

【研析】此條言老年人逍遙自樂的生活。「良辰美景」至「庶幾居常以待終」，出自梁徐勉〈訓子崧書〉，原文為：「兼吾年時朽暮，心力稍殫，牽課奉公，略不克舉，其中餘暇，裁可自休。或復冬日之陽，夏日之陰，良辰美景，文案間隙，負杖躡履，逍遙陋館，臨池觀魚，披林聽鳥，濁酒一杯，彈琴一曲，求數刻之暫樂，庶居常以待終，不宜復勞家問細務。」

「築室數楹」至「此亦可以娛老」，亦見於陳繼儒《巖棲幽事》，其文為：「不能卜居名山，即于崗阜迴復及林木幽翳處，闢地數畝，築室數楹，插槿作籬，編茅為亭。以一畝蔭竹樹，一畝栽花郭，二畝種瓜菜。四壁清曠，空諸所有。蓄山童灌園薙草。置二三胡床著亭下，挾書硯以伴孤寂，攜琴奕以遲良友。凌晨杖策，抵暮言旋。此亦可以娛老矣。」

此條所引兩段文字，皆言養老之法，很有借鑑意義。人到老年，不可戀棧，要從繁忙的公務中解脫出來，也不要為家務子女煩心操勞，應該享受生活，安度晚年。或遊山玩水，池塘觀魚，悠閒自得，披林聽鳥，愉悅心情，飲酒彈琴，自得其樂。或讀書寫字，怡養性情，彈琴下棋，樂在其中。也不妨種些瓜果蔬菜，從事輕微的勞動，既可調劑生活，也可鍛鍊身體。如今許多退休的老年人，或結伴外出旅遊，或學習書法繪畫，或下棋打麻將，或栽花養鳥，豐富多采的晚年生活使老人領略到頤養天年的樂趣。

六·三〇 一徑陰開，勢隱蛇蟺❶之致，雲到成迷；半閣孤懸，影迴縹緲之觀，星臨可摘。

【注釋】❶蟺 通「鱔」。黃鱔。

【語譯】一條小徑隱蔽地向前伸展，蜿蜒曲折像蛇和黃鱔的樣子，雲來就迷失了道路；半個樓閣獨自懸掛在半空，影子看上去隱隱約約，星星來了可以摘取。

【研析】這是一副對聯，上聯描述山中小路逶迤曲折，下聯描述山中小屋地勢高危。「雲到成迷」、「星臨可摘」化用前人成句，形象逼真。

六・三一　幾分春色，全憑狂花❶疏柳安排；一派秋容，總是紅蓼❷白萍❸妝點。

【注釋】❶狂花　盛開的花。❷紅蓼　草本植物，多生水邊，花呈淡紅色。❸白萍　即「白蘋」，水中浮草。

【語譯】幾分春天的景色，全憑盛開的花和稀疏的柳樹安排；一派秋天的風光，都是紅色蓼花和白色的浮萍妝點。

【研析】此條描寫春秋景色，選擇了具有代表性的花草加以點綴。「狂花疏柳」寫出春天朝氣蓬勃的景象，頗有情趣。

六・三二　南湖水落，妝臺之明月❶猶懸；西郭煙消，繡榻❷之彩雲❸不散。

【注釋】❶明月　指妝臺上的鏡子。❷繡榻　女子的臥床。❸彩雲　指女子的長髮。

【語譯】南湖的水位下降了，妝臺上的明月還高高掛著；西城的煙霧消散了，繡榻上的彩雲還沒有散去。

【研析】南湖水勢消退，水中的月色也相應黯淡，但妝臺上的明鏡依然高懸，美人在精心地打扮自己。西城的煙霧消散，但美女的長髮如縷縷輕雲鋪灑在繡榻上。此條以景喻人，且用反襯的修辭手法，寫出美人的容貌，設想十分巧妙。

六・三三　秋竹沙中淡，寒山❶寺裡深。

【注　釋】❶寒山　冷落僻靜的山。

【語　譯】秋天的竹子在風沙籠罩下消褪了顏色，僻靜的群山中寺院看去越發顯得幽深。

【研　析】此條寫深秋的山中景色，意境清曠遼遠。秋竹在古詩中常用以描寫幽清的景色，如張祜〈旅次上饒溪〉詩：「夜橋昏水氣，秋竹靜霜華。」李中〈贈朐山楊宰〉詩：「聽雨入秋竹，留僧覆舊棋。」秋竹也是志節的象徵，白居易〈酬元九對新栽竹有懷見寄〉詩：「曾將秋竹竿，比君孤且直。」晁補之〈秋竹〉詩：「秋風多煩冤，竹是歲寒物。」寺院多建在遠離塵囂的深山之中，以便僧人清修。這兩句看似平淡的描寫秋色詩句，表現了作者清高的意趣。

六・三四　野曠天低樹，江清月近人。

【語　譯】在寬闊的原野上天空好像比樹還低，江水清澈月亮離人更近。

【研　析】此二句出自唐代詩人孟浩然〈宿建德江〉詩，上句景象開闊恢弘，下句景物清麗可人，是描寫江景的名句。

六・三五　**潭水寒生月，松風夜帶秋。**

【語　譯】清寒的潭水映照出月亮的光輝，夜晚松林的風帶來秋天的涼意。

【研　析】此二句出自岳飛〈鄱陽龍居寺〉（題一作〈巍石山龍居寺〉）：「巍石山前寺，林泉勝景幽。紫金諸佛相，白雪老僧頭。潭水寒生月，松風夜帶秋。我來囑龍伯，為雨濟民憂。」「潭水寒生月，松風夜帶秋」寫景色之幽清極為精妙，是廣為傳誦的名句，楊慎《丹鉛餘錄》云：「岳公湖南僧寺詩有『潭水寒生月，松風夜帶秋』之句，唐之名家不過如此。」《武林梵志》云：「『潭水寒生月，松風夜帶秋』之句，膾炙人口。」

六・三六　**春山艷冶如笑，夏山蒼翠如滴，秋山明淨如妝，冬山慘澹如睡。**

【語　譯】春天的山豔麗妖冶好像在嬉笑，夏天的山深綠好像能滴出水，秋天的山明淨亮麗好像化了妝，冬天的山慘澹好像在睡臥。

【研　析】此四句用形象概括的語言寫出四季山景之不同，出自宋郭熙《林泉高致》：「真山水之煙嵐，四時不同，春山艷冶如笑，夏山蒼翠欲滴，秋山明淨如妝，冬山慘澹如睡。」

六·三七

眇眇❶乎春山，澹冶❷而欲笑；翔翔乎空絲❸，綽約❹而自飛。

【注釋】❶眇眇　遼遠；高遠。❷澹冶　淡雅明麗。❸空絲　飄浮在空中的蛛絲。❹綽約　柔婉美好。

【語譯】春天遼遠的山，淡雅明麗笑意洋溢；飄揚在空中的蛛絲，柔婉迴旋地自由飛舞。

【研析】此條描寫春天的景象，上句寫春山，古人常以遠山翠黛比喻美人的眉毛，彎曲的眉毛增添了美人的明媚，用來比喻春天遠山的青翠鮮麗，十分形象生動。空絲漫天飛舞，描繪出春光盎然。湯顯祖《牡丹亭·遊園》中有一句著名的唱詞：「裊晴絲吹來閒庭院，搖漾春如線。」將無形的春光形容得非常逼真。此條下半句可能受此啟發。

六·三八

盛暑持蒲榻鋪竹下，臥讀〈騷經〉❶，樹影篩風，濃陰蔽日，叢竹蟬聲，遠遠相續。蘧然入夢，醒來命取榐❷櫛髮❸，汲石澗流泉，烹雲芽❹一啜，覺兩腋生風❺。徐步草玄亭❻，芰荷❼出水，風送清香，魚戲冷泉，凌波❽跳擲，因陟❾東皋❿之上，四望溪山罨畫⓫，平野蒼翠。激氣發於林瀑，好風送之水涯。手揮麈尾，清興灑然⓬，不特法雨⓭涼雪，使人火宅之念⓮都冷。

【注　釋】❶騷經　指屈原的〈離騷〉，也稱〈離騷經〉。❷棖　棖木，此處指棖木所製的梳子。❸櫛髮　梳理頭髮。❹雲芽　茶名，即雲霧茶。❺兩腋生風　形容喝茶後精神清爽，語出唐盧仝〈茶歌〉，參卷五第七四條。❻草玄亭　亭名，義取揚雄作《太玄》，後以草玄指淡泊名利，專心著述。❼芰荷　指菱葉和荷葉。❽凌波　在水上穿行。❾陟　登高。❿東皋　水邊向陽的高地，泛指田園、原野。⓫罨畫　色彩斑斕的畫。⓬洒然　瀟灑；灑脫。⓭法雨　指佛法。佛教認為佛法普度眾生，如雨潤澤萬物。⓮火宅之念　指塵世俗念。佛教認為人被各種俗念糾纏，如居火宅，故以火宅指塵世。

【語　譯】盛暑的時候，拿著蒲草編成的床榻，鋪展在竹子底下，躺著讀〈離騷〉，風從樹影的縫隙中吹來，濃重的樹蔭遮蔽了陽光，竹叢中遠處傳來蟬聲，時斷時續。很快就進入夢鄉，醒來後讓人拿來梳子梳理頭髮，汲取山澗的泉水，煮上雲霧茶喝一杯，覺得神清氣爽，兩腋生風。慢步進入草玄亭，菱葉荷葉露出水面，風送來陣陣清香。魚在寒冷的泉水中嬉戲，遨遊水面上下跳躍，再登上水邊向陽的高地，瞭望四周的高山溪水，就像一幅色彩斑斕的圖畫，廣闊的原野上一片蒼翠。林中瀑布飛瀉，發出激蕩的聲響，好風將其傳送到水邊。手揮拂塵，清雅的興致盎然，不僅是法雨涼雪，這樣的景象也使人塵世俗念都變得冷淡了。

【研　析】此條言夏日乘涼避暑的樂趣，寫景尤有特色。風從縱橫交錯的枝葉間拂過，密集的樹蔭遮蔽了烈日，在炎熱中送來絲絲涼意，而斷斷續續的蟬聲，打破了夏日的寧靜。樹影篩風，頗有巧思，寫出風吹枝葉，樹影在地上搖曳的形態。遠處傳來似斷似續細微的蟬唱，催人入夢。「芰荷出水」至「凌波跳擲」寫園林的景致，「因陟東皋之上」至「好風送之水涯」寫原野風光，從園林至郊外，視野由近及遠，境界逐漸開闊。「風送清香」、「魚戲冷泉」、「激氣發於林瀑」、「好風送之水涯」，都突出了夏日的清涼。

六·三九　山曲❶小房，入園窈窕幽徑，綠玉❷萬竿，中匯澗水為曲池，環池竹樹雲石❸，其後平崗❹逶迤，古松鱗鬣❺，松下皆灌叢雜木，蔦蘿❻駢織❼，亭榭翼然❽。夜半鶴唳清遠，恍如宿花塢❾間，聞哀猿啼嘯，嘹嚦❿驚霜，初不辨其為城市為山林也。

【注釋】❶山曲　山勢彎曲隱蔽處。❷綠玉　竹子。❸雲石　似雲彩狀不規則的石頭。❹平崗　不高的山崗。❺鱗鬣　指龍的鱗片和鬣毛。因松樹皮呈鱗片狀，松針似鬣毛，松樹枝幹盤旋曲折似龍，故也以鱗鬣代指松樹。❻蔦蘿　又名寄生，草本植物，攀附他物而生長。❼駢織　合併糾結。❽翼然　高聳開張的樣子。❾花塢　四面高中間低的栽種植物的地方。❿嘹嚦　形容聲音響亮淒清。

【語譯】在山勢隱蔽處建一小屋，進入園子有一條逶迤曲折的小路，綠竹萬竿，中間引聚澗水成為曲折回繞的水池，環繞水池有竹林雲石，它的後面是舒展的山崗，古老的松樹像蛟龍盤旋，松樹下都是灌木雜樹，蔦蘿合併糾結，亭榭高聳開張。半夜鶴鳴聲清亮幽遠，恍惚如住在花塢之間，聽到猿猴悲怨的啼嘯，聲音淒清驚動了夜霜，起初分不清那裡是城市還是深山老林。

【研析】此條言園林建築。中國的園林是由建築、山水、花木等組合而成的一個綜合藝術品，富有詩情畫意。此條描寫的園林，體現了這樣優雅的藝術境界。

六·四〇 一抹萬家，煙橫樹色，翠樹欲流，淺深間布，心目競觀，神清爽滌。

【語譯】萬家連成一片，煙霧飄浮露出樹的顏色，綠樹蒼翠欲滴，深深淺淺交錯分布，心和眼爭看景色，神清氣爽。

【研析】此條寫景，煙霧繚繞，在朦朧中透出一片翠綠，賞心悅目。「煙橫樹色」當受韓愈〈左遷至藍關示姪孫湘〉詩「雲橫秦嶺」啟發，寫出樹木高聳入雲。「心目競觀」，刻畫被景色所吸引，目不暇接的情狀。

六·四一 萬里澄空，千峰開霽，山色如黛，風氣❶如秋，濃陰如幕，煙光❷如縷，笛響如鶴唳，經颸❸如咿唔❹，溫言如春絮，冷語如寒冰，此景不應虛擲。

【注釋】❶風氣　氣候。❷煙光　雲靄霧氣。❸經颸　其義不詳，疑原文有誤。❹咿唔　象聲詞，多指誦讀之聲。

【語譯】萬里晴空，千峰雲霧散去，山色如黛眉，氣候如秋季，濃密的樹蔭如帳幕，雲靄霧氣如絲縷，笛響如鶴鳴，經颸如誦讀之聲，溫和的語言如春天的柳絮，冷言冷語如寒冰，這樣的景色不應該白白地浪費。

【研析】此條寫山景。萬里澄空，千峰開霽，寫雨後晴空萬里的景象；山色如黛，風氣如秋，雖然滿目青翠，但已是秋天的氣候了。起首四句，有王維「空山新雨後，天氣晚來秋」詩句的意境。濃陰如幕，煙光如縷，寫山中景色，分別照應「山色如黛」、「千峰開霽」兩句。淒清的笛聲和咿唔不絕的讀書聲，打破了深山的幽靜，顯示出無限生機，與王維「竹喧歸浣女，蓮動下漁舟」有異曲同工之妙。

六・四二　山房置古琴一張，質雖非紫瓊綠玉❶，響不在焦尾❷號鐘❸，置之石床，快作數弄，深山無人，水流花開，清絕冷絕。

【注釋】❶紫瓊綠玉　指製作古琴的名貴材質。❷焦尾　焦尾琴。《後漢書》載：有人用桐木當柴火燒飯，蔡邕聽到聲音，知道桐木質地精良，就把燒了半截的木材做成琴，果然聲音十分美妙，因尾部被燒焦，就稱為焦尾琴。❸號鐘　琴名，見晉傅玄〈琴賦〉。

【語譯】在山中小室放置古琴一張，質地雖不是紫瓊綠玉，聲音也不如焦尾和號鐘，然而放在石床上，快意地彈奏幾曲，深山無人，水流花開，清冷到了極點。

【研　析】古琴聲韻淒清幽雅，在無人處彈奏，只有高山流水為知音，可謂清冷到極點。

六·四三　密竹軼❶雲，長林蔽日，淺翠嬌青，籠煙惹濕❷，構數椽其間，竹樹為籬，不復葺垣，中有一泓流水，清可漱齒，曲可流觴，放歌其間，離披❸蒨鬱❹，神滌意閒。

【注　釋】❶軼　超越。❷淺翠嬌青二句　語見明高濂《遵生八牋·高子論夏時幽賞十二條》：「楊柳新葉，黯黯成蔭，淺翠嬌青，籠煙惹濕。」❸離披　衰殘凋敝。❹蒨鬱　茂盛興旺。

【語　譯】茂密的修竹直插雲端，高大的樹林遮蔽了陽光，楊柳新葉淺綠嫩青，好像煙霧籠罩嬌嫩欲滴。在其中蓋造幾間屋，以竹子樹木為籬笆，不再修葺短牆。中間有一潭流水，清澈可以洗牙漱口，彎曲可以傳送酒杯。在那裡高聲歌唱，不管景色凋敝還是興旺，都一樣神清意閒。

【研　析】此條言隱居的閒適。「清可漱齒」用羅大經《鶴林玉露》句：「坐弄流泉，漱齒濯足。」「曲可流觴」用王羲之〈蘭亭序〉中「曲水流觴」的典故。由此可見文人的清雅。

六·四四　抱影❶寒窗，霜夜不寐，徘徊松竹下，四山月白露墜，冰柯相與，詠李白〈靜夜思〉，便覺冷然寒風。就寢復坐蒲團，從松端看月，煮茗佐談，竟此夜樂。

【注　釋】❶抱影　抱著影子，形容孤獨。

【語　譯】在寒窗下形影孤單，降霜的夜晚難以入睡，在松竹下徘徊，四周山上月色明亮露水下落，冰結在樹木的莖葉上，吟詠李白的〈靜夜思〉，便覺得冷冷地寒風吹來。就寢時又坐在蒲團上，從松樹端看月，煮上茶增添談興，窮盡這個夜晚的快樂。

【研　析】「抱影寒窗」至「便覺冷然寒風」數句，寫冬夜的寒冷和淒清；「就寢復坐蒲團」至「竟此夜樂」寫冬夜賞月、品茗清談的的樂趣。「抱影寒窗」寫形影相弔的孤單，「品茗佐談」不可能自言自語，當有旁人在，故前後兩段所寫並非同一場景。前後兩段文字脫節，表達的情感不同，作者在摘錄此條文字時當有刪節，或可分作兩條。

六・四五　雲晴靉靆❶，石楚流滋❷，狂飆忽捲，珠雨淋漓。黃昏孤燈明滅，山房清曠，意自悠然。夜半松濤驚颶，蕉園鳴瑯窾坎❸之聲，疏密間發，愁樂交集，足寫幽懷。

【注　釋】❶霎靆　濃雲蔽日。❷石楚流滋　石頭的基座因為天氣潮濕而變得溼潤，是要下雨的預兆。楚，通「礎」。❸窾坎　象聲詞。

【語　譯】晴空中一會兒密布濃雲，石柱的基座變得溼潤，狂風突然捲來，珍珠般的雨滴越下越大。黃昏時孤燈忽明忽暗，山中的房舍清淨開闊，意興自然悠閒。半夜松濤聲似驚人的颶風，芭蕉園裡響著敲擊玉石般的清亮聲音，聲音一會快一會慢，憂愁和快樂交集在一起，足以抒發情懷。

【研　析】此條寫從黃昏到深夜，靜聽雨聲，悲歡交集，情景交融，氛圍淒清，大有白樸《梧桐雨》寫唐明皇夜聽梧桐雨的意境。

六·四六　四林皆雪，登眺時見絮起風中❶，千峰堆玉，鴉翻城角❷，萬壑鋪銀。無樹飄花，片片繪子瞻之壁❸；不妝散粉❹，點點糝❺原憲❻之羹。飛霰❼入林，迴風折竹，徘徊凝覽，以發奇思。畫冒雪出雲之勢❽，呼松醪茗飲之景。擁爐煨芋，欣然一飽，隨作雪景一幅，以寄僧賞。

【注　釋】❶絮起風中　用謝道韞詠雪的典故。《世說新語·言語》載：謝安在下雪天問子侄白雪紛紛像什麼，「兄子胡兒曰：『撒鹽空中差可擬。』兄女曰：『未若柳絮因風起。』」❷鴉翻城角　烏鴉在城角翻飛。蘇軾〈雪後書北堂壁〉二首：「城頭初日始翻鴉，陌上晴泥已沒車。」寫雪後初晴的景象。❸片片繪子瞻之壁　謂片片雪花被蘇軾寫入詩中題在壁上。蘇軾，字子瞻。❹不妝散粉　唐太宗〈望雪〉詩：「不妝空散粉，無樹續開花。」❺糝　以米和羹。❻原憲　孔子的弟子，雖貧而不改其志向，不汲汲於名利。❼霰　夾雜在雨雪中的小冰粒。❽冒雪出雲之勢　《宋人名畫評》載宋范寬善繪雪景，能「畫冒雪出雲之勢」，意謂能畫出千山積雪和雲出山岫的態勢。

【語譯】四周樹林都是雪，登高遠眺見雪花在風中飄舞，千峰積雪猶如白玉雕成，雪後初晴，烏鴉在城角翻飛，萬條溝壑堆滿白雪猶如銀子鋪就。沒有樹飄花，片片雪花妝點了子瞻的牆壁；不化妝到處散粉，點點和入原憲的羹中。飛舞的冰霰落入樹林，旋風吹折了竹子。徘徊凝視，激發了奇思妙想。畫出千山積雪雲出山岫的態勢，呼喚喝松子釀成的酒和松針泡的茶的場景。圍著火爐燒芋頭，高興地飽餐一頓，然後作雪景圖一幅，送給和尚欣賞。

【研析】此條當為〈雪景圖〉的題跋，描繪雪景多用前人詩句和典故，自然貼切，不留痕跡，且能翻出新意，如「無樹飄花，片片繪子瞻之壁；不妝散粉，點點糝原憲之羹」，在唐太宗詩「不妝空散粉，無樹續開花」中插入兩個典故，形容紛紛揚揚潔白的雪花，而「片片繪子瞻之壁」，又暗中呼應上句「鴉翻城角」，乃出自蘇軾〈雪後書北堂〉詩，構思可謂巧妙。

六・四七　孤帆落照中❶，見青山映帶，征鴻迴渚，爭棲競啄，宿水鳴雲，聲淒夜月。秋颼蕭瑟，聽之黯然❷，遂使一夜西風，寒生露白。萬山深處，一泓澗水，四周削壁，石磴嶄巖❸，叢木蓊鬱❹，老猿穴其中，古松屈曲，高拂雲顛，鶴來時棲其頂。每晴初霜旦，林寒澗肅，高猿長嘯，屬引淒異❺，風聲鶴唳，嘹嚦❻驚霜，聞之令人淒絕。

【注　釋】❶映帶　景物互相襯托。❷黯然　感傷沮喪。❸嶄巖　陡峻的山崖。❹蓊鬱　草木茂盛的樣子。❺每晴初霜旦四句　出自酈道元《水經注》。屬引，連續不斷。❻嘹嚦　形容聲音響亮淒清。

【語　譯】一片孤帆在夕陽中，見青山互相輝映，遠飛的大雁回到沙洲，爭著棲息的地方搶著啄食，宿在水邊對著雲彩鳴叫，在夜月中聲音十分淒涼。秋風蕭瑟，聽了黯然神傷，於是一夜西風，天氣寒冷露珠晶瑩。萬山深處，一潭澗水，四周是懸崖峭壁，石頭臺階通往險峻的山崖，樹叢茂盛，老猿住在其中的山洞裡，古老的松樹蜿蜒曲折，高高的樹枝伸向雲端，鶴來時就棲息在樹頂上。每當天氣初晴降霜的清晨，樹林寒清山澗蕭殺，高處猿猴長嘯，接連不斷異常淒厲，風聲鶴唳，聲音清亮驚動了寒霜，聽到令人淒慘萬分。

【研　析】此條寫秋冬季節寒冷淒清的景色。孤帆在落照中行進，見兩岸青山連綿不斷，征鴻夜宿沙洲，發出令人黯然的哀鳴。鴻雁是古代詩文中經常出現的意象，具有豐富的內涵，如以哀鴻比喻流離失所、啼饑號寒的災民；以孤雁比喻失群的孤獨；以歸雁寄託思鄉的哀怨。如唐錢起〈送征雁〉詩：「秋空萬里靜，嘹唳獨南征。……悵望遙天外，鄉情滿目生。」李頎〈送魏萬之京〉

詩：「鴻雁不堪愁裡聽，雲山況是客中過。」船行至萬山深處，四周懸崖絕壁，樹木茂盛，高猿長嘯，風聲鶴唳，更增添了秋冬景色的蕭瑟淒涼。酈道元《水經注》載：「每至晴初霜旦，林寒澗肅，常有高猿長嘯，屬引淒異。空谷傳響，哀轉久絕。故漁者歌曰：『巴東三峽巫峽長，猿鳴三聲淚沾裳。』」意境與此條所寫相合。

六·四八　春雨初霽，園林如洗，開扉閒望，見綠疇❶麥浪層層，與湖頭煙水相映帶，一派蒼翠之色，或從樹杪流來，或自溪邊吐出。支笻❷散步，覺數十年塵土肺腸，俱為洗淨。

【注　釋】❶疇　已耕種的田地。❷笻　竹名。此處指用笻竹製的拐杖。

【語　譯】春雨剛停，園林彷彿被洗過那樣明淨，悠閒的開門遠望，見綠色的田野上麥浪層層，與湖邊的煙靄流水互相映照，一片蒼翠的顏色，或從樹梢流來，或從溪邊吐出。拄著竹杖散步，覺得幾十年被塵世汙染的肺腸，都被洗乾淨了。

【研　析】春天雨後初晴，一片翠綠，令人賞心悅目。「或從樹杪流來，或自溪邊吐出」，一「流」字、一「吐」字，寫出春光駘蕩，生氣勃然。

六·四九　四月有新筍、新茶、新寒豆❶、新含桃❷，綠陰一片，黃鳥數聲，乍晴乍雨，不暖不寒，坐間非雅非俗，半醉半醒，爾時❸如從鶴背飛下耳。

【注　釋】❶寒豆　豌豆的別名。❷含桃　櫻桃的別稱。❸爾時　這時候。

【語　譯】四月份有新筍、新茶、新豌豆、新櫻桃，一片綠陰，黃鶯鳴叫幾聲，一會兒晴一會兒雨，氣候不暖也不冷，坐間的人不雅不俗，半醉半醒，這時候就像騎在鶴背上飛下人間。

【研　析】此條言與朋友相聚，面對大好春光，拋卻雅俗的界限，喝酒到半醉半醒最好處，就如置身人間天堂。古人在詩文中常提到仙人騎鶴雲遊天下，從鶴背飛下，即從天上下降人間。「乍晴乍雨，不暖不寒」、「非雅非俗，半醉半醒」，連用一系列不確定的詞語，寫出一種朦朧的境界，表現了幽深的情趣。

六·五〇　名從刻竹❶，源分渭畝之雲❷；倦以據梧，清夢鬱林之石❸。

【注　釋】❶名從刻竹　謂名聲從刻寫竹簡而傳世。❷渭畝之雲　言竹子茂盛。《史記·貨殖列傳》有「渭川千畝竹」之說，後以渭川千畝表示竹林的茂盛。❸鬱林之石　東漢鬱林太守陸績，為官清廉，罷官後乘船越海，因裝載財產的船太輕，只能用石塊來增加船的重量。後以鬱林之石表示為官清廉。

【語　譯】名聲從刻寫竹簡而傳世，竹簡的來源是渭川的千畝竹林；疲倦了靠著梧桐樹睡覺，做個好夢見到了鬱林的石頭。

【研　析】此聯說著書立說能名垂後世，為人清廉才能無愧於心。

六·五一　夕陽林際，蕉葉墮而鹿眠❶；點雪爐頭，茶煙飄而鶴避❷。

【注　釋】❶蕉葉墮而鹿眠　《列子》載：有個鄭人在砍柴時打死一隻鹿，恐人看見，就「覆之以蕉」（用柴草將鹿覆蓋好。蕉，通「樵」。柴薪。），過後卻找不到藏鹿的地方，就以為是場夢。後人用「蕉鹿」比喻人世得失無常，真假莫辨。此句活用此典故。❷茶煙飄而鶴避　此句化用宋魏野詩：「洗硯魚吞墨，烹茶鶴避煙。」表現烹茶玩鶴的閒情逸致。

【語　譯】夕陽映照林邊，柴薪落地鹿睡在下面；雪滴落爐子上，煮茶的煙升騰鶴就躲避。

【研　析】此聯上句言世事若夢，下句言文人的閒情雅趣。化用典故和前人成句，對仗工整。

六·五二　高堂客散，虛戶風來，門設❶不關，簾鉤欲下。橫軒有狻猊❷之鼎，隱几❸皆龍馬之文，流覽霄端，寓觀濠上❹。

【注　釋】❶門設　門閂；門鎖。❷狻猊　傳說中像獅子的猛獸。❸隱几　几案。❹寓觀濠上　用莊子在濠上觀魚的典故，表現悠閒自得的情致，參卷五第四二條。寓，通「偶」。偶爾。

【語　譯】大廳裡的客人已經散去，空空的房間吹進風來，門鎖沒有關，須將簾鉤放下。橫梁下有雕著狻猊圖案的鼎，几桌上都是龍馬的花紋。在雲端流覽人世，偶爾有莊子在濠水之上觀魚那樣的情致。

【研　析】此條言身居室內，心遊天下。客散室空，清風透過門簾飄入室內，令人神清氣爽。狻猊和龍馬都是神獸，《穆天子傳》說狻猊日走五百里，據《尚書》和其他史籍載，龍馬是龍首馬身的神獸，居黃河中，伏羲時龍馬從黃河中出來，伏羲根據龍馬身上的紋路，製作了八卦，稱之為「河圖」。騎狻猊可以周遊天下，讀河圖可以瞭解天地之奧祕，雖然身居斗室，依然可以心遊八極，勘破人間不平之事，保持像莊子那樣悠閒的心情。

六・五三　山經秋而轉淡，秋入山而倍清。

【語　譯】山經過秋天變得淡雅，秋天的景色到了山中倍加清寒。

【研　析】山色在秋天失去了夏日的蒼翠，使秋天的景色更覺清寒。季候影響景色，景色妝點季候，季候與景色是互相交融的一體。

六・五四

山居有四法：樹無行次，石無位置，屋無宏肆，心無機事。

【語　譯】隱居山中有四種方法：樹木沒有次序，石頭沒有固定的位置，房屋沒有寬宏的建築，心中沒有機巧功利的事情。

【研　析】此條言園林建築應崇尚自然，反對人工雕琢。前三句說樹木的布置和房屋的建構，最後一句則說人心無機巧，體現了中國天人合一，人與自然的和諧關係。

六・五五

花有喜怒、寤寐、曉夕，浴花者得其候，乃為膏雨❶。淡雲薄日❷，夕陽佳月，花之曉也；狂號連雨，烈焰濃寒，花之夕也；檀唇❸烘日，媚體❹藏風，花之喜也；暈酣❺神斂，煙色迷離❻，花之愁也；欹枝困檻，如不勝風，花之夢也；嫣然流盼，光華溢目，花之醒也。

【注　釋】❶膏雨　滋潤作物的好雨。❷薄日　指春秋和冬季光線不太強烈的太陽。❸檀唇　紅脣，多形容女子的嘴脣。此處形容紅色的花瓣。❹媚體　女子的軀體，此處指花的枝幹。❺暈酣　昏睡。❻煙色迷離　雲煙迷蒙，此處指花色朦朧一片。

【語　譯】花有喜怒、睡醒、朝夕的區別，澆花的人能掌握時機，就是甘霖滋潤著花。淡淡的雲彩溫煦的陽光，傍晚的夕陽夜晚的明月，是花的早晨；狂風勁吹接連不斷地下雨，酷熱的夏天嚴寒的冬天，是花的傍晚；紅色的花瓣迎著太陽，嬌柔的枝葉被風吹拂，是花開心的時候；昏睡不醒神情收斂，顏色朦朦朧朧，是花發愁的時候；斜著枝葉靠在欄杆上，好像弱不禁風，是花在做夢；嫣然一笑四處流盼，光彩四溢奪目，是花醒了。

【研　析】此條言養花之法，出自袁宏道《瓶史》。《瓶史》專講折花插瓶的方法和技巧，在當時很有影響。該書傳入日本後，在日本的插花藝術中形成了「袁宏道流」。這一段文字，將花視作有情之物，對花在不同時辰神態的描寫更為細膩鮮活。

六·五六　海山微茫而隱見，江山嚴厲而峭卓❶，溪山窈窕而幽深，塞山童頳❷而堆阜❸，桂林之山綿衍❹龐博❺，江南之山峻峭巧麗。山之形色不同如此。

【注　釋】❶峭卓　高峻陡直。❷童頳　紅色的石山，如新疆吐魯番的火焰山。童，不長草木，光禿禿的山。頳，紅色，此處指紅色的山岩。❸堆阜　小丘，此處謂山勢逶迤起伏。❹綿衍　同「綿延」。連接不斷。❺龐博　即「磅礴」，廣大無邊的樣子。

【語　譯】海上的山渺茫而時隱時見，江上的山肅穆而高峻，溪邊的山窈窕而幽深，塞外的山荒涼而逶迤，桂林的山連綿不斷氣勢磅礴，江南的山高聳陡峭精緻華麗。山的形狀色澤是這樣的不同。

【研　析】此條言山的不同形態，亦見於周亮工《書影》：「天遊子效負圖先生，履跡遍名山。或問曰：『山不同乎？』曰：『然，春山淡冶而如笑，夏山蒼翠而如滴，秋山明淨而如妝，冬山慘澹而如睡。海山微茫而隱見，江山嚴厲而峭卓，溪山窈窕而幽深，塞山童頽而堆阜。桂林之山，玲瓏剔透；巴蜀之山，才差窳窆；河北之山，綿衍龐博；江南之山，峻峭巧麗。山之形色不同如此。』」《書影》所引，「春山淡冶而如笑」四句，出自宋郭熙《林泉高致》，見第三十六條。

「海山微茫而隱見」以下，出自《犖氏耳目志》，宋呂祖謙《臥遊錄》、明楊慎《丹鉛錄》皆有轉引。海山指海島上的山，隔海相望，山峰出沒風波中，為水氣所籠罩，故「微茫而隱見」，李白〈夢遊天姥吟留別〉詩：「海客談瀛洲，煙濤微茫信難求。」瀛洲為傳說中的海上神山。江山是夾江而立的山，江水奔騰，在船上看兩岸的山，顯得更加陡峭高峻。唐楊炯〈巫峽〉詩云：「三峽七百里，唯言巫峽長。重巖窅不極，疊嶂淩蒼蒼。」溪水從群山中逶迤流出，沿山溪上溯，便通往山之幽深處。古人寫溪山，有清秀幽靜的特點，如儲光羲〈遊茅山五首〉詩：「落日登高嶼，悠然望南山。溪流碧水去，雲帶清陰還。」王安石〈定林所居〉詩：「屋繞彎溪竹繞山，溪山卻在白雲間。」塞外的山光禿而險峻，岩石呈紅色，新疆吐魯番的火焰山最為典型，岑參有〈火山雲歌送別〉詩寫火焰山：「火山突兀赤亭口，火山五月火雲厚。火雲滿山凝未開，飛鳥千里不敢來。」北方的山雄偉壯闊，南方的山峻峭秀麗，此條將原文「河北之山綿衍龐博」改為「桂林之山綿衍龐博」，桂林之山以秀麗聞名天下，不知為何作者如此改動，也許是抄錄時筆誤。

六・五七

杜門避影❶，出山❷一事，不到夢寐間；春晝花陰，猿鶴飽臥，亦五雲❸之餘蔭。

【注釋】❶避影　藏匿自己的身影，謂不與人交往。❷出山　指結束隱居生活，出來擔任朝廷的職務。❸五雲　指皇帝居處，此處即指朝廷。

【語譯】關門獨處，出山這件事，夢裡也未曾想到過；在春日的花陰下，自己能像猿鶴一樣，吃飽了就悠閒地躺著，這也是皇帝的恩澤。

【研析】此節文字出自文天祥〈回鍾叔玉三帖〉：「某杜門避影久矣，出山一事不到夢寐間。聞命誤節湘羅，笑人方循墻丐祠，以安半菽。倘拜俞音，春晝花陰，猿鶴飽臥，亦五雲之密蔭也。」

六・五八

白雲徘徊，終日不去。巖泉一支，潺湲❶齋中。春之晝，秋之夕，既清且幽，大得隱者之樂，唯恐一日移去。

【注釋】❶潺湲　流動的樣子。

【語譯】白雲徘徊空中，終日不離開。一股山泉，在書房中潺潺地流淌。春天的白晝，秋天的傍晚，既清靜又幽深，大得隱居者的樂趣，只恐有一天遷徙別處。

【研析】此條言隱居之樂，「白雲徘徊」四句，將無情無意的景色寫得有情有意，表現了中國古代人與自然和諧互動的審美理念。

六·五九 與衲子輩坐林石上，談因果，說公案❶，久之松際月來，振衣而起，踏樹影而歸，此日便是虛度。

【注釋】❶公案　佛教禪宗指前輩祖師的言行範例。

【語譯】與和尚們坐在林中的石上，談論因果報應的事情，講說前代高僧的言行，時間久了，月亮從松樹間升起，整理衣服站起，踏著樹影回家，這一天算是白白地過了。

【研析】此條言隱士山人的悠閒生活，「此日便是虛度」當從反面理解。以世俗的眼光看，談因果、說公案都是虛空不實的事情，與和尚坐談竟日，是浪費時光。然而在隱士山人看來，如此清談，卻是人生的一大樂趣。

六·六〇 結廬人境，植杖❶山阿❷，林壑地之所豐，煙霞性之所適。蔭丹桂❸，藉白茅❹，濁酒一杯，清琴數弄，誠足樂也。

【注　釋】❶植杖　拄著拐杖。❷山阿　山的彎曲處。❸丹桂　桂樹的一種。❹白茅　《小窗幽記》原作「白芽」，此節文字出自唐杜松之〈答王績書〉，據改。

【語　譯】在人們居住的地方蓋座草屋，拄著拐杖來到山的彎曲處，山林澗谷是豐茂的地方，煙霞風光適合我的性情。坐在丹桂的樹蔭下，鋪著白色茅草，喝一杯濁酒，彈幾套清越的琴曲，確實夠快樂了。

【研　析】此條寫幽居山林之樂。「結廬人境」出自陶淵明〈飲酒〉詩「結廬在人境，而無車馬喧」。雖然家居鬧市，卻保持著心境的寧靜。於是拄杖入深山，尋找水草豐茂、風光旖旎的地方，飲酒彈琴，何等快樂。

六・六一　輞水❶淪漣❷，與月上下，寒山❸遠火，明滅林外，深巷小犬❹，吠聲如豹。村虛❺夜舂，復與疏鐘相間，此時獨坐，童僕靜默。

【注　釋】❶輞水　即輞谷水，在陝西藍田南，王維曾居於此。❷淪漣　水波起伏。❸寒山　冷靜寂寞的山。❹小犬　《小窗幽記》原作「寒犬」。此節文字出自王維〈山中與裴秀才迪書〉，據改。❺村虛　即「村墟」。村落。

【語　譯】輞水波浪起伏，與月亮在水中的倒影一起上下漂浮，寒山遠處的野火，在林外忽明忽滅，深巷中的小犬，叫起來聲音像豹子吼。村落裡夜間舂米的聲音，又與稀疏的鐘聲相間雜。這時候獨自坐著，邊上的童僕也靜默無聲。

【研　析】此條描寫山居生活的寧靜。蘇軾說王維「詩中有畫，畫中有詩」，他的文章也富有詩情畫意。月色下，輞水波浪起伏，閃耀著銀色的光輝。空曠的遠山，星火在林中忽明忽暗。視角高低遠近互相轉換，色調冷暖明暗互相映襯，構成一幅形象生動的畫面。深巷的犬吠、舂米聲和寺院的鐘聲，打破了夜晚的寂靜。王維詩善寫幽清之境，然而在幽清之中，往往插入一些聲響，起到以動襯靜的效果，如「明月松間照，清泉石上流。竹喧歸浣女，蓮動下漁舟」，「空山不見人，但聞人語響。返景入深林，復照青苔上」，這段文字也是如此。

六·六二　東風開柳眼❶，黃鳥❷罵桃花。

【注　釋】❶柳眼　柳葉。早春初生的柳葉如睡眼初開，故稱柳眼。❷黃鳥　即黃鶯。

【語　譯】東風吹開了柳眼，黃鶯在桃花中鳴叫。

【研　析】此二句出自白玉蟾〈懶翁齋賦〉，描寫春天的景象。東風吹得柳絮四處飄揚，黃鶯在桃花中啼鳴，一個「罵」字用得十分別致。也許懶翁正在午睡，黃鶯的叫聲將他從夢中驚醒，於是用一個「罵」字表示不耐煩。

六・六三　晴雪長松，開窗獨坐，恍如身在冰壺；斜陽芳草，攜杖閒吟，信是人行圖畫。

【語　譯】天氣放晴後的雪，高大的松樹，開窗獨自坐著，恍惚置身於冰壺之中；西斜的太陽映照著芳草，拄著竹杖悠閒地吟詩，果真是人行走在圖畫中。

【研　析】此聯上句寫雪景，明代畫家錢轂有「晴雪長松圖」，自題「流泉依細石，晴雪落長松」。下句寫斜陽芳草，更多見於古代詩詞，如范仲淹〈蘇幕遮〉：「芳草無情，更在斜陽外。」

六・六四　小窗下修篁蕭瑟❶，野鳥悲啼；峭壁間醉墨❷淋漓❸，山靈呵護。霜林之紅樹，秋水之白蘋。

【注　釋】❶蕭瑟　形容風吹樹木的聲音。❷醉墨　醉中所作的詩畫。❸淋漓　形容筆墨酣暢。

【語　譯】小窗下修竹發出蕭瑟的聲響，野鳥在悲啼；峭壁間有醉中所作的詩畫，筆墨酣暢淋漓，山靈保護著這些作品。經霜後林中的紅葉樹，秋天水流上白色的浮萍。

【研　析】文人愛竹，且喜種竹，朱熹詩：「去年種竹長新篁，今歲穿渠過野塘。」中國文人有在山崖刻石題詞的傳統，陳與郊《隅園集》載：「元次山有〈中興頌〉，大曆六年鐫於永州浯溪石崖，已八百幾十年，不遽泯，徒以顏魯公正書，能使山靈呵護。」霜林紅樹，秋水白蘋是秋天景色，也是一副妙對。

六·六五　雲收便悠然共遊，雨滴便冷然俱清，鳥啼便欣然有會，花落便灑然有得。

【語　譯】雲散了就悠閒地與它一起漫遊，雨滴落就涼爽地與它一樣清新，鳥啼就高興地有所領悟，花落就瀟灑地有所收益。

【研　析】大自然千姿百態，變幻無窮，智者能從中領悟到生命的意義和樂趣，從而達到人與自然的和諧統一。

六·六六　千竿修竹，周遭半畝方塘；一片白雲，遮蔽五株垂柳。

【語　譯】千竿長竹，周圍是半畝方形的池塘。一片白雲，遮蔽了五棵垂柳。

【研　析】半畝方塘，出自朱熹〈觀書有感〉詩：「半畝方塘一鑑開，天光雲影共徘徊。」可見景色之悠然。五株垂柳，暗合陶淵明辭官隱居，在住處植五株柳樹，自稱「五柳大夫」，可見胸襟之曠達。

六・六七 山館秋深，野鶴唳殘清夜月；江園春暮，杜鵑啼斷落花風。

【語譯】山中的館舍秋意已深，野鶴叫殘了寒夜的月亮；江邊的園林春色已晚，杜鵑啼斷了落花的風。

【研析】暮春深秋，本令人傷感，深夜鶴唳，杜鵑鳴啼，更覺淒涼清絕。

六・六八 青山非僧不致，綠水無舟更幽；朱門有客方尊，緇衣❶絕糧益韻。

【注釋】❶緇衣　僧人所穿的衣服，此處代指僧人。

【語譯】青山只有僧人才來，綠水沒有船更幽靜；朱門有客人才尊貴，僧人不食人間煙火更有韻采。

【研析】賈島〈尋隱者不遇〉詩云：「松下問童子，言師採藥去。只在此山中，雲深不知處。」高僧隱士多居深山之中。韋應物〈滁州西澗〉詩云：「野渡無人舟自橫。」寫出澗邊的幽靜，若無舟楫，豈非更加幽靜。豪門大宅賓客如雲，方有尊貴氣象。苦行僧以節欲為修行第一要義，若絕糧斷餐，方見道行之深。

六·六九

杏花疏雨，楊柳輕風，興到欣然獨往；村落煙橫，沙灘月印，歌殘倏而❶言旋❷。

【注　釋】❶倏而　立刻；馬上。❷言旋　歸去。言，助詞，無義。

【語　譯】杏花在細雨中開發，楊柳在輕風中搖擺，興致來時欣然獨往；村落裡煙霧飄蕩，月光映照在沙灘上，歌罷就立刻回去。

【研　析】雨打杏花，風吹楊柳，氣候宜人，風光明媚，是去郊外遊玩的大好時光。在郊外逗留至黃昏，村落炊煙裊裊，月光映照沙灘，才興盡而返。「興到欣然獨往」，「歌殘倏而言旋」何等逍遙自在。雨中杏花更見嬌羞，風拂楊柳婀娜多姿，村落炊煙有人間溫暖，月印沙灘有出塵幽清，這些富有詩意的意象，經常出現在古代詩文之中。如宋僧志南〈絕句〉詩「沾衣欲濕杏花雨，吹面不寒楊柳風」，宋李至〈再獻五章奉資一笑〉詩「雨打杏花將爛漫，風吹楊柳漸扶疏」，陶淵明〈歸園田居五首〉詩「曖曖遠人村，依依墟里煙」，宋汪元量〈易水〉詩「煙籠古木猿啼夜，月印平沙雁叫秋」。

六・七〇　賞花酣酒，酒浮園菊方三盞；睡醒問月❶，月到庭梧第二枝。此時此興，亦復不淺。

【注釋】❶問月　李白有〈問月〉詩：「青天有月來幾時，我今停杯一問之。人攀明月不可得，月行卻與人相隨。」

【語譯】飲酒賞花，在園中菊花前喝酒才三杯；睡醒了問月亮在哪裡，月亮升到了梧桐樹的第二根枝條。這時候的興致，也不算淺了。

【研析】此條文字出自明李開先〈中麓先生拙對〉：「詩成有客開評，酒浮園菊凡三盞；睡醒頑童走報，月過庭梧第二枝。」《小窗幽記》將「詩成有客開評」改為「賞花酣酒」，將「睡醒頑童走報」改為「睡醒問月」，更見詩情逸興，而且使用頂針續麻的修辭手法，文句更為順暢。

六・七一　幾點飛鴉，歸來綠樹；一行征雁，界破❶青天。

【注釋】❶界破　劃破。

【語譯】幾隻飛翔的烏鴉，回歸到綠樹上；一行遠征的大雁，劃破了青天。

【研析】綠樹上幾隻烏鴉，青天上一行大雁，寫景由近及遠，意象開闊。

六・七一 看山雨後，霽色一新，便覺青山倍秀；玩月江中，波光萬頃，頓令明月增輝。

【語譯】看雨後的山，清朗的天色煥然一新，就覺得青山倍加秀麗；在江中賞月，萬頃波光，立刻使明月增添了光彩。

【研析】雨後青山，更加青翠蔥蘢，宋岳珂〈約吳季謙山行書來問期戲答〉詩：「連朝積雨快新晴，雨後青山眼倍明。」明孫緒詩：「雨後青山畫不如，山谿深處野人居。」月照萬川，江水月色互相輝映，更覺月色清亮，張若虛〈春江花月夜〉詩：「春江潮水連海平，海上明月共潮生。灩灩隨波千萬里，何處春江無月明。」李白〈望月有懷〉詩：「寒月搖清波，流光入窗戶。」都如實描繪了美不勝收的景象。

六・七二 樓臺落日，山川出雲。

【語譯】落日掛上了樓臺，輕雲飛出了山川。

【研析】此二句出自湯顯祖〈秦淮可遊賦〉，寫盪舟秦淮河上看到的景色。秦淮河畔，亭臺樓閣鱗次櫛比，多為煙花女子所居河房，張岱《陶庵夢憶》載：「秦淮河河房，便寓、便交際、便淫治，房值甚貴，而寓之者無虛日。畫船簫鼓，去去來來，周折其間。河房外，家有露臺，朱欄綺疏，竹簾紗幔。夏月浴罷，露臺雜坐。兩岸水樓中，茉莉風起動兒女香甚。」落日映照樓臺，染紅了秦淮河，風光何等旖旎，遠眺紫金山，被輕雲薄霧籠罩，又是另一番景致。

六·七三　玉樹❶之長廊半陰，金陵❷之倒景❸猶赤。

【注釋】❶玉樹　美好的樹木。❷金陵　指南京的紫金山，又稱鍾山，山上岩石赤紅。❸倒景　倒影。景，通「影」。

【語譯】玉樹形成的長廊遮住了一半的陽光，鍾山的倒影還是紅的。

【研析】此二句也出自湯顯祖〈秦淮可遊賦〉，寫學宮之景色，前兩句為「今夕拊文石之傾闌，背學宮之廣陌」，玉樹既寫景色，又喻指人才。「金陵之倒景猶赤」，傳說紫金山有紫氣籠罩，是帝王建業的徵兆，這裡有金陵是臥虎藏龍之地的意思。

六·七四　小窗偃臥，月影到床，或逗留於梧桐，或搖亂於楊柳，翠華撲被，神骨俱仙。及從竹裡流來，如自蒼雲吐出。清送素娥❶之環佩，逸移幽士之羽裳❷。相思足慰於故人，清嘯自紓❸於良夜。

【注釋】❶素娥　嫦娥。❷羽裳　鳥的羽毛製成的衣服，指神仙、道士或隱者所穿的衣服。❸紆　迴旋。

【語譯】安臥在小窗之下，月光照到床頭，或逗留在梧桐樹上，或被擺動的楊柳所搖亂，翠色撲上被子，神韻風骨都像仙人。等到月光從竹叢中流出，猶如從灰白的雲層中流出。清亮的聲音猶如嫦娥所戴玉佩發出的聲響，飄逸的風吹動了隱士所穿的羽衣。相思之情足以慰藉老朋友，長嘯聲在美好的夜晚迴旋。

【研析】此節文字也見於吳從先《小窗自紀》，有題曰「清夜玩月影，情思何搖曳」。月色是中國古代詩歌中常見的意象。明月綿亙不絕地放射出清寒的光輝，觸發詩人孤獨憂愁的情思，謝莊〈月賦〉云：「情紆軫而何托，明月而長歌。」月色清幽朦朧，時有陰晴圓缺，既象徵著光明，又是人間悲歡離合的見證。於是借月色表達孤單寂寞的意緒，抒發相思離愁成為月色最基本的意象。「相思足慰於故人，清嘯自紆於良夜」，就是表達這樣的意象。月色停留在屹立的梧桐樹上，透過搖擺的楊柳閃爍不停，從竹林中流來，自蒼雲間吐出，將靜止的月光寫得十分靈動。

六·七五

繪雪者，不能繪其清；繪月者，不能繪其明；繪花者，不能繪其香；繪風者，不能繪其聲；繪人者，不能繪其情。

【語譯】畫雪，畫不出雪的潔淨；畫月，畫不出月的明亮；畫花，畫不出花的香氣；畫風，畫不出風的聲響；畫人，畫不出人的神情。

【研　析】此節文字，出自宋羅大經《鶴林玉露》，言繪畫不能窮盡自然的奧妙。對於藝術，歷來有兩種觀點：主張本色者認為藝術在大千世界面前是蒼白無力的，再高超的藝術也不能再現大自然的魅力；另一種觀點認為藝術來源於生活，又高於生活，通過藝術加工，可以將自然美表現得更集中更強烈。繪畫是視覺藝術，不能表現清、香、聲、情等訴諸觸覺、味覺、嗅覺和心理的因素，但可以通過視覺形象，觸發聯想，產生觸、味、嗅等感覺和心靈的感應，這就是藝術的通感作用。《螢窗叢談》載：「徽宗政和中，建設畫學，用太學法補試四方畫師，以古人詩句命題。……又試題『踏花歸去馬蹄香』，何以見得親切，有一名畫，但掃數蝴蝶逐馬後而已，便表得馬蹄香出也。」便是繪畫能繪其香的例子。

六・七六　讀書宜樓，其快有五：無剝啄❶之驚，一快也；可遠眺，二快也；無濕氣浸床，三快也；木末竹顛，與鳥交語，四快也；雲霞宿高簷，五快也。

【注　釋】❶剝啄　敲門聲。

【語　譯】讀書適宜在樓上，那樣有五種快樂：沒有敲門聲的驚擾，第一種快樂；可以遠眺樓外的景色，第二種快樂；沒有溼氣滲到床上，第三種快樂；樹梢和竹端與樓齊，可以與鳥交談，第四種快樂；雲霞停留在高高的屋簷上，第五種快樂。

【研　析】此條也見於吳從先《小窗自紀》，言讀書要有幽靜舒適的環境。讀書講究環境，是文人追求的雅趣，真正讀書並不受環境的限制。歐陽脩就說過，他讀書在「三上」，即「馬上、枕上、廁上」。曾國藩也說：「苟能發奮自立，則家塾可讀書，即曠野之地、熱鬧之場亦可讀書，負薪牧豕，皆可讀書；苟不能發奮自立，則家塾不宜讀書，即清淨之鄉、神仙之境，皆不能讀書。何必擇地，何必擇時？但問立志之真不真耳。」

六・七七　山徑幽深，十里長松引路，不倩❶金張❷；俗態糾纏，一編殘卷療人，何須盧扁❸。

【注　釋】❶倩　懇求；接近。❷金張　指漢代金日磾、張安世，兩人家族顯赫，後以金張為權貴的代稱。❸盧扁　戰國時名醫扁鵲，因其住在盧國，故又稱盧扁、盧醫。

【語　譯】山中的小路幽深，有十里長松引路，不必去懇求金張那樣的權貴；世俗的情態纏人，一編殘缺的書卷就可以醫治，哪裡需要扁鵲這樣的名醫。

【研　析】隱居山中，視功名富貴如敝屣，自然不必奔走權貴門下。滿身俗氣，神醫難治，只有讀書才能治療。

六·七八　喜方外❶之浩蕩，嘆人間之窘束❷；逢閬苑❸之逸客，值❹蓬萊之故人。忽據梧而策杖，亦披裘而負薪。出芝田❺而計畝，入桃源而問津。菊花兩岸，松聲一丘。葉動猿來，花驚鳥去。閱丘壑之新趣，縱江湖之舊心。

【注　釋】❶方外　塵世之外神仙居住的仙境。❷窘束　約束；拘謹。❸閬苑　傳說中仙人的住處。❹值　遇到；碰上。❺芝田　傳說中神仙種植靈芝的地方。

【語　譯】喜歡世外的曠遠，感歎人間的拘束，遇到閬苑超逸高雅的來客，碰上蓬萊仙島的老朋友。忽然靠著梧桐樹，拄著拐杖，也披著羊皮衣，背著柴火。從芝田出來計算田畝的數量，進入桃花源詢問渡口。兩岸長滿菊花，一座山丘傳來松風聲。猿來時樹葉搖動，鳥去時花兒受到驚嚇。閱讀這丘壑新鮮的趣味，放縱闖蕩江湖的舊心思。

【研　析】此節文字出自唐王績〈遊北山賦〉，言居山中，如入神仙之境，過著自由自在的生活。

六·七九　籬邊杖履❶送僧，花鬚❷列於巾角；石上壺觴❸坐客，松子落我衣裾。

【注　釋】❶杖履　拄杖漫步。❷花鬚　花蕊。❸壺觴　酒器。此處謂招待客人飲酒。

【語　譯】在籬笆邊拄著拐杖漫步送走僧人，花蕊掛在頭巾的角上；在石頭上招待客人坐下飲酒，松子落在我的衣襟上。

【研　析】此條出自屠隆《娑羅館清言》，寫隱者的悠閒自在生活。「花鬚」、「松子」兩句，可見寫景狀物之細膩。

六・八〇　遠山宜秋，近山宜春，高山宜雪，平山宜月。

【語　譯】遠山適宜於看秋景，近山適宜於賞春色，高山適宜於觀雪，平山適宜於望月。

【研　析】此條言山勢不同，適合不同的季節觀賞。秋天的遠山，雲遮霧繞，一片朦朧，在幽靜中增添了幾分神祕。春天百花齊放，流光溢彩，適宜近處細細觀賞。山越高積雪越厚，雪景也更漂亮。平山觀月，視野開闊，一輪明月高掛空中，令人心神俱清。

六・八一　珠簾蔽月，翻窺窈窕之花；綺幔藏雲，恐礙扶疏❶之柳。

【注　釋】❶扶疏　枝葉茂盛的樣子。

【語　譯】華麗的簾子遮住了月亮，翻身窺看妖冶的花；漂亮的帳幔藏住雲彩，恐怕妨礙枝葉茂盛的柳樹。

【研　析】此聯以花柳喻人，寫幽室帳幕中豔事。

六・八二　松子為餐，蒲根可服。

【語　譯】以松子當飯，香蒲的根可以服用。

【研　析】此條與卷五第一六三條重出。

六・八三　煙霞潤色，荃荑❶結芳。出澗幽而泉洌❷，入山戶❸而松涼。

【注　釋】❶荃荑　芳草。❷洌　寒冷。❸山戶　山谷。

【語　譯】煙霞增添了色彩，荃荑聚集著芬芳。風從澗谷幽深處吹出而泉水更寒冷，風吹入山谷使松樹更加涼爽。

【研　析】此節文字出自六朝謝朓〈擬宋玉風賦〉，描寫風起時景象。清風拂過煙霞，使煙霞具有變幻莫測的豐富色彩；清風拂過芳草，香氣更加濃烈；清風拂過山泉，泉水更加清洌；清風拂過山谷，松樹更加涼爽。清風雖無影無蹤，但到處能感覺其存在。

六・八四　旭日始暖，蕙草可織❶；園桃紅點，流水碧色。

【注　釋】❶可織　形容紛繁交錯的樣子。

【語　譯】早晨的太陽剛剛溫暖，蕙草紛繁交錯；園中的桃子點染了紅色，流水更加青碧。

【研　析】此條文字描寫春天的景色，出自六朝江淹〈四時賦〉。江淹早年入建平王劉景素幕，曾被誣受賄入獄，又因與劉景素政見不合被貶為建安吳興縣令。〈四時賦〉通過描寫四季景色的更替變遷，抒發作者寄居他鄉，時光流逝的哀愁，表達了對往事的留戀和對親友的思念。此賦寫春景原文為：「若乃旭日始暖，蕙草可織；園桃紅點，流水碧色。思舊都兮心斷，憐故人兮無極。」

六・八五　玩飛花之度窗，看春風之入柳。命麗人於玉席，陳寶器於紈羅❶。

【注　釋】❶紈羅　即「羅紈」，精美的絲織品。

【語　譯】賞玩落花飄進了窗戶，觀看春風吹拂著楊柳。命佳人在筵席旁伺候，在精美的絲織品上陳列著珍貴的器具。

【研　析】此節文字出自梁簡文帝〈箏賦〉。〈箏賦〉對箏的製作、彈奏、音樂風格和審美價值做了詳盡的描述。此四句寫游宴之餘，準備彈奏箏曲，十分靈動。

六·八六　忽翔飛而暫隱，時凌空而更颺。竹依窗而度影，蘭因風而送香。

【語　譯】忽然飛翔暫時隱蔽起來，有時凌空飛得更高。竹子倚靠著窗戶留下了影子，蘭花借助風力傳送香氣。

【研　析】此節文字出自梁蕭和〈螢火賦〉：「聊披書以娛性，悅草螢之夜翔。乍依闌而回亮，或傍牖而舒光。忽翔飛而暫隱，時凌空而更颺。竹依窗而度影，蘭因風而送香。」此書所引，前兩句寫螢火蟲飛翔的情狀，後兩句寫夜晚的景色。

六·八七　風暫下而將飄，煙才高而不瞑。

【語　譯】風暫時往下颳而將飄揚，煙才升騰而不散滅。

【研　析】此二句出自唐太宗〈小山賦〉，賦寫庭院中假山的形狀。這兩句意為假山雖小，依然有清風飄拂，煙霧升騰。

六·八八　悠楊綠水❶，訝合浦❷之同歸；繚繞青霄❸，環五星❹之一氣。

【注　釋】❶綠水　《小窗遊記》作「綠柳」，據元稹〈善歌如貫珠賦〉改。❷合浦　古郡名，在今廣西合浦東北，以產珍珠而聞名。❸青霄　碧空。❹五星　指金、木、水、火、土五大行星。

【語　譯】歌聲如悠揚的綠水，迎來合浦的珍珠同歸；歌聲繚繞直上碧空，一口氣環繞著五星運轉。

【研　析】此條出自唐元稹〈善歌如貫珠賦〉，描寫歌聲之悠揚美妙，如綠水溢漾，珍珠連貫，高亢婉轉，繚繞雲端，如五星相聯。

六・八九　縟繡❶起於緹紡❷，煙霞生於灌莽。

【注　釋】❶縟繡　絢麗的錦繡。❷緹紡　此處意為紡絲。緹，橘紅色的絲織品，也泛稱名貴的織物。

【語　譯】絢麗的錦繡是從紡絲開始的，煙霞產生於叢生的草木之中。

【研　析】此二句出自唐盧照鄰〈同崔少監作雙槿樹賦〉，以紡絲錦繡作比喻，寫煙霞般木槿花出於叢生的草木之中。木槿是落葉灌木，常用來作籬笆，唐竇鞏有〈早春松江野望〉詩「帶花移樹小，插槿作籬新」。木槿花有白、紅、紫等色，此處以煙霞作比喻，當為紅色木槿花。

卷七　韻

七·一　人生斯世，不能讀盡天下祕書❶靈笈❷，有目而昧❸，有口而啞，有耳而聾，而面上三斗俗塵，何時掃去？則「韻」之一字，其世人對症之藥乎？雖然，今世且有焚香啜茗，清涼在口，塵俗在心，儼然自附於韻，亦何異三家村❹老嫗，動口念阿彌，便云升天成佛也。集韻第七。

【注釋】❶祕書　祕藏的書籍。❷靈笈　仙道的祕笈。❸昧　昏暗不明。❹三家村　指偏僻的鄉村。

【語譯】人生這一世，不能讀盡天下祕藏的書籍和仙道的寶書，有眼睛卻看不到東西，有嘴巴卻不能說話，有耳朵卻聽不到聲音，臉上沾滿三斗世俗的塵土，什麼時候能掃去？那麼一個「韻」字，是針對世人病症的良藥嗎？雖是這樣，當今世上有人焚香喝茶，嘴裡很清涼，可是塵俗堆積於心，還一本正經地附庸風雅，和那些張嘴念阿彌陀佛，就說是升天成佛的鄉村老婦有什麼區別。集韻第七。

【研　析】「韻」指風雅、情趣，是通過人們的言行舉止表現出來的內在品質和修養。一個人如果沒有情趣，就如同槁木死灰，了無生氣。作者認為，只有多讀書，加強道德磨煉和知識積累，才能有高尚的情趣。如果只是在行為上模仿高人雅士，而缺乏內在的修養，只能是附庸風雅，更顯俗氣。

中國古代文人非常注重生活的情趣，陶淵明就在詩中說道：「少無適俗韻，性本愛丘山。」到了明代的中後期，文人更加注重生活的享受，也更重視生活的情趣。但他們追求的情趣，更強調出於自然天性，提倡任情率性的生活方式。如李贄、袁宏道等人，認為「童心」最可貴，只有保持童心不失，才能有自然之韻、天真之趣。他們還認為，讀書多了，懂的道理多了，童心也隨之丟失。人的情趣，既出於天性，也來自學習修養。讀書對於培養一個人的高尚情趣是必要的，但不能用書中的教條束縛自己的天性。從另一方面來講，不同階層的人有不同的生活情趣，士人認為商賈市民的生活情趣庸俗，而市民則認為士人的情趣迂腐。不同時代的人們，生活情趣也是不同的，同為文人，魏晉文人的情趣帶有明顯的士大夫色彩，而明代中後期文人的情趣則帶有平民化的傾向。

情趣的雅俗之分，也是相對的，有些今天看來是風雅的事情，在古代也許認為是很庸俗的，反過來說，有些在古代看來是風雅的事情，在今天看來則很庸俗。如今天把京劇當做高雅藝術，認為能欣賞京劇是很風雅的事情，可是在清代道光之前，文人欣賞的是崑曲，把看京劇當做一件俗事。又如古代把「鞋杯」——即用女人的繡鞋當酒杯——視作雅事，今天看來則是俗不可耐，難以接受的事情了。

七·二 陳慥❶家蓄數姬，每日晚藏花一枝，使諸姬射覆❷，中者留宿，時號「花媒」。

【注釋】❶陳慥　北宋文人，字季常，蘇軾的朋友。❷射覆　古代的一種遊戲，把東西藏於器物之下讓人猜。

【語譯】陳慥家裡養了幾個姬妾，每天晚上藏一枝花，讓姬妾們猜，猜中的就留下過夜，當時號稱「花媒」。

【研析】據洪邁《容齋隨筆》載：陳慥家庭富有，多蓄聲妓。但他的妻子柳氏是個嫉妒心極強的悍婦，經常在客人面前與陳慥吵鬧，蘇軾為此寫了一首詩：「龍邱居士亦可憐，談空說有夜不眠。忽聞河東獅子吼，拄杖落手心茫然。」「河東獅吼」的典故便由此而來。若《容齋隨筆》所記屬實，則此條文字的真實性就有問題了。

七·三 雪後尋梅，霜前訪菊，雨際護蘭，風外聽竹。

【語譯】下雪後探尋梅花，降霜前訪問菊花，下雨時保護蘭花，颳風時聽竹響。

【研析】此條言梅蘭竹菊，被稱為「花間四友」。梅花傲霜鬥雪，冰肌玉骨，其淡雅寒豔的高標逸韻為文人所讚賞。雪後的梅花，紅白相映，更加鮮豔。因此，踏雪尋梅成為文人最為喜愛的雅事，歷代以此為題的詩歌也很多。菊花盛開於秋季，霜降前後正是賞菊的最好時光。《紅樓夢》中有賈寶玉寫的一首〈訪菊〉：「閒趁晴霜試一游，酒杯藥盞莫淹留。霜前月下誰家種，檻外籬邊何處愁。」蘭花高潔清雅，被喻為花中君子，深得文人讚賞。蘭花性嬌柔，不禁風雨侵蝕，故護蘭成為佳話。風吹竹林，發出自然的聲韻，令人神清氣爽，因此古人多喜歡臥窗聽竹。

七·四 清齋幽閉❶，時時暮雨打梨花；冷句忽來，字字秋風吹木葉。

【注釋】❶幽閉 緊閉；關閉。

【語譯】冷清的書齋緊閉，暮雨時時拍打著梨花；忽然得到一個冷僻的句子，字字就像秋風吹拂著樹葉。

【研析】「清齋幽閉」兩句，寫庭院之冷清幽靜。梨花嬌嫩，一經風雨狼藉滿地，古代詩詞中多以「雨打梨花」表達女子的春愁閨怨，如宋李重元〈憶王孫〉：「萋萋芳草憶王孫，柳外樓高空斷魂，杜宇聲聲不忍聞。欲黃昏，雨打梨花深閉門。」唐寅〈一剪梅〉：「雨打梨花深閉門，忘了青春，誤了青春。賞心樂事共誰論？花下銷魂，月下銷魂。 愁來眉峰盡日顰，千點啼痕，萬點啼痕。曉看天色暮看雲，行也思君，坐也思君。」「冷句忽來」兩句，寫詩句意境淒清，猶如秋風吹落葉般蕭瑟清涼。古代詩詞中常以「秋風落葉」營造蕭瑟淒涼的意境，如屈原〈九歌·湘夫人〉：「嫋嫋兮秋風，洞庭波兮木葉下。」王褒〈渡河北〉：「秋風吹落葉，還似洞庭波。」

七・五

多方分別❶，是非之竇❷易開；一味圓融❸，人我❹之見不立。

【注釋】❶多方分別　意為從不同的角度去看同一事物，會有不同的認識。❷竇　門戶。❸圓融　通融。❹人我　他人與我。

【語譯】從不同的角度看問題，容易打開是非之門；一味通融圓滑，別人與我見解的差異就不成立。

【研析】此條也見於吳從先《小窗自紀》。此條言為人處世不可太絕對，如果什麼事情都要堅持己見，就容易引起矛盾，惹出是非；如果什麼事情都隨從他人，那麼就喪失了自己的獨立性。

七・六

春雲宜山，夏雲宜樹，秋雲宜水，冬雲宜野。

【語譯】春天的雲適宜在山中看，夏天的雲適宜在樹下看，秋天的雲適宜在水邊看，冬天的雲適宜在原野看。

【研析】在中國古代山水畫創作理論中，強調要觀察景物四季的變化，表現其不同的審美特徵。清代畫家邵梅臣在《畫耕偶錄》中說：「古人云：『看雲自有時宜，春雲宜山、夏雲宜樹、秋雲宜水、冬雲宜野。』余謂畫雲也有時宜：春宜晴、夏宜雨、秋宜月、冬宜雪。」他從季節及背景襯托的角度，對四時雲氣的創作題材「畫雲自有時宜」的選景思想。

七·七　清疏暢快，月色最稱風光；瀟灑風流，花情何如柳態。

【語譯】要說疏朗舒展，月色是最好的風光；要說瀟灑風流，花的情態怎麼比得上柳樹。

【研析】月色澄淨無華，但令人神清氣爽，柳枝雖無鮮花豔麗，但在風中婀娜多姿，風流無限。

七·八　春夜小窗兀坐❶，月上木蘭，有骨凌冰❷，懷人如玉，因想「雪滿山中高士臥，月明林下美人來❸」，語此際光景頗似。

【注釋】❶兀坐　獨自端坐。❷凌冰　即冰。凌，冰。❸雪滿山中高士臥二句　出自明高啟〈詠梅〉詩。

【語譯】春天的夜晚，獨自端坐在小窗下，月亮從木蘭花上升起，月光似堅硬的冰凌，懷想那如玉的美人，因而想起「雪滿山中高士臥，月明林下美人來」，形容此時的光景很逼真。

【研析】此條也見於《小窗自紀》。月下美人，朦朧中更顯嬌柔，月夜懷想美人，更有無窮情思。

七·九　文房❶供具❷，藉以快目適玩，鋪疊如市，頗損雅趣。其點綴之法，羅羅清疏❸，方能得致。

【注釋】❶文房　書房。❷供具　陳設的器具。❸羅羅清疏　疏朗清晰。

【語譯】書房陳設的器具，借以悅目適合玩賞，鋪疊得像市場的擺設，很損害雅趣。它的布置方法，應該疏朗清晰，才能有情趣。

【研析】此條言書房布置要清疏有致，如果一味堆積珍異之物，那就成了古玩市場，反顯得俗氣。《紅樓夢》第四十回寫賈母帶了劉姥姥和眾人遊大觀園，來到探春和寶釵的房中，具體描寫了探春和寶釵房中的陳設，其布置正合清疏有致之法，且符合各人的性格和愛好。

七·一〇　香令人幽，酒令人遠，茶令人爽，琴令人寂，棋令人閒，劍令人俠，杖令人輕，麈令人雅，月令人清，竹令人冷，花令人韻，石令人雋，雪令人曠，僧令人澹，蒲團令人野，美人令人憐，山水令人奇，書史令人博，金石❶鼎彝❷令人古。

【注釋】❶金石　指古代鐫刻文字，記頌功德的鐘鼎和碑文。❷鼎彝　古代的青銅器具。

【語譯】香令人幽雅，酒令人清遠，茶令人涼爽，琴令人寂靜，棋令人悠閒，劍令人行俠仗義，拄杖令人身輕，拂麈令人高雅，月令人清越，竹令人冷清，花令人有風韻，石令人雋永，雪令人曠遠，僧令人淡泊，蒲團令人保持野趣，美人令人憐愛，山水令人奇特不凡，書史令人博學多聞，金石鼎彝令人具有古風。

【研　析】此條反映了文人的生活方式和情趣，亦見於陳繼儒《巖棲幽事》。香氣幽雅，焚香讀書彈琴更是雅事，故曰「香令人幽」。喝酒使人精神爽朗，神采飛揚，故曰「酒令人遠」。飲茶使人神清氣爽，兩腋生風，故曰「茶令人爽」。彈琴使人心定氣閒，神情專一，故曰「琴使人寂」。下棋是休閒娛樂，故曰「棋令人閒」。寶劍在手，豪情萬丈，行俠仗義，懲惡揚善，故曰「劍令人俠」。執杖行走，健步如飛，故曰「杖令人輕」。揮麈清談，是六朝風雅的象徵，故曰「麈令人雅」。

明月清亮，使人有出塵之想，「我欲乘風歸去，惟恐瓊樓玉宇，高處不勝寒」，故曰「月令人清」。竹子不畏嚴寒，挺拔不屈，古人愛竹，取其志節高尚，不依附於俗世，故曰「竹令人冷」。百花嬌豔，風致綽約，賞花能增加生活的韻趣，故曰「花令人韻」。石頭千姿百態，須仔細鑑賞，方能品味出其中的奧妙，故曰「石令人雋」。皚皚白雪覆蓋大地，世界變得更加空曠，人的心胸也更加開闊，故曰「雪令人曠」。與僧人交談，俗念頓消，故曰「僧令人澹」。

蒲團本是僧人參禪所坐，後來文人用作坐墊，在詩文中表示不拘禮節的蕭逸生活方式，故曰「蒲團令人野」。美人讓人憐愛，故曰「美人令人憐」。山水有靈氣，遊覽名山大川，毓天地之精華，胸中有溝壑，自然奇特不凡，故曰「山水令人奇」。讀書使人博學，故曰「書史令人博」。觀賞古董催發思古之情，使人彷彿回到遙遠的古代，與古人會晤對話，故曰「金石鼎彝令人古」。

七・一一　吾齋之中，不尚虛禮，凡入此齋，均為知己。隨分❶款留❷，忘形笑語，不言是非，不侈榮利，閒談古今，靜玩山水，清茶好酒，以適幽趣。臭味之交❸，如斯而已。

【注釋】❶隨分　隨意；隨便。❷款留　殷勤留客。❸臭味之交　臭味相投的朋友。

【語譯】我的書齋中，不崇尚虛偽的禮節，凡是進入這個書房的人，都是我的知己。隨意留客，不拘行跡地忘形談笑，不說是非，不顯揚功名利祿，閒談古今事，幽靜地遊覽山水，清茶好酒，滿足主客高雅的趣味。意氣相投的朋友，也就是這樣罷了。

【研析】此條文字據司馬光〈真率銘〉改寫，其原文為：「吾齋之中，不尚虛禮。不迎客來，不送客去。賓主無間，坐列無序。真率為約，簡素為具。有酒且酌，無酒且止。清琴一曲，好香一炷。閒談古今，靜玩山水。不言是非，不論官事。行立坐臥，忘形適意。冷淡家風，林泉高致。道義之交，如斯而已。羅列腥膻，周旋佈置，俯仰奔趨，揖讓跪拜，內非真誠，外徒矯偽。一關厲害，反目相視。此世俗交，吾斯摒棄。」〈真率銘〉提出了為人處事、結交朋友的原則，概括起來講，就是內心要真誠，做事要簡樸，處世要淡泊。

七·一二　窗宜竹雨聲，亭宜松風聲，几宜洗硯聲，榻宜翻書聲，月宜琴聲，雪宜茶聲，春宜箏聲，秋宜笛聲，夜宜砧聲❶。

【注釋】❶砧聲　擣衣聲。

【語譯】窗下宜有雨滴竹葉聲，亭中宜有風吹松濤聲，几案上宜有洗硯臺的聲音，臥榻旁宜有翻書的聲音，月夜宜有琴聲，雪天宜有煮茶聲，春天宜有箏聲，秋天宜有笛聲，夜晚宜有擣衣聲。

【研析】此條講不同的聲音在不同的場合能給人以獨特的感受。窗下聽竹雨聲，更覺淒清；亭子敞亮，聽松風聲更覺清朗；几案旁聽洗硯聲，更覺幽雅；臥榻旁聽翻書聲，更覺悠閒；月夜寧靜，聽琴聲更覺悠揚；雪天寒冷，聽煮茶聲更覺暖意融融；春天花好月圓，聽箏聲錚鏦更覺生氣盎然；秋天清曠寥廓，聽笛聲嗚咽更覺淒涼；夜深人靜，聽砧聲更覺情意綿綿。

七・一三　雞壇❶可以益學，鶴陣❷可以善兵。

【注釋】❶雞壇　交友結盟的典禮，也用以指結交朋友。❷鶴陣　古代兵法中的戰陣，古代隊舞也有以鶴陣命名者。

【語譯】雞壇可以增進學問，鶴陣可以用於戰鬥。

【研析】與朋友交往可以增長知識和學問，孔子說：「三人行必有我師。」他山之石，可以攻玉，只有虛心學習別人的長處，才能彌補自己的不足，在學識上不斷長進。作戰講究行兵佈陣，可以增強部隊的戰鬥力，中國很早就有專門論述兵法戰陣的著作，最著名的就是《孫子兵法》。

七・一四

翻經如壁觀僧❶，飲酒如醉道士❷，橫琴如黃葛野人❸，肅客如碧桃漁父❹。

【注　釋】❶壁觀僧　指面壁十年，創建禪宗的達摩祖師。❷醉道士　傳說中呂洞賓喜喝酒，有醉道士之稱。❸黃葛野人　穿著黃色粗布衣服的山野之人，此處指隱士。❹碧桃漁父　指桃花源中迎客的漁父。

【語　譯】翻閱經書如面壁的和尚，喝酒如整日不醒的醉道人，橫琴撫弄如穿著黃葛布衣的隱士，迎接客人如桃花源中的漁父。

【研　析】讀經應該如面壁僧那樣心神專一，喝酒應該如醉道人那樣酣暢淋漓，彈琴應該如村夫野老那樣悠閒自在，接待客人應該如桃花源中的漁父那樣真誠熱情。

七・一五

竹徑款扉❶，柳陰班席。每當雄才之處，明月停輝，浮雲駐影，退而與諸俊髦❷西湖靚媚，賴此英雄，一洗粉澤❸。

【注　釋】❶款扉　即「款門」，敲門。❷俊髦　才智傑出的人。❸粉澤　粉黛脂澤，本指化妝用品，後用以形容修飾、雕飾，也指脂粉氣。

【語　譯】長滿竹子的小路延伸到門前，柳樹的陰影鋪展在席位上。每到英雄們聚集的地方，明月失去光輝，浮雲停留住影子，退而與各位傑出的人士在西湖媲美，全靠這些英雄，才完全洗去西湖的脂粉氣。

【研　析】西湖風光秀麗明媚，但缺乏高山大川的浩瀚氣魄，蘇軾詩云：「若將西湖比西子，濃妝淡抹總相宜。」即將西湖比作美女。然而壯士聚集西湖，為西湖增色不少，可以洗去西湖的脂粉氣。

七・一六　雲林❶性嗜茶，在惠山❷中，用核桃、松子肉和白糖，成小塊，如石子，置茶中，出以啖客❸，名曰「清泉白石」。

【注　釋】❶雲林　倪瓚，字元鎮，號雲林，元末著名書畫家和詩人。❷惠山　在今江蘇無錫。❸啖客　給客人吃。啖，吃。

【語　譯】雲林天性嗜好喝茶，在惠山中，用核桃、松子肉和上白糖，做成像石子那樣的小塊，放在茶中，拿出來招待客人，起名為「清泉白石」。

【研　析】明顧元慶《雲林遺事》載：「倪元鎮性好飲茶，在惠山中，用核桃、松子肉和真粉成小塊，如石狀，置於茶中飲之，名曰『清泉白石』。」真粉即綠豆粉，此處改為白糖，不知何據。

七·一七

有花皆刺眼，無月便攢眉，當場得無妒我。花歸三寸管❶，月代五更燈，此事何可語人。

【注釋】❶花歸句　即筆下生花之意。三寸，指三寸筆，即毛筆。唐陳子昂〈高君墓誌銘〉：「帶七尺劍，始遊天子之階；提三寸筆，終入芸香之間。」

【語譯】有花的地方都是引人耳目的，沒有月亮就皺起眉頭，不要當場妒忌我。三寸毛筆寫出錦繡文章，月亮可以代替五更時分的燈火，這樣的事情怎麼可以對人說。

【研析】此條出處不詳，所以意思不明。

七·一八

求校書❶於女史❷，論慷慨於青樓。

【注釋】❶校書　掌管整理校勘書籍的官員，唐代胡曾〈贈薛濤〉詩稱名妓薛濤為女校書，後即以女校書作為對妓女的雅稱，亦省稱校書。❷女史　古代女官名，由知書達理的婦女充任，掌管有關皇后禮儀和起草文書的事情。

【語譯】在女史中求取能夠充任校勘書籍的人員，在青樓中慷慨談論國家大事。

【研析】校勘書籍、議論國家大事，本來是文人學士的本分，如今只能求之於青樓妓女，這是對當時一些胸無大志、不學無術文人的極大諷刺。明代後期，出現了一批像柳如是、顧眉、李香君、卞玉京、馬湘蘭等有見識和才學的名妓，有些人還積極參與了當時的政治鬥爭，在當時有很大的影響。

七・一九　填不滿貪海，攻不破疑城❶。

【注釋】❶疑城　為迷惑敵人而假設的城堡。此處指疑竇重重。

【語譯】填不滿的貪婪欲海，攻不破的重重疑竇。

【研析】人的貪欲難以滿足，人的疑心難以消除，因此人在世上，難得清靜安寧。

七・二〇　機息便有月到風來，不必苦海人世。心遠自無車塵馬跡❶，何須痼疾❷丘山。

【注釋】❶車塵馬跡　謂在塵世間奔走的辛勞。❷痼疾　頑疾；難以治癒的疾病。此處比喻長期養成不易改變的癖好。

【語譯】機心消歇，便如明月清風到來令人輕鬆舒暢，不必沉浮於人世苦海之中。心境淡泊曠遠，門前自然沒有車馬奔走捲起的滾滾紅塵，何必執著地追求山林的樂趣。

【研　析】陶淵明〈飲酒〉詩說：「結廬在人境，而無車馬喧。問君何能爾，心遠地自偏。」若要遠離紅塵，不必選擇環境，只須往心中求取。只要心境寧靜，無論在荒山僻野，還是在閭巷鬧市，都能做到襟懷坦蕩，悠閒自適。

七・二一

郊中野坐，固可班荊❶；徑裡閒談，最宜拂石。侵❷雲煙而獨冷，移開清嘯胡床❸；藉竹木以成幽，撤去莊嚴蓮座❹。

【注　釋】❶班荊　鋪開荊草藉地而坐。❷侵　逼近。❸清嘯胡床　史載晉阮籍經常踞胡床而長嘯。胡床，一種可折疊的輕便坐具。❹蓮座　也稱蓮花座、蓮花臺，佛的座位。

【語　譯】坐在郊野之中，固然可以鋪上荊草藉地而坐；在小路上閒聊，最好是拂去石上的灰塵坐下。逼近雲煙獨自感到寒冷，移開坐著長嘯的胡床；借草木形成清幽的景色，撤去莊嚴的蓮花佛座。

【研　析】此節文字與卷五第一一七條重出。

七・二二

幽心人❶似梅花，韻心士❷同楊柳。

【注　釋】❶幽心人　指具有棲隱之心的人。❷韻心士　指具有風韻的人士。

【語　譯】隱逸之人像梅花一樣高潔，風雅的人像楊柳一樣瀟灑飄逸。

【研　析】此條以物喻人。「幽心人似梅花」，語本南宋白玉蟾〈賞梅感興〉：「幽心人似梅花清，梅花亦作如是說。」

七·二三　情因年少，酒因境多。

【語　譯】感情隨著年齡的增長而減少，酒量隨著境遇的變遷而增多。

【研　析】年輕人涉世未深，感情容易衝動，隨著年齡的增長，變得成熟理智，感情就不容易衝動。人近老年，閱歷已深，把一切看得更淡了。酒量的大小隨環境而改變，若與親朋好友聚會，大家興高采烈，酒就喝得多；若遇到煩心事，一個人喝悶酒，酒入愁腸更易醉。

七·二四　看書築得村樓，空山曲抱；趺坐掃來花徑，亂水斜穿。

【語　譯】為讀書在村中修建樓房，空山四周環繞；為打坐清掃長滿鮮花的小路，紛紛的水流斜穿過花徑。

【研　析】讀書要有幽靜的環境，在四周空山環繞的村莊築樓，正是取其環境幽靜。打坐消遣，求的是心情愉悅，優美的環境能增添樂趣，花徑亂水也能賞心悅目。

七・二五

倦時呼鶴舞，醉後倩僧扶。

【語　譯】疲倦時讓鶴起舞，喝醉了請僧人攙扶回去。

【研　析】古人喜歡養鶴，欣賞鶴的翩翩舞姿。劉禹錫〈和樂天送鶴上裴相公別鶴之作〉云：「雙舞庭中花落處，數聲池上月明時。」

七・二六

筆牀茶灶不巾櫛❶，閉戶潛夫❷。寶軸牙籤❸，少鬚眉下帷董子❹。鳥啣幽夢遠，只在數尺窗紗。蛩遞秋聲悄無言，一龕燈火❺。

【注　釋】❶巾櫛　指盥洗。❷潛夫　隱者。❸寶軸牙籤　指珍貴的書籍。寶軸，珍貴的書籍。牙籤，夾在書中用牙骨製成的書籤，也指書籍。❹下帷董子　指漢代董仲舒，史載他年輕時下帷讀書，三年不窺園。❺一龕燈火　指在壁龕中的燈火。

【語　譯】在筆床茶灶前忙碌，顧不上梳妝，做一個關門的隱士。滿屋珍貴的書籍，是一個像董仲舒那樣發憤讀書的女子。鳥啣著幽夢遠去了，可醒來人只是在數尺紗窗之間。蟋蟀悄無聲息地傳遞著秋天的信息，壁龕中一盞燈火燃燒著。

【研　析】此節文字出自陳繼儒〈玉鴛閣詩集序〉。《明史・藝文志》載《玉鴛閣詩草》二卷，姚少娥撰。《列朝詩集》載：姚少娥，檇李范君如妻，扶床誦書，博通群籍，自號青娥居士，年二十六而夭。此數句言姚少娥像文人那樣喜歡寫作品茗，不像一般女子那樣喜歡梳妝打扮。閨房中收藏了許多珍貴的書籍，像董仲舒那樣發憤苦讀。後四句轉而描寫秋夜的景色，因引文不全，顯得突兀。原文在此四句後尚有「手翻貝葉，十指生香；詩漱蓮花，一塵不染」四句，意為姚少娥在秋夜燈下閱讀佛經，創作詩歌。

七・二七　藉草班荊，安穩林泉之叟；披裘❶拾穗，逍遙草澤之臞❷。

【注　釋】❶披裘　披裘公，春秋時隱者，參見卷五第八五條注❼。❷草澤之臞　居住在民間的隱者。草澤，草野；民間。臞，清瘦而精神矍鑠的老人，也指隱者。

【語　譯】坐在鋪著荊草的地上，是安穩地享受山林清泉之樂的老翁；披著羊皮袍撿拾田野上的麥穗，是逍遙在草野民間的隱者。

【研　析】此條寫隱居田野者逍遙自在的生活，不管是以草為席，隨意而坐，抑或撿拾麥田餘穗，都能從中領受到那種閒適、自在。

七・二八 萬綠陰中，小亭避暑，八闥❶洞開，几簟❷皆綠。雨過蟬聲來，花氣令人醉。

【注釋】❶八闥　八扇窗戶。闥，門；門戶，此處指窗戶。❷簟　竹席。

【語譯】在一片綠樹陰中，來到小亭避暑，八扇窗戶大開，几案和竹席都成了綠色。雨過後傳來蟬的鳴叫聲，花的芬芳氣息令人陶醉。

【研析】此條寫夏天的景象。「雨過蟬聲來，花氣令人醉」，寫景如畫，詩意盎然。

七・二九 剸❶犀❷截雁之舌鋒❸，逐日追風之腳力❹。

【注釋】❶剸　割；刺。❷犀　犀牛。❸舌鋒　語言犀利。❹腳力　兩腿的力氣。

【語譯】語言鋒利可以刺殺犀牛截斷大雁，腳力強健可以追趕太陽和風。

【研析】此條以誇張的比喻形容語言的犀利和腳力的強健，並無深意。

七・三〇 瘦影❶疏而漏月，香陰氣而墮風。

【注　釋】❶瘦影　此處指梅花的影子。

【語　譯】月光透過稀疏的花影，清風吹拂香氣幽遠。

【研　析】此二句寫梅花。梅花清瘦孤寒、峭勁疏爽的風韻，具有文人墨客雅逸閒靜、高格奇崛的意趣，因而成為詩人喜歡吟詠的對象。在眾多的梅花詩中，林逋的〈山園小梅〉最為著名，其中「疏影橫斜水清淺，暗香浮動月黃昏」更成為千古傳誦的名句。王十朋也有詠梅詩：「月移瘦影供吟興，風薦幽香襲酒杯。」此二句當從林逋和王十朋詩中化出。

七·三二　**修竹到門雲裡寺，流泉入袖雨中人❶。**

【注　釋】❶修竹到門雲裡寺二句　出自明王穉登〈雨中同諸君游東錢湖〉。「雨中人」《小窗幽記》原作「水中人」，據王詩改。

【語　譯】高高的竹子長到坐落在雲中寺院的門口，遊人被雨淋濕好像泉水流入衣袖。

【研　析】王穉登〈雨中同諸君游東錢湖〉描述雨中遊湖情景，「修竹到門雲裡寺」寫湖邊山上寺院被雲霧籠罩，門口翠竹茂密，襯托出寺院的幽靜。「流泉入袖雨中人」寫雨中遊湖，衣服被淋溼，「流泉入袖」設想奇妙。

七·三二　詩題半作逃禪❶偈，酒價都為買藥錢。

【注　釋】❶逃禪　指遁世修禪。

【語　譯】作詩的題目有一半是修禪的偈語，喝酒的錢都是用來買藥的。

【研　析】此二句出自王穉登〈答遠相公問病〉，言病中情形。「詩題半作逃禪偈」說病中作詩，多參悟之語。人在病中，往往看淡世事，有厭世之念，故作詩與佛理相合。「酒價都為買藥錢」，說雖然有病，但有錢不買藥而買酒，將酒看得比生命還重要，有六朝文士風流之遺風。

七·三三　掃石月盈帚，濾泉花滿篩。

【語　譯】清掃石頭笤帚下到處是月光，過濾泉水花落滿篩子。

【研　析】此二句出自王鐸〈喜鸞公自蜀歸〉，將掃石、濾泉的日常活動寫得很有詩意。

七·三四　流水有方❶能出世❷，名山如藥可輕身。

【注　釋】❶有方　有道；得法。❷出世　本意為問世、產生，此處指流水形成河流。

【語譯】流水有一定的方向就能形成河流，名山如同藥物可以使身體輕捷。

【研析】流水奔向一個方向才能形成河流，若四處橫溢，只能是一灘死水。由此可以悟出一個道理，做任何事情，只有齊心合力，奔向共同的目標，才能取得成功。生命在於運動，登山可以健身，登山向來是很普及的運動。

七·三五　與梅同瘦，與竹同清，與柳同眠，與桃李同笑，居然花裡神仙；與鶯同聲，與燕同語，與鶴同唳，與鸚鵡同言，如此話中知己。

【語譯】與梅一同消瘦，與竹一同清雅，與柳一同睡眠，與桃李一同歡笑，居然是花中的神仙；與鶯一同啼鳴，與燕一同說話，與鶴一同長嘯，與鸚鵡一同交談，如此就是說話的知己。

【研析】此條言人與自然的和諧共處，將自己的生命融入客觀世界之中，這是中國古代重要的哲學思想。

七·三六　栽花種竹，全憑詩格❶取裁；聽鳥觀魚，要在酒情打點❷。

【注釋】❶詩格　詩的風格、格調。❷打點　此處意為收拾、整理。

【語　譯】栽花種竹，全都依照詩歌的格調韻味來取裁布局；聽鳥鳴觀魚游，關鍵要在有酒意的時候來體察。

【研　析】藝術是相通的，栽花要講究布局韻味，要有意境，與寫詩一樣。聽鳥觀魚，要有興致，就如喝酒盡興一般。

七·三七　登山遇厲瘴❶，放艇遇腥風❷，抹竹❸遇繆絲❹，修花遇酲霧❺，歡場❻遇害馬❼，吟席遇傖夫❽，若斯不遇，甚於泥途。偶集❾逢好花，動歌❿逢明月，席地逢軟草，攀登逢疏藤，展卷逢靜雲，戰茗⓫逢新雨，如此相逢，逾於知己。

【注　釋】❶厲瘴　山中能令人致病的瘴氣。❷腥風　腥臭之風。❸抹竹　砍竹。❹繆絲　指竹上的刺。❺酲霧　令人神智不清的迷霧。❻歡場　歡樂場，多指妓院青樓之類的地方。❼害馬　古代青樓中對那些品行不端子弟的稱呼。❽傖夫　對身分低賤者的蔑稱，猶如今嘲笑人為「鄉巴佬」。❾偶集　集會；聚會。❿動歌　邊歌邊舞。⓫戰茗　即鬥茶，比賽烹茶的技藝。

【語　譯】登山遇到瘴氣，行船遇到腥風，砍竹遇到竹刺，修剪花朵遇到迷霧，歡樂場中遇到害群之馬，詩人雅會遇到鄉巴佬，像這樣遇到不該發生的事情，就好比跌入了泥途。聚會碰見好花，歌舞碰見明月，席地而坐碰見軟草，攀登山峰碰見稀疏的藤條，打開書本碰見風止雲靜的好天氣，鬥茶時碰見剛下的雨，這樣的相逢，勝過碰見知己。

【研析】此節文字，前半段言掃興之事，後半段言助興之事。瘴氣令人致病，登山遇見瘴氣只能半途而返。坐船遇到大風，顛簸得頭暈目眩，便無遊玩的興致。砍竹被刺，歡樂場中遇到不知趣的人，吟詩時碰到胸無點墨的傖夫，當然都是掃興的事。惟迷霧中的花，雖然失去了鮮豔的色彩，但霧中看花，也別有趣味。在花叢中集會，在明月下放歌，坐在柔軟的草地上，登山時有葛藤可以援手，在晴朗的天氣讀書，在細雨中品茗，都是令人高興的事情。人生在世，總會遇到高興的事情，也總會遇到掃興的事情，惟有以平常心應對，才能保持良好的心態。

七·三八 草色遍溪橋，醉得蜻蜓春翅軟；花風❶通驛路❷，迷來蝴蝶曉魂香❸。

【注釋】❶花風　即花信風，應花期而來的風。❷驛路　驛道；大路。❸曉魂香　迷香的名字。

【語譯】碧草的顏色染遍溪上的小橋，醉得春天的蜻蜓翅膀也軟了；按花期而來的風吹向大路，就像曉魂香把蝴蝶都引誘來了。

【研析】此二句先後用了擬人、誇張和映襯的修辭手法，把春天的景色描繪得十分形象和生動。蜻蜓會醉、蝴蝶會迷糊，是擬人；蜻蜓醉得翅膀軟，蝴蝶認不出道路，是誇張；蜻蜓翅膀軟，無法飛動，是迷戀草色，蝴蝶迷失道路，是為花香所引誘，是用蜻蜓、蝴蝶來映襯春色迷人。

七・三九　田舍兒強作馨語❶，博得俗因；風月場插入傖父，便成惡趣❷。詩瘦❸到門鄰，病鶴清影頗嘉；書貧經座❹並，寒蟬雄風頓挫。梅花入夜影，蕭疏頓令月瘦；柳絮當空晴，恍惚偏惹風狂。花陰流影，散為半院舞衣；水響飛音，聽來一溪歌板❺。

【注釋】❶馨語　華麗的語言。❷惡趣　惡俗的趣味。❸詩瘦　指苦吟詩人及其詩歌風格。杜甫〈暮登四安寺鐘樓寄裴十〉：「知君苦思緣詩瘦。」陸龜蒙〈讀襄陽耆舊傳因作詩五百言寄皮襲美〉：「道孤情易苦，語直詩還瘦。」❹經座　講經座，古代僧人講說經書的座位。❺歌板　即拍板，用於歌唱時打節拍。

【語譯】莊稼人硬要說些辭藻華麗的話，這是受到世俗廣泛影響的結果；風月場中突然來了個鄉巴佬，趣味就變得惡俗低級。苦吟詩句誤入鄰居之門，人似病鶴清瘦的影子頗有風味；書讀得少，在與人比拼講說經書時啞口無言，就像冬天的蟬失去了夏日的雄風。梅花在夜間的影子清麗疏朗，頓時使月亮消瘦；柳絮在晴空中飛舞，飄飄忽忽惹得風變得輕狂。花的陰影流動，散落半個院子，好像舞者的舞衣在飄蕩；流水的聲響，從遠處飄來，一條溪水都成了奏樂的歌板。

【研析】此條包含幾層不同的意思：「田舍兒」四句，言掃興之事，莊稼人裝文雅，說些華麗的語言，更顯得俗不可耐。風月場中來幾個不識風情的土包子，大煞風景。「詩瘦」四句，寫讀經吟詩之事，也是文人的雅趣。「梅花」八句，為寫景佳句，構思精巧，描繪靈動。

七·四〇　萍花香裡風清，幾度漁歌；楊柳影中月冷，數聲牛笛。

【語　譯】在萍花的香氣裡風也更加清朗，幾次響起漁歌聲；在楊柳的陰影中月色更加清寒，傳來數聲牧牛人的短笛聲。

【研　析】清風吹拂，萍花送香，漁歌時斷時續；月色透過楊柳，在地上投下搖曳的陰影，傳來幾聲牧童的笛聲，這一切構成一幅幽雅閒適的畫面。「萍花香裡風清」二句，似從虞謙詩「漁歌乍歇棹歌其，藕花半落蘋花香」而來。

七·四一　謝將❶縹緲無歸處，斷浦❷沉雲❸；行到紛紜不繫時，空山掛雨。

【注　釋】❶謝將　辭別；離開。❷斷浦　斷流。浦，流入大江的水流。❸沉雲　陰雲。

【語　譯】離開飄渺難尋的地方，那裡河水斷流陰雲密布；行蹤繁忙飄忽的時候，猶如空曠的山中落下雨點。

【研　析】此條語本宋史達祖〈齊天樂〉詞：「闌干只在鷗飛處，年年怕吟秋興。斷浦沉雲，空山掛雨，中有詩愁千頃。」描寫鷗鳥隨意飛翔，暗喻遊子行蹤不定。

七・四二

渾如❶花醉，潦倒❷何妨；絕勝柳狂，風流自賞。

【注釋】❶渾如　全如；完全像。❷潦倒　形容酒醉的樣子。

【語譯】全如花兒醉倒，潦倒又有何妨；絕對勝過柳樹的輕狂，以風流自賞。

【研析】花不會醉，是人見花醉。柳不輕狂，是人見柳輕狂。古人常以花柳比喻風月場所。

七・四三

春光濃似酒，花故醉人；夜色澄如水，月來洗俗。

【語譯】春光如酒般濃郁，所以花能令人陶醉；夜色清澈如水，以月光洗去身上的俗氣。

【研析】此條寫景，比喻新奇。夜色澄淨如水，常見於故人詩詞，然而由此聯想到月來洗俗，想像可謂奇特。

七・四四

雨打梨花深閉門❶，怎生消遣❷；吩咐梅花自主張❸，著甚牢騷。對酒當歌，四座好風隨月到；脫巾露頂，一樓新雨帶雲來。浣花溪❹內，洗十年遊子衣塵；修竹林中，定四海良朋交籍❺。人語亦語，詆其昧❻

於鉗口❼；人默亦默，訾❽其短於雌黃❾。

【注釋】❶雨打梨花深閉門　出自宋秦觀〈鷓鴣天〉詞。❷消遣　消閒解悶。❸吩咐梅花自主張　出自宋陳世崇《隨隱漫錄》：「閉門不管庭前月，吩咐梅花自主張。」後來小說戲曲多引用此語。❹浣花溪　在成都西南郊區，唐杜甫曾在溪旁築浣花草堂居住。❺交籍　同「交集」。❻昧　昏暗不明。❼鉗口　閉口。❽訾　詆毀；非議。❾雌黃　一種礦物，可以製成黃色的顏料，古人用來塗改文章。後以雌黃指批評、評判。

【語譯】緊閉院門聽那雨打梨花的聲音，怎麼能消愁解悶；吩咐梅花自作主張，發什麼牢騷。對著酒應該放聲歌唱，四座的好風隨著月亮到來；脫掉冠巾露出頭頂，滿樓都是新雨帶來的雲煙。浣花溪內，洗盡遊子衣服上十年的塵土；茂盛的竹林中，約定四海的好朋友聚集。別人說話我也說話，攻擊他言論昏昧讓他閉口；別人沉默我也沉默，通過文章來批評他的短處。

【研析】「雨打梨花深閉門」在古詩中用以描寫女子的閨怨春愁，而女子的閨怨春愁最難消遣。「吩咐梅花自主張」有不管閒事，少惹是非的意思，遇到不平之事，也不用發牢騷表示不滿。「閉門推出窗前月，吩咐梅花自主張」，是古代小說戲曲常用之語。「四座好風隨月到」形容對酒當歌時舒暢的心情。「脫巾露頂」表示不拘禮節的放縱生活，「一樓新雨帶雲來」，喻示男女雲雨之事，祝允明〈口號〉詩云：「蓬頭赤腳勘書忙，頂不籠巾腿不裳。日日隱醇聊弄婦，登床步入大槐鄉。」杜甫長年漂泊，晚年定居於浣花溪邊草堂，「浣花溪內，洗十年遊子衣塵」。晉代嵇康、阮籍等人在竹林聚會，有「竹林七賢」之稱，後來竹林成為好友聚會之地，「修竹林中，定四海良朋交籍」。

最後兩句說讓人云亦云的人閉口，通過文章批評那些沒有主見的人。此條文字，多用前人成句，加以引申發揮。

七・四五　豔陽天氣，是花皆堪釀酒；綠陰深處，凡葉盡可題詩。

【語譯】陽光明媚的春天，凡是花都可以釀酒；綠蔭深處，凡是樹葉都可以用來題詩。

【研析】中國古代有以花釀酒的工藝，並常見於文人的詩詞。以葉題詩，也有許多典故，最著名的是唐代顧況紅葉題詩的傳說。

七・四六　曲沼❶荇❷香侵月，未許魚窺；幽關松冷巢雲，不勞鶴伴。

【注釋】❶曲沼　曲折迂迴的池塘。❷荇　水生草本植物，嫩葉可食，也可入藥。

【語譯】彎曲的池塘中，荇草散發著香氣，沐浴在月光之下，不許魚兒偷看它；在幽僻的邊關，冷肅的松樹上掛著白雲，不需要鶴來陪伴。

【研析】月光映照著池塘，荇草散發著清香，夜已深，魚兒潛入水底休眠，景色是多麼幽清。用浸月寫月照池塘，用未許魚窺寫夜深魚眠，微波不興，用語新警，意象生動。邊關寒冷，高大的松樹直插雲霄，不勞鶴伴點出松樹的孤高挺拔，後兩句寫出邊關的寒冷荒僻。

七·四七

篇詩斗酒❶，何殊太白之丹丘❷；扣舷吹簫❸，好繼東坡之〈赤壁〉❹。獲佳文易，獲文友難；獲文友易，獲文姬❺難。

【注釋】❶篇詩斗酒　杜甫〈飲中八仙歌〉：「李白斗酒詩百篇，長安市上酒家眠。」❷太白之丹丘　李白〈將進酒〉：「岑夫子，丹丘生，將進酒，杯莫停。」丹丘生，指元丹丘，李白的好友。❸扣舷吹簫　蘇軾〈前赤壁賦〉：「於是飲酒樂甚，扣舷而歌之……客有吹洞簫者，倚歌而和之。」扣舷，敲擊船舷。❹赤壁　指蘇軾的前、後〈赤壁賦〉。❺文姬　指有文學修養的紅顏知己。

【語譯】喝了一斗酒就能作百篇詩，與李白筆下的丹丘生有什麼區別；敲擊船舷吹著洞簫，可以繼承東坡在〈赤壁賦〉中所寫的意境。獲得好文章容易，獲得文友難；獲得文友容易，獲得有文學修養的紅顏知己難。

【研析】篇詩斗酒，扣舷吹簫，都是文人雅事。「獲佳文易」數句，用層層遞進之法，強調才女難求。

七·四八

茶中著料，碗中著果，譬如玉貌加脂，蛾眉著黛，翻累本色。煎茶非漫浪❶，要須人品與茶相得，故其法往往傳於高流隱逸，有煙霞泉石磊落胸次者。

【注　釋】❶漫浪　隨意而沒有規矩。

【語　譯】在茶裡加其他的香料，在茶碗中放上果子，譬如白皙的容顏再抹上脂粉，彎曲的眉毛染上黑色，反而損害了原有的特色。煎茶不是件隨意的事情，一定要人品與茶相匹配，所以煎茶的方法往往只在上流的隱逸人士中流傳，他們都具有煙霞泉石般光明磊落的胸懷。

【研　析】此條言煮茶、品茶之法。「茶中著料」至「翻累本色」五句，出自明盧之頤《本草乘雅半偈》所引《茶說》。「煎茶非漫浪」至「磊落胸次者」四句，出自《本草乘雅半偈》所引陸樹聲《煎茶七類》。茶味講究清醇，若加入香料花果等物，反而破壞了茶的清香。現在流行的花茶，就喝不出茶的味道。

七·四九　樓前桐葉，散為一院清陰；枕上鳥聲，喚起半窗紅日。

【語　譯】樓前的桐樹葉，擴散為滿院清涼的樹蔭；枕邊的鳥聲，喚出紅日映照在半邊窗上。

【研　析】此條出於屠隆《娑羅館清言》。梧桐的樹蔭灑落滿院，有「寂寞梧桐，深院鎖清秋」的意境；鳥聲驚醒睡夢，已是紅日臨窗，即「春眠不覺曉，處處聞啼鳥」的意思，描寫更有詩趣，形象更為鮮明。

七·五〇 天然文錦❶，浪吹花港之魚；自在笙簧❷，風戛園林之竹。

【注　釋】❶文錦　色彩斑斕的織錦。❷笙簧　指樂器。簧，笙中的銅片，吹笙時振動簧片，便發出聲音。

【語　譯】波浪吹動花港中的魚，就像天然的織錦；風吹園林中的竹子，發出聲響猶如天然的樂器。

【研　析】藝術是對自然和生活的模仿，波浪翻滾，即是文錦的圖案；風吹竹林，即是美妙的音樂。宋濂〈文原〉說：「人文之顯始于何時？實肇於庖犧之世。庖犧仰觀俯察，畫奇偶以象陽陰，變而通之，生生不窮，遂成天地自然之文。」莊子把自然發生的聲音稱為天籟之音，認為天籟之音是音樂的最高境界。

七·五一 高士流連，花木添清疏之致；幽人剝啄❶，莓苔生淡冶❷之光。

【注　釋】❶剝啄　敲門。❷淡冶　素雅而秀麗。

【語　譯】高士流連忘返，花木增添了疏朗的風致；隱士來敲門，青苔也生出素雅秀麗的光彩。

【研　析】優美的風景要高人雅士去欣賞，才能發覺其清疏之致、淡冶之光，而高人雅士也成為風光的重要元素。如果無人欣賞，風景也就成了沒有生命的死景。

七·五二　松澗邊攜杖獨往，立處雲生破衲；竹窗下枕書高臥，覺時月浸寒氈。

【語　譯】拄著竹杖獨自來到長滿松樹的澗谷邊，站立處雲從破衣中飄出；在長滿竹子的窗下頭枕書籍安然入眠，醒來時月色籠罩著寒酸的毛氈。

【研　析】此條也見於《菜根譚》。攜杖松澗，雲生破衲，飄飄然有出世之念。枕書高臥，月浸寒氈，清冷入骨。

七·五三　散履閒行，野鳥忘機❶時作伴；披襟兀坐❷，白雲無語漫相留。

【注　釋】❶忘機　忘記機巧之心。❷兀坐　獨自端坐。

【語　譯】趿著鞋悠閒地步行，野鳥忘卻了對人的戒備之心時常來作伴；敞開衣襟獨坐，白雲無語地留下相陪。

【研　析】此條也見於《菜根譚》，文字有刪節。《菜根譚》云：「興逐時來，芳草中撒履閒行，野鳥忘機時作伴；景與心會，落花下披襟兀坐，白雲無語漫相留。」《菜根譚》所錄，文字更完整，意思更曉暢。野鳥忘機，化用鷗鷺忘機的典故。《列子》載：有人每日去海邊，與海鷗嬉戲，海鷗毫無防備，聚集了幾百隻。有一天，此人要捉一隻海鷗給父親玩，結果海鷗飛走，再也不來了。後人以「鷗鷺忘機」表示忘卻巧詐之心，並用來比喻淡泊隱居，不以世事為懷。「白雲無語漫相留」，似化用唐薛令之〈靈巖寺〉詩：「柴門半掩寂無人，惟有白雲相伴宿。」此條文字描寫文人徜徉山林，忘情泉谷，與自然融為一體的情景。

七・五四　客到茶煙起竹下，何嫌展破❶蒼苔；詩成筆影弄花間，且喜歌飛白雪❷。

【注　釋】❶展破　擦破。展，擦拭。❷白雪　此處有兩解，一指〈陽春〉〈白雪〉，即古代高雅的歌曲。一指自然景象。

【語　譯】客人到時竹子下升起了煮茶的煙火，何必擔心擦破了蒼苔；一首詩構思完成，就在花間捉筆書寫，且為傳唱高雅的歌而感到高興。

【研　析】此條寫文人的雅趣。主雅客來勤，客人來了，煮茶招待，踏破門前蒼苔又何妨。在花叢中寫成新詩，高雅的曲調隨風飛向遠方。「何嫌展破蒼苔」有「花徑不曾緣客掃，蓬門今始為君開」之意。此二句當從明許邦才詩「花間搖筆影，竹裡出茶煙」化出。

七・五五 月有意而入窗，雲無心而出岫。

【語　譯】月亮有意進入窗內，白雲無心飄出山巒。

【研　析】此條寫歸隱田園的悠閒生活。月本無意，透窗而入，室內賞月，卻是有意。月色惹人相思，無情之物也變有情。「雲無心而出岫」出自陶淵明〈歸去來兮辭〉。雲本無心，隨風舒捲，多麼飄逸自在，正切合作者歸隱後閒適的心情。上句以情觀景，下句以景寫情，具有情景交融的特點。

七・五六 屏絕外慕❶，偃息❷長林❸，置理亂於不聞，託清閒而自佚❹。松軒竹塢，酒甕茶鐺，山月溪雲，農蓑漁罟❺。

【注　釋】❶外慕　對身外欲念的追慕。❷偃息　睡臥休息。❸長林　高大的樹林，比喻隱逸者的居處。❹自佚　自逸，自己貪圖安逸。❺罟　打魚的網。

【語　譯】摒棄對塵世欲念的追慕，在深林中棲息，對於世道的理和亂都置之不問，借清閒而貪圖安逸。松樹組成的長廊，竹子建成的房舍，酒罈和茶爐，山邊的月亮溪上的雲，農夫的蓑衣漁民的網。

【研　析】此條寫避世隱居的悠閒生活，「松軒竹塢」四句通過一系列具有代表性的景物排列，渲染了隱居處的幽雅環境。

七・五七　怪石為實友，名琴為和友，好書為益友，奇畫為觀友，法帖為範友，良硯為礪友，寶鏡為明友，淨几為方友，古瓷為虛友，舊爐為薰友，紙帳為素友，拂塵為靜友。

【語　譯】怪石是實在的朋友，名琴是和諧的朋友，好書是有益的朋友，奇畫是可以觀賞的朋友，字帖是可以臨摹的朋友，良硯是互相砥礪的朋友，寶鏡是瞭解自己的朋友，淨几是方正的朋友，古瓷器是清虛的朋友，舊爐是薰陶自己的朋友，紙帳是情誼純真的朋友，拂塵是清淨的朋友。

【研　析】此條言中國文人的生活趣味。琴棋書畫是文人藝術趣味的代表，此外還有金石篆刻、古玩瓷器、園林建築、插花盆景等，處處透露出藝術的風雅。

七・五八　掃徑迎清風，登臺邀明月。琴觴之餘，間以歌詠，止許鳥語花香，來吾几榻耳。

【語譯】打掃小徑迎接清風，登上高臺邀請明月。彈琴喝酒之餘，穿插歌詠，只許鳥語花香，來到我的几案床榻之旁。

【研析】此條寫隱士高人清淨悠閒的生活。杜甫〈客至〉詩說：「花徑不曾緣客掃，蓬門今始為君開。」如今掃徑卻無賓客臨門，迎來的只是清風。李白〈月下獨酌四首〉詩說：「花間一壺酒，獨酌無相親。舉杯邀明月，對影成三人。」如今獨自登臺，無人相隨，只能邀明月為伴了。既然閉門索居，何以度日？「琴觴之餘，間以歌詠」，彈琴喝酒，吟詩唱歌就成為生活的主要內容。摒棄一切世緣，只與花鳥作伴，顯示出清高脫俗的個性。

七·五九 風波塵俗不到意中，雲水淡情常來想外。

【語譯】人生的風波塵俗，不在意想之中，雲水間的清淡超然情趣，常來自意想之外。

【研析】此條寫文人的胸襟，拒絕風波塵俗，崇尚雲水淡情。白雲隨意舒卷，清水質樸無華，故以雲水形容胸襟的淡泊超然。

七·六〇 紙帳梅花❶，休驚他三春❷清夢；筆床茶灶，可了我半日浮生❸。酒澆清苦月，詩慰寂寥花。

【注釋】❶紙帳梅花　畫有梅花圖案的紙帳。紙帳，用藤皮繭紙做的帳子。❷三春　指春天的三個月，農曆正月為孟春，二月為仲春，三月為季春。此處三春泛指春天。❸浮生　即人生。《莊子》認為人生虛浮不定，故將人生稱作浮生。

【語譯】畫著梅花的紙張，不要驚醒帳中人春天的好夢；擱筆的架子煮茶的爐，可以度過我半天的日子。用酒澆奠清苦的月亮，用詩句寬慰寂寞的鮮花。

【研析】「酒澆清苦月，詩慰寂寥花」，此兩句以移情的手法，將無情之花月寫成有情之物，是作者在花月上寄託了自己的情感，寫得頗有神韻。

七·六一　好夢乍回，沉心❶未燼，風雨如晦❷，竹響入床，此時興復不淺。

【注釋】❶沉心　靜心，此處指沉浸於夢境的精神狀態。❷風雨如晦　比喻環境的惡劣，出自《詩經·鄭風·風雨》：「風雨如晦，雞鳴不已。」

【語譯】好夢剛醒，沉湎於夢境思緒尚未回轉，風雨交加天昏地暗，竹林的聲響傳到床邊，這時候的興致還是不淺。

【研析】王夫之說：「以樂景寫哀，以哀景寫樂，一倍增其哀樂。」風雨如晦的惡劣天氣，總是令人心情不快，甚至產生悲哀的情緒，此條卻寫「興復不淺」。也許擁衾而臥，回味夢中美好的情景，也許竹聲在耳，為竹子不畏風雨的氣節所感動，窗外風雨交加，更增添了室內溫馨寧靜的氣氛。

七·六二　山非高峻不佳，不遠城市不佳，不近林木不佳，無流泉不佳，無寺觀不佳，無雲霧不佳，無樵牧不佳。

【語　譯】山不高峻不佳，不遠離城市不佳，不接近樹林不佳，沒有流淌的泉水不佳，沒有寺院廟觀不佳，沒有雲霧不佳，沒有樵夫牧童不佳。

【研　析】此條文字言古代隱士對居處的選擇，出自明莫是龍《筆麈》：「山非高峻不佳，不遠城市不佳，不近林水不佳，無流泉不佳，無寺觀不佳，無雲霧不佳，無樵牧不佳。古之真隱曠士有道術者，多托跡乎名岳焉。要之山無隱士則林虛，故世有巢居子，山林道尊矣。」

七·六三　一室十圭❶，寒蛩聲喑，折腳鐺❷邊，敲石無火。冰月在軒，燈魂❸未滅，攬衣獨坐，如遊皇古❹。意思❺虛閒，世界清淨，我身我心，了不可取，此一境界，名最第一。

【注　釋】❶一室十圭　形容居室之狹小。圭，古代容量單位。《孫子算經》云：「六粟為一圭，十圭為一撮。」

❷折腳鐺　鐺是古代燒煮飯食，或加熱保溫的器皿，一般有三隻腳支撐。折腳鐺指缺少腳的鐺。❸燈魂　指燈花。❹皇古　上古；遠古。❺意思　思想；心思。

【語　譯】一間狹小的屋子，深秋的蟋蟀聲音已經嘶啞，折了腳的鐺邊，敲石取火卻無法點燃。回廊前寒月映照，燈火未滅，披衣獨坐，如同遊歷遠古時代一般。思想虛閒沒有雜念，世界就清淨，我的身體我的心，全不可取，這樣的境界，可以稱為最高的境界。

【研　析】此條出自張大復《梅花草堂筆談・三境》：「抱影寒廬，夜深無寐，漫數樂事，得三境焉。其一曰禪喜：一室十圭，寒蛩聲喑，折腳鐺邊，敲石無火。冰月在軒，燈魂未滅，攬衣獨坐，如游皇古。意思虛閒，世界清淨，我身我心，了不可取，此一境界，名最第一。」這段文字說在陋室中參禪，心地澄明，達到忘我的境界，是人生一大樂事。

七・六四　花枝送客蛙催鼓，竹籟喧林鳥報更，謂山史實錄。

【語　譯】花枝搖擺送客，青蛙在鳴叫，風吹動竹子使山林喧鬧，鳥兒啼鳴報更，這幾句話可以說是山林歷史的真實記錄。

【研　析】此條前二句詩以蛙鳴、鳥叫、竹籟、林喧各種聲響描繪山中景色，出自陳繼儒詩，吳景旭《歷代詩話》引此二句，題作「山史」。

七・六五

遇月夜，露坐中庭，必爇❶香一支，可號「伴月香」。

【注釋】❶爇 點燃；燃燒。

【語譯】遇到月明之夜，露天坐在庭中，定要點燃一支香，可以稱為「伴月香」。

【研析】此條出自宋陶穀《清異錄》：「徐鉉或遇月夜，露坐中庭，但爇佳香一炷，其所親私別號『伴月香』。」古人有月夜焚香賞月的習慣，也有月夜焚香禱告的風俗，《舊五代史・周書》載：清泰初，末帝選拔中書輔相，書寫當時有名望的盧文紀、姚顗、崔居儉三人姓名投入瓶中，月夜焚香，禱請于天，然後以箸挾之，首得文紀之名，次則姚顗，遂授盧文紀中書侍郎同平章事，與姚顗同登相位。戲曲《西廂記》、《拜月亭》都有焚香拜月許願的情節。

七・六六

襟韻灑落，如晴雪秋月，塵埃不可犯。

【語譯】胸襟氣度灑脫飄逸，如晴天的雪秋天的月，塵埃不可侵犯。

【研析】此節文字出自《宋史・文同傳》，原文為：「與可（文同字）襟韻灑落，如晴雲秋月，塵埃不到。」形容人品高潔，胸襟開闊。

七·六七 峰巒窈窕❶，一拳❷便是名山；花竹扶疏❸，半畝如同金谷❹。

【注釋】❶窈窕 深遠。❷拳 量詞，塊。❸扶疏 枝葉繁茂紛披貌。❹金谷 晉代富豪石崇的園林。

【語譯】峰巒有深遠之勢，一塊石頭就可以成為名山；花竹繁茂，半畝園林就等同金谷。

【研析】劉禹錫〈陋室銘〉說：「山不在高，有仙則名；水不在深，有龍則靈。」中國古代畫論也強調「尺幅之內，有千里之勢」。山水園林之妙，並不在大小，而在於是否有神韻意趣。

七·六八 觀山水亦如讀書，隨其見趣高下。

【語譯】觀賞山水也如讀書，相應其見識趣味的不同而有高下之別。

【研析】觀賞山水之美，須具備一定的審美眼光，而審美的眼光，來自學識和修養的積累。人們對於自然的感應，還與個人的境遇相關聯。同樣一朵花，畫家欣賞它的姿態和色彩，花農則考慮它的經濟價值。有部筆記載：冬天下了場大雪，文人飲酒賦詩，財主高興地說「瑞雪兆豐年」，窮人則擔心如何度過嚴寒的冬天。

七·六九 名利場中羽客❶，人人輸蔡澤❷一籌；煙花隊裡仙流，個個讓渙之獨步❸。

【注　釋】❶羽客　神仙、方士。❷蔡澤　戰國時燕人，以善辯說，為秦國客卿，拜丞相。❸煙花隊裡仙流二句　唐薛用弱《集異記》載：王之渙與高適、王昌齡齊名，一日三人同往旗亭飲酒，遇見一隊歌妓在唱曲。三人相約，妓女唱誰的詩多，多者即為優勝。歌妓起初唱高適、王昌齡的詩，兩人面有得色。王之渙指著其中姿色最佳者說：「如果此妓不唱我的〈涼州詞〉，我就當場拜你們為師。」那個歌妓果然唱了此詩，三人於是大樂。妓女問道：「諸位為什麼如此歡笑？」三人各道姓名，歌妓競拜，說：「俗眼不識神仙。」仙流，此處當指歌妓舞女。唐代習慣將妓女稱為女仙、女真。渙之，疑為「之渙」之誤。

【語　譯】混跡名利場的方士，人人都要輸給蔡澤一籌；青樓裡的妓女，個個推許之渙的詩天下第一。

【研　析】此條也見於明代李鼎《偶譚》。方士全憑口舌謀利，與蔡澤相比，也要自愧不如。煙花叢中也有慧眼，識得之渙詩才。

七・七〇　深山高居，爐香不可缺，取老松柏之根枝實葉共搗治之，研風昉❶羼和之，每焚一丸，亦足助清苦。

【注　釋】❶風昉　似為「防風」，中藥名，有鎮痛、祛痰等功效。

【語　譯】住在深山的高處，爐中香不可缺少，取老松樹老柏樹的根、枝、實、葉一起搗爛泡製，再研磨防風摻雜進去，製成藥丸。每次焚燒一丸，也足以助人清苦。

【研　析】古代製作香料，多加入各味中藥，如洪芻《香譜》載「延安郡公藥香」，其成份有玄參、甘松、白檀香、麝香、的乳香；「供佛濕香」成份為檀香、零陵香、藿香、白芷、丁香皮、甜參、甘松、乳香、硝石。用老松柏根枝實葉和防風製成的香料，簡單而實用，有防風去寒之功效，深山風大寒冷，故宜用之。

七·七一　白日羲皇世，青山綺皓❶心。

【注　釋】❶綺皓　即綺里季，漢初隱士，「商山四皓」之一，曾輔佐漢高祖劉邦的太子。

【語　譯】白天就如身處遠古的羲皇時代，青山是綺皓心想神往的地方。

【研　析】此兩句出自明人藍智〈秋日遊石堂奉呈盧僉憲〉，表示自己悠遊方外的恬淡志趣。

七·七二　松聲、澗聲、山禽聲、夜蟲聲、鶴聲、琴聲、棋子落聲、雨滴階聲、雪灑窗聲、煎茶聲，皆聲之至清，而讀書聲為最。

【語譯】松風聲、澗水聲、山禽鳴叫聲、夜蟲低吟聲、鶴唳聲、琴曲聲、下棋落子聲、雨滴臺階聲、雪灑窗戶聲、煎茶水沸聲，都是聲音中極清雅的，而其中又以讀書聲最為清雅。

【研析】此條文字也見於陳繼儒〈讀書十六觀〉，原文為：「倪文節公曰：松聲、澗聲、山禽聲、夜蟲聲、鶴聲、琴聲、棋子落聲、雨滴階聲、雪灑窗聲、煎茶聲，皆聲之至清，而讀書聲為最。聞他人讀書已極喜，聞子弟讀書喜又不可言矣。」南宋倪思，字正甫，謚文節。乾道進士，官至禮部尚書。〈讀書十六觀〉引倪思語比較完整，此條有刪節。

七·七三 曉起入山，新流沒岸，棋聲未盡，石磬依然。

【語譯】清晨入山，新漲的潮水湮沒了河岸，下棋的聲音尚未散盡，石磬的聲音依然在耳。

【研析】此四句出自文天祥〈與朱太傅書〉，寫其退隱時悠閒生活。咸淳六年，文天祥因得罪權相賈似道，被免職回家，息影林泉。在此期間，他寫了不少描寫退隱生活的詩文，〈與朱太傅書〉便是其中之一。朱太傅，名朱埴，字聖陶，江西廬陵人，寶佑四年進士，官至太常博士。

七·七四 松聲竹韻，不濃不淡。

【語譯】松濤聲、竹子的韻味，在不濃不淡之間。

【研析】松竹雖無鮮花的豔麗，但有清高孤介的風韻，為文人所鍾愛。

七·七五　何必絲與竹，山水有清音。

【語譯】何必要絲竹這些樂器，山水自然會發出清越的聲音。

【研析】此兩句出自左思〈招隱詩〉。中國的傳統文化講究尊重自然、順應自然，追求人與自然的和諧協調，在音樂方面，則認為天地自然之音，勝過樂器演奏的音樂。

七·七六　世路中人，或圖功名，或治生產，盡自正經，爭奈天地間好風月、好山水、好書籍，了不相涉，豈非枉卻一生？

【語譯】世道中人，或貪圖功名，或治理產業，自然都是正經事情，怎奈天地間好風光、好山水、好書籍，全不相干，豈不是虛度了一生？

【研析】欣賞好風光、好山水，要有充裕的時間，還要有好的心情，在名利場奔走的人，忙於世務，患得患失，既無時間，也無心情欣賞大好的自然風光。明代袁宏道在吳縣當了幾年縣令，整日忙於公務，無暇遊山玩水。後來他以病辭官，才得以暢遊吳越的秀麗山川。他在給朋友的信中感慨地說：以前在吳縣做官，蘇州的山水再秀美，也與己無緣，辭官之後，才成了風月主人。欣賞自然風光，要有審美的胸襟和眼光，汲汲於名利的人，胸中惡俗，無法領略大好的風光。此處所說的好書籍，不是為求功名而讀的科舉文章，而是指能擴充知識、培養情操、增加趣味的書籍。中國自實行八股取士之後，許多讀書人只讀考試必需的四書五經以及宋儒的注本，認為讀其他書只是浪費時間，耗費精力，以至有的讀書人居然不知道《史記》是什麼書，蘇軾是什麼人。明代文人，尤其是江南地區的文人，讀書重趣，除了詩詞歌賦，其他如天文地理、占卜星象、小說戲曲、筆記野史等無不涉獵。他們讀書不是為求功名，而僅僅是從個人的愛好興趣出發，把讀書當作一種高雅悠閒的生活方式。

七·七七 李岩老好睡。眾人食罷下棋，岩老輒就枕，閱數局乃一展轉，云：「我始一局，君幾局矣？」

【語　譯】李岩老喜歡睡覺，眾人吃過飯下棋，岩老就靠枕而睡。幾盤棋過後岩老翻身醒來，說：「我才睡了一覺，你們下了幾盤了？」

【研　析】此節文字出自蘇軾《東坡志林》。李岩老，蘇軾的朋友，曾任祠部員外郎。古人把世事變幻看作棋局，邵雍詩云：「唐虞揖讓三杯酒，湯武征戰一局棋。」《增廣賢文》也說：「人情似紙張張薄，世事如棋局局新。」別人下棋，李岩老睡覺，表示他置身於世事紛爭之外的淡泊胸襟。

七・七八 晚登秀江亭，澄波古木，使人得意於塵埃之外，蓋人閒景幽，兩相奇絕耳。

【語譯】晚間登臨秀江亭，清澄的水波古老的樹木，使人領會到塵世之外的意趣，大概是人悠閒景幽雅，兩方面都很奇特吧。

【研析】此節文字出自宋黃庭堅〈書吳叔元亭壁〉，原文為：「朝奉郎新當塗守黃某於崇寧元年四月丁未，來謁叔元，晚登秀江亭，澄波古木，使人得意於塵埃之外，蓋人閒景幽，兩相奇絕耳。」

七・七九 筆硯精良，人生一樂，徒設只覺村妝❶；琴瑟在御，莫不靜好❷，才陳便得天趣。

【注釋】❶村妝 粗俗。❷琴瑟在御二句 出自《詩經・鄭風・女曰雞鳴》。在御，在旁邊。

【語譯】筆硯精良，是人生的一件樂事，但只是把它們作為擺設，就覺得粗俗了；琴瑟在旁邊，沒有人不是嫻靜安逸的，剛擺開就能使人感受到自然的情趣。

【研析】琴棋書畫既是文人雅趣，也是文人必備的技能，若只是作為擺設，而無實際的技能，就不具備作為傳統文人的資格。

七·八〇 《蔡中郎傳》❶情思逶迤，《北西廂記》❷興致流麗。學他描神寫景，必先細味沉吟，如日寄趣本頭，空博風流種子。

【注釋】❶蔡中郎傳　指高明的《琵琶記》。❷北西廂記　王實甫的《西廂記》雜劇。

【語譯】《蔡中郎傳》情感婉轉曲折，《北西廂記》意興構思流暢華美。要學習他們是如何刻畫神情描寫場景的，必須先仔細體味反覆沉吟，如果只對劇本的文字感興趣，就只能博得個風流種子的空名聲。

【研析】《琵琶記》和《西廂記》是著名的古典名劇。《琵琶記》寫蔡伯喈和趙五娘的悲歡離合，《西廂記》寫張生和鶯鶯的愛情故事，描摹人情世態極其深刻細緻。明代文人讚賞這兩個劇本，往往僅從其文詞華美入眼，而忽略了劇本的舞臺藝術成就。此條文字提出了應該如何欣賞《琵琶記》和《西廂記》這兩齣名劇。

七·八一 夜長無賴❶，徘徊蕉雨半窗；日永❷多閒，打疊❸桐陰一院。

【注釋】❶無賴　無聊。❷日永　日長。❸打疊　收拾、安排。

【語譯】夜長感到無聊，在雨打芭蕉濕透半邊的窗下徘徊；日長多空閒，收拾滿院的桐樹蔭影。

【研　析】俗話說：「歡愉嫌日短，寂寞恨更長。」深夜無眠，更覺夜長，聽窗外雨打芭蕉，倍感淒涼。無名氏〈長相思〉詩云：「獨坐窗前聽風雨，雨打芭蕉聲聲泣。」日長無事，坐在梧桐樹下看著滿院蔭影，顯得十分悠閒。明李日華《六研齋三筆》云：「元人喜寫桐陰高士圖，子久、叔明、雲林、幼文俱有之，雖景物各布，而一種瀟灑超逸之趣，令人不知人間有利祿事則一也。」

七・八二　雨穿寒砌，夜來滴破愁心；雪灑虛窗❶，曉去散開清影。

【注　釋】❶虛窗　明亮的窗戶。

【語　譯】雨水穿透寒冷的臺階，到夜晚滴破了憂愁的心；雪飄落在明亮的窗戶上，待到天明，雪的清亮的影子就融化消失了。

【研　析】夜雨滴破愁心，將無形的愁緒寫得十分具體、形象和生動，與白樸《梧桐雨》有異曲同工之妙。

七・八三　春夜宜苦吟，宜焚香讀書，宜與老僧說法，以銷豔思。夏夜宜閒談，宜臨水枯坐，宜聽松聲冷韻，以滌煩襟。秋夜宜豪遊❶，宜訪快士❷，宜談兵說劍，以除蕭瑟❸。冬夜宜茗戰，宜酌酒說《三國》、《水滸》、《金瓶梅》諸集，宜著竹肉❹，以破孤岑。

【注　釋】❶豪遊　興致極高的遊樂活動。❷快士　豪爽之士。❸蕭瑟　淒涼；冷落。❹竹肉　指音樂。竹指器樂，肉指聲樂。

【語　譯】春天的夜晚適宜苦心吟詩，適宜焚香讀書，適宜與老僧講說佛法，以此來消除香豔的念頭。夏天的夜晚適宜閒聊，適宜在水邊默坐，適宜傾聽松風聲的清冷韻味，以此來洗去胸中的煩惱。秋天的夜晚適宜豪遊，適宜訪問豪爽之士，適宜談論兵事戰爭，以此消除淒涼。冬天的夜晚適宜鬥茶，適宜喝著酒講《三國》、《水滸》、《金瓶梅》的故事，適宜奏曲唱歌，以此破除孤獨寂寞。

【研　析】此條言文人的風雅生活，讀書吟詩、閒談說法、談兵說劍等等，都是文人傳統的生活方式，唯獨談論《三國》、《水滸》、《金瓶梅》等小說，是明代文人特有的愛好。在中國古代，小說歷來被認為是不登大雅之堂的「小道」，然而到了明代嘉靖之後，隨著小說創作和刊刻的繁榮，文人的小說觀念有了根本的轉變。李贄稱讚《水滸傳》為「天下之至文」。袁宏道對小說的興趣更在經史之上，他在〈東西漢通俗演義序〉中說：「人言《水滸傳》奇，果奇，予每檢『十三經』或『二十一史』，一展卷即忽忽欲睡去，未有若《水滸》之明白曉暢，語語家常，使我捧玩不能釋手者也。」當時閱讀小說成了時尚和風雅，《金瓶梅》就是通過文人的閱讀和傳抄流傳開來的。

七·八四　玉之在璞❶，追琢則珪璋❷；水之發源，疏浚則川沼。

【注釋】❶璞　含玉的石頭；未經雕琢的玉。❷珪璋　玉製的禮器，用於朝聘、祭祀。

【語譯】玉藏在石頭中，經過雕琢就成了珪璋美玉；水的發源處，經過疏浚就成了河流和池塘。

【研析】此條出自唐陸贄〈論朝官闕員及刺史等攻轉倫序狀〉，原文為：「如玉之在璞，抵擲則瓦石，追琢則圭璋；如水之發源，壅淤則污泥，疏浚則川沼。」玉不琢不成器，人不經歷磨練不能成才。

七·八五　山以虛而受，水以實而流，讀書當作如是觀。

【語譯】山因為虛空才能接納萬物，水因為充實才能流向遠方，讀書也應該這樣。

【研析】山因為空曠而能接納各種事物，水因為充實而能流向遠方。讀書也應如此，只有虛心學習，刻苦攻讀，才能有所收穫；知識充實了，才能有遠大的志向，做出一番事業。「山以虛而受」，出自《易經·象》：「山上有澤，咸，君子以虛受人。」原意是說山在上而澤在下，山內虛而澤氣通，因此君子以虛空的境界教導人。《易經》中「受」通「授」，教導的意思。此處「山以虛而受」，與原來的意思有所不同。「水以實而流」，當出自《孟子·離婁》：「原泉混混，不舍晝夜，盈科而後進，放乎四海。有本者如是，是之取爾。」

七・八六 古之君子，行無友，則友松竹；居無友，則友雲山。余無友，則友古之友松竹、友雲山者。

【語　譯】古代的君子，出行沒有朋友，就以松竹為友；居家沒有朋友，就以雲山為朋友。我沒有朋友，就把古代以松竹、雲山為友的君子作為朋友。

【研　析】青松堅毅不拔，翠竹挺拔多姿，梅花傲雪報春，都具有不畏嚴寒的高潔風格，被稱為「歲寒三友」，並成為君子的象徵，因此古代文人都喜歡以松竹梅為友。白雲悠閒自在，青山巍然聳立，在古代詩詞中代表著悠閒自在的生活。此條文字表示與古代品行高潔、隱逸田園的君子為神交。

七・八七 買舟載書，作無名釣徒。每當草衰月冷，鐵笛風情，覺張志和❶、陸天隨❷去人未遠。

【注　釋】❶張志和　唐代詩人，隱居江湖，自稱「煙波釣徒」。❷陸天隨　唐代詩人陸龜蒙，號天隨子，自號「江湖散人」。

【語　譯】買條小船載上書，做一個沒有名聲的釣魚人。每當草枯月冷的時候，在舟上吹著鐵笛的神采風韻，覺得張志和、陸天隨離今人並不遙遠。

【研析】「買舟載書，作無名釣徒」，中國古代詩詞中，把漁夫描寫成逍遙江湖的隱士智者。屈原筆下高吟「滄浪之水清兮，可以濯吾纓；滄浪之水濁兮，可以濯吾足」的漁夫，就是個世外高人。漢代嚴子陵不受光武帝徵召，隱居富春江，以釣魚為生，成為有名的隱士，後人建「嚴子陵釣魚臺」供人憑弔。明楊慎《二十一史彈詞》云：「白髮漁樵江渚上，慣看秋月春風。一壺濁酒喜相逢。古今多少事，都付笑談中。」《桃花扇》最後一折，寫蘇崑生成為樵夫，柳敬亭成為漁夫，兩人評說南明的興亡，成為歷史的見證人。鐵笛風情，當指元末著名文人楊維楨。楊維楨號鐵笛道人，《列朝詩集小傳》載他晚年隱居松江，「或戴華陽巾，披鶴氅，坐船屋上，吹鐵笛作〈梅花弄〉」。

七・八八　今日鬢絲❶禪榻畔，茶煙輕颺落花風。此趣唯白香山❷得之。

【注釋】❶鬢絲　鬢髮。❷白香山　白居易，號香山居士。

【語譯】今日鬢髮垂落在禪榻之旁，煮茶的輕煙在落花風中飄蕩。這樣的趣味，只有白居易才能領會。

【研析】「今日鬢絲禪榻畔」二句，出自杜牧〈題禪院〉詩，描寫寄居禪寺的悠閒生活，作者誤記為白居易詩。古代文人喜歡遊覽寺院，寺院寧靜清幽的環境，最適合文人嘲風弄月，吟詩作賦。寺院遠離紅塵，也成為失意文人尋求精神寄託的場所。歷代文人信佛者頗多，他們與僧侶結為至交，通過與僧侶的交談使心靈得到淨化。因此，古代文人描寫寺院的詩作眾多，著名的如常建〈題破山寺後禪院〉：「清晨入古寺，初日照高林。竹徑通幽處，禪房花木深。山光悅鳥性，潭影空人心。萬籟此都寂，但餘鐘磬聲。」杜牧此詩，在眾多的寺院詩中並不出色。

七·八九　清姿如臥雲餐雪，天地盡愧其塵汙；雅致如蘊玉含珠，日月轉嫌其洩露。

【語　譯】清高超逸的姿態如臥雲餐雪，天地內萬物都為受到塵俗的汙染而慚愧；高雅的意趣猶如蘊含在璞內的玉、蚌內的珠深藏不露，反而嫌日月的光華過於外露。

【研　析】雲和雪皆潔白，臥雲餐雪表示品行清高廉潔。臥雲有逍遙山林的意思，《唐詩紀事》載：李頻，方干弟子也。登第後，干寄詩曰：「弟子已攀桂，先生猶臥雲。」史載漢蘇武出使匈奴，拒絕匈奴的招降，被囚禁北海，以餐雪吞氈求生，後以餐雪表示氣節高尚。玉藏於石內，珠結於蚌胎，皆比喻懷才不露。中國傳統觀念推崇含蓄深沉，反對揚才露己，認為真正有內涵的人是深藏不露的，楊萬里有〈食老菱有感〉詩云：「幸自江湖可避人，懷珠蘊玉冷無塵。何須抵死露頭角，荇葉荷花老此身。」

七・九〇 焚香啜茗，自是吳中習氣，雨窗卻不可少。

【語譯】焚香品茶，本是吳中地區的習氣，獨坐在細雨敲打的窗下時卻不可少。

【研析】吳中地區在中國古代是經濟和文化最為發達的地區，吳中地區的文人也最講究生活的享受和趣味，焚香品茶成為時尚。點一炷幽香，喝一杯好茶，靜聽細雨敲窗的淅瀝聲，別有一番幽趣。

七・九一 茶取色臭❶俱佳，行家偏嫌味苦；香須沖淡❷為雅，幽人最忌煙濃。

【注釋】❶臭　氣味。❷沖淡　沖和淡泊。

【語譯】茶應當取色味俱佳者為上，行家偏嫌茶的味苦；香應當以沖淡為雅，幽隱之人最討厭煙味太濃。

【研析】好茶顏色清純味道幽長，不懂得品嘗的人會覺得淡而無味，他們認為茶的味道越濃越好，因此寧可喝磚茶茯茶，也不喜歡龍井碧螺春。好香清幽淡雅，現今的香水也是如此。

七・九二 朱明❶之候，綠陰滿林。科頭散髮，箕踞❷白眼❸，坐長松下，蕭騷❹

流觴❺，正是宜人疏散❻之場。

【注　釋】❶朱明　夏季。❷箕踞　席地伸腿而坐，是一種不拘禮數的放鬆姿態。❸白眼　阮籍能以青白眼對人，見卷四第五〇條。此處意為冷眼看世界。❹蕭騷　風吹樹木的聲音。❺流觴　借流水傳送酒杯，此處即為傳觴飲酒。❻疏散　消遣、發散。

【語　譯】夏天的時候，樹林中到處是綠色的蔭涼。不戴冠巾披散頭髮，伸腿而坐冷眼看世界，坐在高大的松樹下，聽著風吹樹葉聲傳杯喝酒，正是適合人們放鬆消遣的場所。

【研　析】此條寫夏日乘涼的疏散悠閒。「科頭散髮，箕踞白眼」形容不拘禮法，身心高度放鬆的狀態；「流觴」借用王羲之〈蘭亭序〉中「曲水流觴」的典故，表達出文人的興致。

七·九三　讀書夜坐，鐘聲遠聞，梵響❶相和，從林端來，洒洒窗几上，化作天籟❷虛無矣。

【注　釋】❶梵響　念佛誦經聲。❷天籟　自然界的聲響，即天地自然之音。

【語　譯】夜坐讀書，聽到遠處的鐘聲，與念佛誦經聲相應和，從林子邊上傳來，飄落在窗戶和几案上，化作了虛無飄渺的自然之音。

【研　析】古人讀書，強調要有幽靜的環境和安定的心情。夜深人靜的時候，聽到幾聲梵唱，使人心情更加安寧，正是讀書的好時光。

七・九四　夏日蟬聲太煩，則弄簫隨其韻轉；秋冬夜聲寥颯❶，則操琴一曲咻❷之。

【注　釋】❶寥颯　冷清蕭殺。❷咻　喧鬧。

【語　譯】夏天蟬鳴聲太煩人，就吹簫隨著蟬鳴的韻律而變化；秋冬夜晚的聲音太冷清蕭殺，就彈一支琴曲增添熱鬧。

【研　析】音樂起源於對自然聲響的模仿，經過藝術加工，比自然聲響更具美感。蟬聲單調嘈雜，但按其節奏譜成樂曲，自有一番趣味。秋冬夜晚風聲蕭瑟，但按其旋律彈奏，琴聲也婉轉動聽。

七・九五　心清鑑底瀟湘月，骨冷禪中太華❶秋。

【注　釋】❶太華　即西嶽華山。

【語　譯】心地清明好似湘江上的月亮能照徹水底，參禪時萬念俱消好像太華山的秋天那樣蕭殺。

【研　析】此條出自唐代僧人齊己〈憶舊山〉詩：「誰請衰羸住北州，七年魂夢舊山丘。心清檻底瀟湘月，骨冷禪中太華秋。高節未聞馴虎豹，片言何以傲王侯。應須脫灑孤峰去，始是分明個剃頭。」此二句言修禪時心神清淨的狀態。

七・九六

語鳥名花，供四時之嘯吟；清泉白石，成一世之幽懷。

【語　譯】會說話的鳥和名貴的花，可以供一年四季欣賞吟詠；清澈的泉水潔白的石頭，成就了一世的幽深情懷。

【研　析】語鳥名花、清泉白石，是文人所好。「語鳥名花」出自唐無名氏詩：「隴右諸侯供語鳥，日南太守送名花。」

七・九七

掃石烹泉，舌底朝朝茶味；開窗染翰❶，眼前處處詩題。

【注　釋】❶染翰　以筆蘸墨，指作書畫。

【語　譯】清掃石頭燒上泉水，舌底天天有茶的味道；開窗揮毫，眼前處處都是作詩的題材。

【研　析】掃石烹泉指文人休閒的生活方式。元黃鎮成〈贈曾鍊師〉詩：「遊山採藥辭家早，掃石看雲出洞遲。」唐劉乙詩：「掃石雲隨帚，耕山鳥傍人。」烹泉即汲泉水煮茶，史載陸羽煮茶處有「烹泉亭」。生活充滿詩意，眼前處處是作詩的題材，就看你有沒有慧眼繡心去發現。

七·九八

權輕勢去，何妨張雀羅於門前❶；位高金多，自當效蛇行於郊外❷。蓋炎涼世態，本是常情，故人所浩歎❸，惟宜付之冷笑耳。

【注釋】❶張雀羅於門前　語出成語「門可羅雀」，形容門第冷落，來往的人很少。❷位高金多二句　《史記》載蘇秦發跡前，遭家人冷落。後來蘇秦佩六國相印，衣錦榮歸時，家人匍匐蛇行迎於郊外。❸浩歎　長歎，大聲歎息。

【語譯】權力輕了勢力弱了，何妨門庭冷落可以設羅網捕雀。位子高了金錢多了，自當有人匍匐蛇行迎接於郊外。趨炎附勢，本是人之常情，所以有人對此大為感歎，我只是發出一聲冷笑而已。

【研析】此條感慨世態炎涼是普遍的社會現象，不必大驚小怪。《史記·汲鄭列傳》載：「太史公曰：夫以汲、鄭之賢，有勢則賓客十倍，無勢則否，況眾人乎！下邽翟公有言，始翟公為廷尉，賓客闐門，及廢，門外可設雀羅。翟公復為廷尉，賓客欲往，翟公乃大署其門曰：『一死一生，乃知交情；一貧一富，乃知交態；一貴一賤，交情乃見。』汲、鄭亦云，悲夫！」〈汲鄭列傳〉是司馬遷為汲黯、鄭莊兩位大臣寫的合傳。汲黯在景帝時任太子洗馬，武帝時任東海太守、主爵都尉。鄭莊景帝時任太子舍人，武帝時任大農令。兩人為官清正，剛直不阿，權高望重，聲名顯赫。

上他們家拜訪的人絡繹不絕，都以能與他們結交為榮。因為汲、鄭太過剛直，武帝撤了他們的職，從此再也沒人登門了。

司馬遷對此很有感慨，又舉翟公為例。翟公為廷尉時，賓客盈門，被免職後，門庭冷落，只有麻雀在門前停留。司馬遷引用翟公撰的門聯，說明只有經過生死、貧富、貴賤的考驗，才能獲得真正的交情。《史記・蘇秦列傳》載：蘇秦「出遊數歲，大困而歸，兄弟嫂妹妻妾皆笑之」，蘇秦因此發憤讀書，學成後遊說六國，結成抗秦同盟，蘇秦因此佩六國相印，地位尊貴。蘇秦回家，「昆弟妻嫂側目不敢仰視，俯伏侍取食。蘇秦笑謂其嫂曰：『何前倨而後恭也？』嫂委蛇蒲服，以面掩地而謝，曰：『見季子位高金多也。』蘇秦喟然嘆曰：『此一人之身，富貴則親戚畏懼之，貧賤則輕易之，況眾人乎！』」親戚之間，尚如此勢利，外人之間更是如此。

七・九九

溪畔輕風，沙汀❶印月，獨往閒行，嘗喜見漁家笑傲❷；松花釀酒，春水煎茶，甘心藏拙，不復問人世興衰。

【注釋】❶沙汀　水邊或水中的沙地。❷笑傲　嬉笑玩樂。

【語譯】溪畔微風輕吹，月光印在沙灘上，獨自前往信步閒行，經常高興地看到漁家嬉笑遊玩；用松樹的花釀酒，用春天的泉水燒茶，願意掩藏自己的拙劣，不再過問人世的興衰。

【研析】溪畔輕風，沙汀印月，幽清寧靜的景色，正適合獨往閒行。漁家笑傲，代表閒適自在，與世無爭的生活方式，給冷清的景色增添了幾分歡樂。「松花釀酒」數句，表現了文人迴避現實，希望及時行樂的心態。社會上是非不分，賢愚莫辨，那就不要計較人我是非，「賢的是他，愚的是我，爭甚麼」！（關漢卿〈閒適〉）「絕榮辱，無是非，忘世亦忘機」。（趙善慶〈隱機〉）世人爭名奪利，爾虞我詐，那就擺脫名韁利鎖，「離了名利場，鑽入安樂窩，閒快活」（關漢卿〈閒適〉），「競功名有如車下坡，驚險誰參破？昨日玉堂臣，今日遭殘禍，爭如我避風波走在安樂窩」。（貫雲石〈抒懷〉他們認為人世興衰如過眼煙雲，更與己無關，享受生活才是最現實的，「江山如畫，茅檐抵凹。齊蠶女織共耕稼。務桑麻，捕魚蝦，漁樵見了無別話，三國鼎分牛繼馬。興，也任他；亡，也任他」。（陳草庵〈嘆世〉）

七·一〇〇　手撫長松，仰視白雲，庭空鳥語，悠然自欣。

【語　譯】手撫摸高大的松樹，仰視天上的白雲，空落的庭院裡鳥在鳴叫，悠然自得覺得很高興。

【研　析】長松代表堅貞不移的品德，白雲代表悠閒輕快的心情，寂靜的庭院中沒有塵囂嘈雜，只有幾聲鳥鳴，象徵安靜祥和的環境。一個有高尚品性的人，帶著輕鬆愉快的心情，生活在寧靜的環境裡，自然是很愜意的。

七・一〇一　或夕陽籬落❶，或明月簾櫳❷，或雨夜連榻❸，或竹下傳觴❹，或青山當戶❺，或白雲可庭❻。於斯時也，把臂促膝❼，相知幾人，謔語❽雄談，快心❾千古。

【注釋】❶夕陽籬落　宋文同〈西軒秋日〉：「深藏宿雨樹木暗，高灑夕陽籬落疏。」籬落，即籬笆。❷明月簾櫳　宋柳永〈鷓鴣天〉：「吹破殘煙入庭風，一軒明月上簾櫳。」❸雨夜連榻　元貢性之〈澹娛生〉：「夜懸聽雨榻，風落就床書。」連榻，床榻相並，形容關係親密。此處指連榻夜話。❹竹下傳觴　化用王羲之〈蘭亭序〉「曲水流觴」典故。❺青山當戶　蘇軾〈刁同年草堂〉詩：「青山有約長當戶，流水無情自入池。」❻白雲可庭　當為白雲可亭。《天寶遺事》載：太白山有隱士郭退夫，在山中建白雲亭，與賓客在亭中看山禽野獸。❼把臂促膝　表示親密的舉動。把臂，手臂相握。促膝，對坐而膝相近。❽謔語　開玩笑的話。❾快心　稱心，感到滿足和暢快。

【語譯】或夕陽掛在籬笆上，或明月照入竹簾內，或雨夜連榻閒聊，或竹下傳杯暢飲，或青山對著門戶，或白雲流入亭內。在這個時候，有幾個相知的人把臂促膝，歡語戲謔高談闊論，恣意批評悠久的歷史事件和人物。

【研析】此條寫文人的雅趣，前六句寫景色宜人，環境幽雅，後五句寫與知己高談闊論，是人生一大快事。文中多引用前人詩詞成句。

七・一〇二 疏簾清簟，銷白晝唯有棋聲；幽徑柴門，印蒼苔只容屐齒。

【語　譯】稀疏的簾子清涼的竹席，只有棋聲能消磨白晝；曲折的小徑木柴的門，只有木屐的齒痕才能印在蒼苔上。

【研　析】此條極言環境之幽靜。「疏簾清簟」出自宋陳師道〈南柯子〉：「天上雲為瑞，人間睡作魔。疏簾清簟汗成河。」「印蒼苔只容屐齒」出自宋葉紹翁〈遊園不值〉：「應憐屐齒印蒼苔，小扣柴扉久不開。春色滿園關不住，一枝紅杏出牆來。」

七・一〇三 落花慵掃，留襯蒼苔❶；村釀新篘，取燒紅葉❷。

【注　釋】❶落花慵掃二句　唐熊皎〈山居〉詩：「厭聽啼鳥夢醒後，慵掃落花春盡時。」《詩人玉屑》載蔣道士詩：「春來不是人慵掃，為惜莓苔襯落花。」❷村釀新篘二句　白居易〈送王十八歸山寄題遊仙〉詩：「林間暖酒燒紅葉，石上題詩掃綠苔。」新篘，新釀的酒。篘，濾酒用的竹器，也代指酒。

【語　譯】落花懶掃，留著襯托蒼苔。農家新釀的酒，燒紅葉來暖酒。

【研　析】滿地落花，映襯斑斑蒼苔，另有一番趣味，落花象徵時光流逝，生命短暫，而蒼苔則保留了歲月的痕跡，有滄桑之感。此條化用前人成句，另成佳對，頗見巧思。

七・一〇四　幽徑蒼苔，杜門謝客；綠陰清晝，脫帽觀詩。

【語　譯】曲折的小路布滿蒼苔，關門謝絕客人；綠蔭滿地白晝清淨，脫掉帽子讀詩。

【研　析】此條寫隱居的悠閒生活。閉門謝客是躲避世事，脫帽觀詩是不拘禮數。祝允明〈口號〉詩：「蓬頭赤腳勘書忙，頂不籠巾腿不裳。」即寫其放縱自在的生活狀態。

七・一〇五　煙蘿❶掛月，靜聽猿啼；瀑布飛虹，閒觀鶴浴。

【注　釋】❶煙蘿　煙霧籠罩的蔓蘿。

【語　譯】月亮掛在煙蘿上，靜靜地聽猿猴啼叫；瀑布奔瀉飛出一道彩虹，悠閒地看鶴洗澡。

【研　析】煙霧瀰漫，蔓蘿茂密，是幽深的景象，李白〈同族姪評事黯遊昌禪師山池二首〉詩：「惜去愛佳景，煙蘿欲暝時。」。煙蘿也借指幽居之處，唐劉滄〈汶陽客舍〉詩：「迢遞舊山伊水畔，破齋荒徑閉煙蘿。」宋蘇舜欽〈離京後作〉詩：「脫身離網罟，含笑入煙蘿。」在煙蘿掛月的夜晚，傳來幾聲哀怨的猿啼，更覺淒涼，整個畫面是靜中有動。瀑布飛瀉，氣勢磅礡，充滿運動的張力，閒觀鶴浴，洗浴的鶴是悠閒的，觀鶴人的心情也是悠閒的，整個畫面是動中有靜。

七·一〇六　簾捲八窗❶，面面雲峰送碧；塘開半畝❷，瀟瀟❸煙水涵清❹。

【注　釋】❶八窗　古代宗廟，每室四戶八窗。❷塘開半畝　朱熹〈觀書有感〉：「半畝方塘一鑑開，天光雲影共徘徊。問渠哪得清如許，為有源頭活水來。」❸瀟瀟　淒清冷寂。❹涵清　即清涵。指清而深的水。

【語　譯】八面窗的簾子都捲起，每一面都有雲霧繚繞的山峰送來的青碧色；半畝大的池塘，冷寂的水面深而清澈。

【研　析】開窗見山，有杜甫「窗含西嶺千秋雪」景象；「塘開半畝」，有朱熹「半畝方塘一鑑開」氣象。

七·一〇七　雲衲❶高僧，泛水登山，或可借以點綴，如必蓮座說法❷，則詩酒之間，自有禪趣，不敢學苦行頭陀❸，以作死灰❹。

【注　釋】❶雲衲　指四處化緣的行腳僧。❷蓮座說法　講說佛教經義。蓮座，佛所坐的蓮花形座位。❸頭陀　行腳乞食的僧人，其修煉以苦行為主。❹死灰　指摒除欲念，斷絕情感。

【語　譯】雲遊天下的高僧，渡水登山，也許可以作為宣揚佛教的點綴。如果一定要講論佛教經義，那麼在喝酒寫詩之間，自然有佛教的意趣，不敢學那些堅持苦行的行腳僧，成為沒有生趣的死灰。

【研　析】此條也見於吳從先的《小窗自紀》。苦行是佛教的一種修煉方法，就是實行禁欲主義，把生活需求限制在最低的範圍內，以此來克服人的貪欲痴念。佛法固以智慧為本而不以苦行為先，但苦行有助於佛道，能隨順道法，故而成為佛教常用的修煉方法。佛教中禪宗更注重身心的解脫，主張通過智慧領悟直證佛教的宗旨，並不強調頭陀式的修行，符合佛教以智慧為本的教義。禪宗「不立文字，教外別傳」，捨棄了許多繁瑣的宗教戒律和儀式，「直指人心，見性成佛」的修行方式更直截了當，因而在唐以後發展為佛教第一大宗派。明代中後期，文人談禪成習，並形成了狂禪之風。他們把禪宗與老莊、心學融合在一起，提倡不拘禮節，不受拘縛，率性而行，順情而為的生活方式。他們認為「道」存在於平時的日常生活之中，吃飯穿衣皆有道，那麼喝酒寫詩更有禪意和禪趣。如唐寅晚年潛心佛教，自號「六如居士」，卻又佯狂詩酒，其〈解惑歌〉道：「神仙福地是蓬萊，釋迦天宮號兜率。不在西天與東海，只在人心方咫尺。」這是很有代表性的。

七・一〇八　**遨遊仙子，寒雲幾片束行裝；高臥幽人，明月半床供枕簟。**

【語　譯】遨遊的仙子，用幾片寒雲來打扮行裝；高臥的隱士，把照亮半床的明月當做枕頭竹席。

【研　析】此條也見於《小窗自紀》。劉向〈遠逝〉云：「遊清靈之颯戾兮，服雲衣之披披。」王逸注：「上遊清冥之處，被服雲氣而通神明也。」意為遊歷至天空極高處，雲氣如衣服般披在身上，後世傳說中仙人即以雲為衣。高臥的隱士，與明月作伴，顯示出孤高清介的品質。

七·一〇九 落落❶者難合，一合便不可分；欣欣❷者易親，乍親忽然成怨。故君子之處世也，寧風霜自挾❸，無魚鳥親人。

【注釋】❶落落　形容孤高，與人難合。❷欣欣　和悅。❸自挾　自負；自持。

【語譯】孤高的人難以投合，一旦投合了就不可分離；和悅的人容易親近，剛親近忽然又成了冤家。所以君子處世，寧可以風霜自持，凜然不可侵犯，也不要像魚鳥那樣，隨便親近別人。

【研析】此條言交友應慎重。清高孤介的人，不易合群，也不輕易與人相交，但一旦結為朋友，就會很忠誠，不會輕易離你而去。而那些看似很親近的人，到處結交朋友，但並不真正互相瞭解，因此也就容易產生矛盾，使友誼破裂。《菜根譚》也有此條，但文字有些出入：「落落者難合亦難分，欣欣者易親亦易散，是以君子寧以剛方見憚，毋以媚悅取容。」

七·一一〇 海內殷勤，但讀〈停雲〉之賦❶；目中寥廓❷，徒歌〈明月〉之詩❸。

【注釋】❶停雲之賦　陶淵明有〈停雲〉詩，詩序云：「停雲，思親友也。」賦，綜合韻文和散文的文體，此處借指詩。❷寥廓　冷落空虛。❸明月之詩　指〈古詩十九首〉中〈明月皎夜光〉。此詩通過描寫時節的變化，聯想到人情的反覆，表達了對世態炎涼的憤慨。

【語譯】儘管海內之人對我很殷勤，但我只讀〈停雲〉詩思念親人；眼前一片冷落，誦讀〈明月〉

詩表達自己的憤慨也是徒然。

【研　析】此條表達對世態炎涼的不滿。有許多人對我很殷勤，往往是虛情假意，只有親人之間的情誼才可靠。放眼望去，找不到真情實意的知心朋友，只能通過誦讀〈明月〉詩發洩心中的憤慨，但也無濟於事。「人生得一知己足矣」，知己難尋，在物欲橫流，崇尚功利的社會中，真正的朋友更為難得，但只要用真心對待別人，還是可以找到志同道合的知己。親情固然可貴，但有時候親情也會被利益所出賣。明清兩代，隨著商品經濟的發展，金錢關係也滲透到家庭內部，出現了為爭奪財產父子反目、兄弟相殘的事情。明末清初的小說《醒世姻緣傳》寫到素姐見公公娶妾，怕生了兒子分去家產，在家吵鬧不休，甚至和丈夫狄希陳商量，要將公公閹割。如此荒唐的事情，據沈瓚《近事叢殘》載，在現實中確實發生過。

七·一一二　生平願無恙者四：一曰青山，一曰故人，一曰藏書，一曰名草。

【語　譯】生平願這四樣不出毛病：青山、老朋友、藏書、珍貴的名草。

【研　析】青山可供遊覽，朋友可以談心，讀書可以增長知識，名草可供欣賞，故四者尤為文人重視。然此舉其大概而言，文人愛好不僅於此。

七·一二二　聞暖語如挾纊❶，聞冷語如飲冰，聞重語如負山，聞危語如壓卵❷，聞溫語如佩玉，聞益語如贈金。

【注　釋】❶挾纊　披著綿衣，比喻受人撫慰而感到溫暖。❷壓卵　謂以山壓卵，形容形勢十分危急。

【語　譯】聽到熱情的話如披著綿衣那樣溫暖，聽到冷峻的話如飲冰水那樣鎮靜，聽到莊嚴的話如背負大山那樣沉重，聽到緊迫的話如泰山壓卵那樣危急，聽到和藹的話如佩玉那樣溫潤，聽到有益的話如得到贈金那樣獲利。

【研　析】此條言語言的感染力。語言能激發人的想像力，使人產生具體而真實的感覺。語言本身又由不同的音高和語速組成，可以形成不同的語感，直接影響到人的情緒。

七·一二三　旦起理花，午窗剪葉，或截草作字。夜臥懺罪，令一日風流瀟散之過，不致墮落。

【語　譯】早晨起來整理花，中午在窗下修剪樹葉，或截草拼成一個個字。夜晚睡覺時懺悔自己的罪過，使一天瀟灑不拘禮數的過失，不至於墮落下去。

【研　析】理花剪葉，截草作字，都屬風花雪月的風流事，然而迷戀於此，就會玩物喪志，荒廢學業，甚至令人墮落。明末清初，有一些文人，既自命風流，追求自在瀟灑的生活，又信奉道學，不逾越禮教，被稱為「風流道學」。李漁即是其中的代表。他寫的小說、戲曲，主人公大多為風流才子，他們觀花賞月，飲酒狎妓，但行為並不出格，他們即使追求愛情和婚姻的自由，最終也得到家長和社會的認可，並不違背封建禮教。這些風流才子，個個博學多才，最後金榜題名，出人頭地。瀟灑而不放蕩，是這些文人理想的生活方式。

七·一一四 快欲之事，無如饑餐；適情之時，莫過甘寢。求多於情欲，即侈汰亦茫然也。

【語譯】滿足欲望的事情，沒有一件事比得上餓的時候吃飯；順應性情的時候，沒有哪一刻比得上熟睡的時刻。過多地追求情欲的滿足，即使過分奢侈也茫然不覺。

【研析】此條也見於《小窗自紀》。既肯定情欲的正當合理，又要將情欲限制在合理的範圍內，是中國古代文人的共識。

七·一一五 客來花外茗煙低，共銷白晝；酒到梁間歌雪❶繞，不負清尊。雲隨羽客❷，在瓊臺❸雙闕❹之間；鶴唳芝田❺，正桐陰靈虛❻之上。

【注　釋】❶歌雪　指高雅的樂曲。❷羽客　指神仙、方士。❸瓊臺　玉飾的樓臺，通常用於形容神仙的居處。❹雙闕　指兩扇門。❺芝田　傳說中仙人種植靈芝的地方，也借指仙人居住之地。❻桐陰靈虛　泛指仙境。桐陰，鳳凰棲息之地。靈虛，太空；天空極高處。

【語　譯】客人來了，在花叢外低處點火煮茶，一起消磨白晝；酒喝夠了，高歌高雅的樂曲，在梁間繚繞，也不辜負面前的酒杯。雲隨神仙飄浮，就在瓊臺的大門之間；鶴在芝田鳴叫，正在凌霄的桐陰之上。

【研　析】前四句也見於《小窗自紀》，寫文人品茗清談、飲酒高歌的悠閒瀟灑生活。後四句用神仙出入於瓊臺、仙鶴鳴叫於芝田，比喻高舉遁世，脫離塵俗的生活志趣。

卷八　奇

八·一　我輩寂處窗下，視一切人世，俱若蠛蠓❶嬰愧❷，不堪寓目，而有一奇文怪說，目數行下，便狂呼叫絕，令人喜，令人怒，更令人悲。低迴❸數過，床頭短劍亦嗚嗚作龍虎吟，便覺人世一切不平，俱付煙水。集奇第八。

【注　釋】❶蠛蠓　一種比蚊子小的昆蟲，能吸人畜血，傳染疾病。❷嬰愧　為「癭塊」之誤。癭塊，頸部的腫瘤。❸低迴　徘徊；流連。

【語　譯】我們這些人寂寞地坐在窗下，看一切人世間的事物，都好像小蟲子和腫瘤，不值得一看。可是有一篇奇談怪論的文章，一目數行地讀過，就狂呼叫絕，令人欣喜，令人憤怒，更令人悲哀。徘徊數次，床頭的短劍亦嗚嗚地發出龍吟虎嘯的聲音，於是覺得人世間一切的不平，都隨著煙霧迷濛的流水逝去。集奇第八。

【研析】奇人有獨特的胸襟和卓越的才能，因此視世間凡俗猶如蟣蠓瘻塊。奇文有深刻的思想和激越的感情，奇人讀奇文，借他人酒杯澆自己塊壘，能得到感情的宣洩，消除胸中積鬱的憤懣不平之氣。李贄〈雜說〉中一段話，可以作為這段話的注解：「且夫世之真能文者，比其初皆非有意于為文也。其胸中有如許無狀可怪之事，其喉間有如許欲吐而不敢吐之物，其口頭又時時有許多欲語而莫可所以告語之處，蓄極積久，勢不能遏。一旦見景生情，觸目興嘆；奪他人之酒杯，澆自己之壘塊；訴心中之不平，感數奇于千載。既已噴玉唾珠，昭回雲漢，為章于天矣，遂亦自負，發狂大叫，流涕慟哭，不能自止。寧使見者聞者切齒咬牙，欲殺欲割，而終不能忍藏于名山，投之水火。余覽斯記，想見其為人，當其時必有大不得意于君臣朋友之間者，故借夫婦離合因緣以發其端。于是焉喜佳人之難得，羨張生之奇遇，比雲雨之翻覆，嘆今人之如土。其尤可笑者：小小風流一事耳，至比之張旭、張顛、羲之、獻之而又過之。堯夫云：『唐、虞揖讓三杯酒，湯武征誅一局棋。』夫征誅揖讓何等也，而以一杯一局覷之，至渺小矣！」

八·二　呂聖公之不問朝士名❶，張師亮之不發竊器奴❷，韓稚圭之不易持燭兵❸，不獨雅量過人，正是用世高手。

【注釋】❶呂聖公句　北宋名臣呂蒙正，字聖公。太平興國二年進士第一，官至中書侍郎、平章事。《宋史・呂蒙正傳》載：「蒙正初入朝堂，有朝士指之曰：『此子亦參政耶？』蒙正陽為不聞而過之。同列不能平，詰其姓名，蒙正遽止之曰：『若一知其姓名，則終身不能忘，不若毋知之為愈也。』時皆服其量。」朝士，朝廷之士，泛指中央政府的官員。❷張師亮句　張齊賢，字師亮，北宋人，官至兵部尚書，同中書門下平章事。《東軒筆記》載：張齊賢一日家宴，有一奴僕竊銀器藏於懷，張自簾下熟視不語。後文定三為宰相，門下廝役奴僕皆封賞得官，唯竊銀器者未得重用。該奴僕扣問其故，張齊賢曰：「我欲不言，爾憶江南日盜吾銀器數事乎？我懷之三十年不以告人。吾備位宰相，進退百官，安敢以盜賊辱薦。」❸韓稚圭句　韓琦，字稚圭，北宋名臣，曾為相十年，封魏公。陶宗儀《說郛》引《厚德錄》：「韓魏公帥定武時，夜作書，令一侍兵持燭於旁，兵他顧，燭燃公鬚，而作書如故。少頃回視，則已易其人矣。公恐主吏鞭卒，急呼曰：『勿易之，渠方解持燭。』軍府為之感服。」

【語　譯】呂聖公不問指責他的朝士的姓名，張師亮不揭發偷銀器的奴僕，韓稚圭不變更在旁捧燭的士兵，他們不僅有過人的宏大氣度，而且正是善於掌控人情世故的高手。

【研　析】此條列舉三個歷史名人的典故，說明人要有雅量。俗話說「宰相肚裡能撐船」，欲成大事者，必定要有寬闊的胸懷，宏大的氣量。要善於團結與自己意見不同，甚至反對自己的人；要允許別人犯錯誤，給人以改正錯誤的機會。一個人的知識和能力都是有局限的，善於接納不同的意見，才能集思廣益，把事情做好。即使別人的意見不一定正確，也當「有則改之，無則嘉勉」。一個人不可能不犯錯誤，倘若別人一犯錯誤，就將他一棍子打死，其結果只能使自己孤立，「水至清則無魚，人至察則無徒」，說的就是這個道理。只有容許別人犯錯誤，容許別人改正錯誤，才能團結更多的人。

八・三 花看水影，竹看月影，美人看簾影。

【語譯】看花要看水中的倒影，看竹要看月下的陰影，看美人要看簾後的身影。

【研析】此條也見於吳從先《小窗自紀》，言朦朧之美。水中花影、月下竹影、美人簾內身影，似隱似現，含蓄蘊藉，更增添了幾番風致，令人回味無窮。

八・四 佞佛❶若可懺罪，則刑官❷無權；尋仙可以延年，則上帝無主。達士❸盡其在我，至誠❹貴於自然。

【注釋】❶佞佛　沉溺於佛教；迷信佛教。❷刑官　執掌刑罰的官員。❸達士　見識高超的人。❹至誠　古代儒家指道德修養的最高境界。

【語譯】如果迷信佛教可以懺悔罪過，那麼執掌刑罰的官員就沒有權了；如果尋仙問道可以延長壽命，那麼上帝就沒有主宰一切的權威了。見識高超的人只是盡自己的能力去做，道德修養最高的境界就是順應自然。

【研析】此條也見於《小窗自紀》。宗教是種信仰，是通過道德的修煉和自我完善達到的人生境界。可是世間俗人常把宗教當做換取實際利益的手段，認為拜佛求菩薩保佑，就能化解一切的罪惡；修煉道教的養生之術，就可以延年益壽。於是一些貪汙的官員求菩薩保佑他官運亨通；不法商人求菩薩保佑他財源滾滾；邪惡之人求菩薩保佑他免受牢獄之災……。也有許多人享盡榮華富貴，但感到人生苦短，就去尋求各種保健養生之術，各種騙人的名醫術士就應時而生。這些人的宗教信仰，不是向善，而是作惡，以為拜了菩薩就等於買了保險，一切惡行都不會受到懲罰了。真正的求福免災，在於自身的道德修養，而不是盲目的宗教信仰。

八·五　以貨財害子孫，不必操戈入室❶；以學校殺後世，有如按劍伏兵❷。君子不傲人以不如，不疑人以不肖❸。

【注釋】❶操戈入室　此處是「同室操戈」的意思，即指兄弟相殘或內部紛爭。❷按劍伏兵　比喻形勢危急。❸不肖　不成材；不正派。

【語譯】用財產禍害子孫，不需要骨肉相殘；用學校殺害後人，猶如按劍伏兵形勢危急。君子不因為別人不如自己而看不起他，也不因為別人行為不端而懷疑他。

【研析】南宋崔與之自警名言說：「無以財貨殺子孫，無以政事殺民，無以學術殺天下後世。」《小窗自紀》改此語為：「以財貨害子孫，不必操戈入室；以學術殺後世，有如按地伏兵。」其意與此條相近。俗話說：「富家多敗兒。」富家子弟繼承了父輩的財產，過著錦衣玉食的生活，逐漸喪失了為生活而奮鬥的精神和技能，往往成為一事無成的敗家子。巴金在《愛爾克的燈光》

中寫道：「財富並不能長宜子孫，倘使不給他們一個生活技能。」「財富只能毀滅崇高的理想和善良的氣質，要是他只消耗在個人的享樂上面。」學校是培養人才的地方，如果學校不能把學生培養成有道德有理想有知識的人才，那就是對下一代的摧殘，也可以說是殺人於無形。因為一個對社會毫無用處的人，就失去了生命的意義和價值。

八・六

讀諸葛武侯❶〈出師表〉而不墮淚者，其人必不忠；讀韓退之❷〈祭十二郎文〉而不墮淚者，其人必不友❸。

【注釋】❶諸葛武侯　指諸葛亮，因曾被封為武鄉侯，故稱其為「武侯」。❷韓退之　韓愈，字退之，唐代著名文學家。❸不友　謂兄弟不相敬愛，此處指不講情分。

【語譯】讀諸葛武侯的〈出師表〉而不落淚的人，他必定是個不忠的人；讀韓退之〈祭十二郎文〉而不落淚的人，他必定是個不講情分的人。

【研析】南宋趙與時《賓退錄》說：「讀諸葛孔明〈出師表〉而不墮淚者，其人必不忠；讀李令伯〈陳情表〉而不墮淚者，其人必不孝；讀韓退之〈祭十二郎文〉而不墮淚者，其人必不友。」〈出師表〉和〈祭十二郎文〉都是散文名篇。〈出師表〉是諸葛亮在北伐中原前寫給蜀後主劉禪的表文，分為〈前出師表〉和〈後出師表〉。在〈出師表〉中，諸葛亮回憶了先帝劉備對自己的知遇之恩，陳述了自己對先帝的感激之情和興復漢室的決心，表示漢賊不兩立，立誓北伐到底，「鞠躬盡瘁，死而後已」。文章鮮明地表達了「忠君報國」的思想感情，激勵著後世千千萬萬個仁人志士。陸游〈書憤〉云：「〈出師〉一表真名世，千載誰堪伯仲間。」文天祥〈正氣歌〉云：「或為〈出師表〉，鬼神泣壯烈。」〈祭十二郎文〉是韓愈悼念其侄韓老成（十二郎）的祭文。韓愈自幼喪父，靠兄嫂撫養成人，與侄兒十二郎朝夕相處，感情特別深厚。韓愈的文章通過回憶往昔的生活瑣事和兩人的交往，反覆抒寫對十二郎亡故的哀痛之情。文章寫得哀婉動人，是「祭文中千年絕調」（明代茅坤語）。《古文觀止》評論此文說：「情之至者，自然流為至文。讀此等文，須想其一面哭，一面寫，字字是血，字字是淚。未嘗有意為文，而文無不工。」

八·七　**世味❶非不濃豔，可以淡然處之。獨天下之偉人與奇物，幸一見之，自不覺魄動心驚❷。**

【注釋】❶世味　人世滋味；社會人情。❷魄動心驚　即「驚心動魄」。指內心非常激動或緊張。

【語譯】人世的滋味並非不濃豔，但可以淡泊地身處其中。只有天下的偉大人物和珍奇事物，如果有幸一見，就會不自覺地感到十分激動。

【研析】此條所言，與「引言」所說視一切人世，具蠛蠓癭塊，讀奇文奇事，則狂呼叫絕的意思相同。

八·八

道上紅塵，江中白浪❶，饒❷他南面百城❸；花間明月，松下涼風，輸我北窗一枕❹。

【注　釋】❶道上紅塵二句　比喻世間俗事煩擾，人情兇險。❷饒　任憑；儘管。❸南面百城　極言地位之尊貴。南面，古代尊者見下屬皆坐北朝南，故以南面表示地位之尊。百城，指管轄百城，表示地域之廣。❹北窗一枕　比喻高臥林泉，自在逍遙。語出陶淵明〈與子儼等疏〉：「常言五六月中，北窗下臥，遇涼風暫至，自謂是羲皇上人。」

【語　譯】道路上紅塵滾滾，大江中白浪滔天，任憑他統治百城地位尊貴；花間明月照耀，松下涼風颼颼，比不上我北窗下安然一覺逍遙自在。

【研　析】此條出自屠隆《婆羅館清言》，言不受紅塵汙染，過著悠閒自在的生活。紅塵比喻人世惡俗，白浪比喻人情險惡，湯顯祖《邯鄲記》說：「黃河之水能覆舟，若比人心是安流。」地位再尊貴的人，也擺脫不了人世的惡俗和人情的險惡，還是遠離塵世更逍遙自在。觀花賞月，松下乘涼，固然悠閒，但還依賴於外界的物質條件，而高臥北窗，一無所依，任憑思想自由馳騁，更加無拘無束。

八·九

立言❶亦何容易，必有包天、包地、包千古、包來今之識；必有驚天、驚地、驚千古、驚來今之才；必有破天、破地、破千古、破來今❷之膽。

【注　釋】❶立言　著書立說。❷來今　當今。

【語　譯】立言談何容易，一定要有包容天地古今的見識；一定要有驚動天地古今的才學；一定要有打破天地古今成說的膽量。

【研　析】《左傳》說：「太上有立德，其次有立功，其次有立言，雖久不廢，此之謂不朽。」儒家把立德、立功、立言作為人生的最高理想。立言即著書立說，可以流傳後世。此條提出立言的三項基本條件：識、才、膽。識即見識，要在常人不留意處發現深刻的意義。才即文采，如果文章沒有文采，就不能流傳久遠。膽即膽識，要敢於破除陳說，提出自己的新見解。要寫成一篇有價值的文章，三者不可或缺。

八・一〇　聖賢為骨，英雄為膽，日月為目，霹靂為舌。

【語　譯】以聖賢為骨骼，英雄為膽，日月為眼睛，霹靂為舌頭。

【研　析】此條說為人要有聖賢的志節和理想，有英雄的膽識，有日月般明亮的眼光，有霹靂般語言的力量。

八·一一 瀑布天落，其噴也珠，其瀉也練❶，其響也琴。

【注釋】❶練　白絹。

【語譯】瀑布從天而降，噴濺的水滴如珍珠，傾瀉而下如一匹白絹，發出的聲響如琴音。

【研析】此條寫瀑布飛流直下的形態、氣勢和聲響。古代寫瀑布的詩眾多，如李白〈望廬山瀑布水二首〉「飛流直下三千尺，疑是銀河落九天」，「飛珠散輕霞，流沫沸穹石」，唐徐凝〈廬山瀑布〉「今古長如白練飛，一條界破青天色」，與「瀑布天落，其噴也珠，其瀉也練」相合，惟寫瀑布聲響，古人多以奔雷擂鼓形容之，未見以琴聲比喻者。

八·一二 平易近人，會見神仙濟度❶；瞞心昧己❷，便有邪祟出來。

【注釋】❶濟度　佛教語，指救濟眾生，超度苦海。❷瞞心昧己　違背自己的良心幹壞事。

【語譯】平易近人，就會見到神仙來超度自己；昧著良心做壞事，就有妖魔鬼怪出來纏住自己。

【研析】魔由心生，佛經說：「心生，種種魔生；心滅，種種魔滅。」如果心中沒有邪念，自然清明曠達。

八·一三 佳人飛去還奔月，騷客狂來欲上天。

【語譯】佳人飛離人間奔向月亮，詩人發狂時就要上天。

【研析】嫦娥奔月，是一個美麗的傳說，然而李商隱〈嫦娥〉詩卻說：「嫦娥應悔偷靈藥，碧海青天夜夜心。」嫦娥獨自在廣寒宮中，日復一日地受著孤獨寂寞的煎熬。屈原在〈離騷〉中上天入地，追求著自己的理想，詩中說：「路漫漫其修遠兮，吾將上下而求索。」「亦余心之所善兮，雖九死其猶未悔。」屈原對理想的執著追求，成為後世文人的楷模。

八·一四 涯如沙聚，響若潮吞。

【語譯】海岸好像是沙子堆積而成，聲音如潮水吞吐。

【研析】俗話說「聚沙成塔」，一切成就都是通過不斷的努力而獲得的。古詩云：「莫道學涯如海深，莫嘆學子如沙沉。千淘萬漉雖辛苦，吹盡黃沙始見金。」也是說的這個道理。潮水吞吐，彙聚起來就發出巨大的聲響，也是「於無聲處聽驚雷」的意思。

八・一五

詩書乃聖賢之供案❶，妻妾乃屋漏❷之史官。

【注　釋】❶供案　疑為「供奉」之誤。供奉，古代官名，其職責為以一技之長為皇帝服務。❷屋漏　房屋深暗隱祕處，後泛指幽暗隱蔽的地方。

【語　譯】詩書是聖賢的供奉，妻妾是幽祕處的史官。

【研　析】以詩書為供奉，妻妾為史官，比喻奇特。聖賢以學道為本，視詩書為餘技，雖可怡養心性，但非當務之急。人們在社會交往中，心存戒備，會戴上各種假面具來保護自己，只有在家中，才會露出真實的面目。因此，妻妾親人是真正瞭解自己的人。

八・一六

強項❶者未必為窮之路，屈膝❷者未必為通之媒。故銅頭鐵面❸，君子落得做個君子；奴顏卑膝，小人枉自做了小人。

【注　釋】❶強項　剛正不阿。❷屈膝　即卑躬屈膝，諂媚奉承。❸銅頭鐵面　此處指剛正無私。

【語　譯】剛正不阿未必是通向窮困的道路，諂媚奉承未必是官運亨通的手段。所以剛正無私，君子落得做個君子；奴顏卑膝，小人白白地做了小人。

【研　析】在中國歷史上，剛正不阿的君子往往遭遇不幸，而諂媚奉承的小人卻能官運亨通。若遇到開明的君主，也許不是如此，但這樣的情況是很少有的。

八・一七　有仙骨❶者，月亦能飛；無真氣❷者，形終如槁。

【注釋】❶仙骨　道家語，謂成仙的資質。❷真氣　即人的元氣。

【語譯】有仙骨的人，借助月光也能飛升；沒有真氣的人，形體最終如乾枯的木頭。

【研析】《莊子》說列子御風而行，傳說中的神仙皆能騰雲駕霧，淩風飛翔。《唐逸事》載：唐明皇在中秋欲遊月宮，方士葉法善將手杖化為銀橋，明皇遂登橋入月宮。「有仙骨者，月亦能飛」，也為傳說中事。真氣即人的元氣，是生命的基本要素，人體活動的原動力。人無真氣，就形如槁木，失去了生命的活力。此條尚可從另一層面理解，有仙骨者指具有堅貞的節操，有節操的人能高舉遁世，不受塵俗的汙染。真氣指高尚的情操，一個人若沒有高尚的情操，就如行屍走肉，沒有精神的追求和生活的激情。

八・一八　一世窮根，種在一捻❶傲骨；千古笑端❷，伏於幾個殘牙。

【注釋】❶一捻　一把。❷笑端　笑柄；笑料。

【語譯】一世的窮根，根源在有一把傲骨；千年的笑柄，埋伏在幾個殘缺的牙齒中。

【研　析】有傲骨的人，「威武不能屈，貧賤不能移」，不為名利屈從權貴，不因貧賤貪求非分之財。「殘牙」代表老年人，唐施肩吾〈誚山中叟〉詩云：「老人今年八十幾，口中零落殘牙齒。」老年人閱歷豐富，知識淵博，因此能縱談古今，評判歷史，將歷代興亡盡看作笑談。

八·一九　**石怪常疑虎❶，雲閒卻類僧。**

【注　釋】❶石怪常疑虎　《史記·李將軍列傳》載：李廣出獵，見草中石，以為是虎，引弓射之，箭鏃沒入石中。

【語　譯】石頭形狀怪異常被誤認為老虎，白雲悠閒倒像僧人。

【研　析】僧人不問世事，以誦經禮佛為業，身閒心閒，猶如白雲般悠閒。僧人雲遊四方，行蹤不定，也似白雲隨風飄蕩。

八·二〇　**大豪傑，捨己為人；小丈夫，因人利己。**

【語　譯】大豪傑能捨己為人；小丈夫損人利己。

【研　析】大豪傑以救濟蒼生為己任，為實現理想不惜捨生取義。小人貪圖蠅頭小利，處處為自己打算。於一「利」字，便能分辨豪傑、小人。

八・二一 一段世情，全憑冷眼覷破；幾番幽趣，半從熱腸換來。

【語譯】一段人情世故，全靠冷眼看破；幾番幽雅的趣味，一半是熱心腸換來的。

【研析】只有冷眼看世界，才能識破人情世故，若沉湎於世俗利益，就不能客觀地認識事物，便會昏聵不明。只有保持生命的熱情，才能具有生活的情趣，若心如死灰，形如槁木，便了無生趣。一冷一熱，是人生的至高境界。

八・二二 識盡世間好人，讀盡世間好書，看盡世間好山水。

【語譯】認識盡世上的好人，讀盡世上的好書，看盡世上的好山水。

【研析】此為人生三大樂事，然而世上好人豈能識盡，世上好書豈能讀盡，世上好山水豈能看盡，所以人生總有遺憾缺陷。

八・二三 舌頭無骨，得言句之總持❶；眼裡有筋❷，具遊戲之三昧❸。

【注釋】❶總持　總管。❷眼裡有筋　意為有主見。筋，筋脈。❸具遊戲之三昧　指認識人生的真諦和奧祕。

【語　譯】舌頭沒有骨頭，卻是言語的總管；眼裡有筋，能看破人生的奧祕。

【研　析】此二句出自《林泉老人評唱投子青和尚頌古空谷集》，此書為闡述禪宗佛理的書籍。舌頭雖無骨，說出的話卻能殺人於無形。心中有主見，具有獨立思考的能力，才能不為謊言和假象所蒙蔽，對事物的本質有正確的認識。

八·二四　群居閉口，獨坐防心。

【語　譯】與大家在一起時閉上嘴不要隨便說話，一個人獨處時要提防心中產生不良的念頭。

【研　析】禍從口出，因此在大庭廣眾之下要慎言。獨處容易想入非非，因此要更加檢點自己的思想，這就是古人提倡的「慎獨」。

八·二五　當場❶傀儡❷，還我為之；大地❸眾生，任渠笑罵。

【注　釋】❶當場　指在場上演出。❷傀儡　木偶。❸大地　普天之下。

【語　譯】場上演出的傀儡，還是由我操縱；天下的世人，任他笑罵。

【研　析】此條表達了強烈的主體意識，一切事情皆由自己主宰，不屈從他人的意志；天下世人，任我笑罵批評，不迷信聖賢經傳。個體意識的覺醒始於魏晉，後在封建禮教的打壓下，個性自由遭到扼殺。至晚明，個體意識呈現復甦的局面。魏晉時期，嵇康、阮籍等任性而行，嵇康敢於「非湯武而薄周孔」，阮籍的〈大人先生傳〉塑造了一個越名教而任自然，巍然獨存，超世絕群的大人形象，對封建禮法所造成的不合理現象，作了深刻的嘲諷和批評。晚明的李贄則提出不以孔子之是非為是非，嘲諷那些宣揚封建禮教的道學家是「矮子觀場」，自己看不到舞臺上的演出，只是跟著別人瞎起鬨。他主張衝破禮教的束縛，順應自己的個性去做事情。人的個性應該受到尊重，個人的思想和言行應該有充分的自由，但人又處於複雜的社會關係中，人的個性不能與社會規範相衝突，言行的自由不能以傷害他人為代價。扼殺個性自由和宣揚絕對的個性自由都是錯誤的。

八・二六

三徙成名❶，笑范蠡碌碌浮生，縱扁舟忘卻五湖❷風月；一朝解綬❸，羨淵明飄飄遺世，命巾車❹歸來滿室琴書。

【注釋】❶三徙成名　史傳春秋時越國大夫范蠡，輔佐越王句踐滅吳復國，功成身退，攜西施泛舟五湖。後遷居齊國，改名鴟夷子皮。又遷至陶，經商致富，號陶朱公。范蠡三次遷徙，治國經商皆獲成功，所以說「三徙成名」。❷五湖　即今之太湖。❸解綬　辭官。綬，絲帶，古代用以佩官印。解綬，即解下絲帶，交出官印。❹命巾車　令人駕巾車。巾車，有帷幕的車子。陶淵明〈歸去來兮辭〉：「或命巾車，或棹孤舟。」

【語譯】范蠡遷徙三次出了名，笑他忙忙碌碌地奔波一生，駕著扁舟卻忘記了五湖的風光；一朝辭官，羨慕陶淵明能飄然忘世，令人駕著巾車歸來，滿室都是琴和書。

【研　析】范蠡忙碌一生，雖然泛舟五湖，卻無心情欣賞風月。陶淵明棄官歸來，與琴書為伴，多麼瀟灑悠閒。此條通過范蠡和陶淵明不同生活道路的比較，讚揚了不計較名利，追求悠閒自得的生活方式。

八・二七　人生不得行胸懷，雖壽百歲猶夭也。

【語　譯】人生一世不能實現自己的抱負，雖然長壽百歲猶如夭折一般。

【研　析】此條出自沈約《宋書》載蕭惠開語：「人生不得行胸懷，雖壽百歲猶為夭也。」人生的意義不在於生命的長短，而在於生命的質量，如果能夠有益於社會和人民，生命再短暫也是有價值的，如果碌碌無為虛度一生，活得再長久也毫無價值。俗話說：「有志不在年高，無志空活百歲。」也是這個意思。

八・二八　棋能避世，睡能忘世。棋類耦耕❶之沮溺❷，去一不可；睡同御風之列子❸，獨往獨來。

【注　釋】❶耦耕　兩人並耕。❷沮溺　春秋時的兩個隱士。❸御風之列子　列子，列禦寇，戰國時人，今《列子》一書，假託其名而傳。《莊子》稱「列子御風而行。」

【語　譯】下棋能逃避塵世，睡覺能忘卻世事。下棋就像長沮、桀溺耦耕，缺一不可；睡覺就如御風而行的列子，獨來獨往。

【研　析】下棋的人在棋盤上殺得天昏地暗，卻忘卻了世間的是非得失。故傳說中仙人一局棋未了，人間已數代更迭。一入黑甜鄉，世事全忘卻，人在熟睡中，一切喜怒哀樂、勝負得失都不存在。

八・二九　以一石一樹與人者，非佳子弟。

【語　譯】把家產中一塊石頭一棵樹木給別人，就不是好後代。

【研　析】明代後期，商品經濟發展，社會財富面臨再分配的問題，一些新興商人迅速崛起，而一些富家舊族逐漸沒落，於是如何守住家業就成為許多人關注的問題。此條就是告誡子弟不能隨意敗壞家業。可是不能以一石一木給人，那就成了守財奴，並不是保持家業的正確方法。

八・三〇　一勺水，便具四海水味，世法❶不必盡嘗；千江月，總是一輪月光，心珠❷宜當獨朗。

【注　釋】❶世法　佛教把世間一切生滅無常的事物都叫作世法。❷心珠　比喻人心性純潔如珠。

【語　譯】一勺水，就具備了四海的所有水味，世上的事情不必全去親身體驗；千條江中的月影，都是天上的一輪月亮，人的心性應當獨自明朗。

【研　析】此條也見於《菜根譚》。這段文字講的是「一」與「多」、「個別」與「一般」的辯證關係。一勺水是「少」，四海是「多」，但四海是由一勺水彙聚而成，而一勺水則具有四海的最基本特徵。佛教提出一粒沙包含宇宙，事物的具象反映出整體的一般。老莊哲學提出無生一、一生二、二生三……，事物都是由少發展到多，由小發展到大的。古人認為天下水脈相通，一勺水與四海只是量的差異，並無質的區別。《紅樓夢》寫到賈府演戲，演的是《荊釵記》。戲中說王十朋誤信妻子投江而死，就跑到江邊去祭奠妻子。黛玉就說：這王十朋也不通得很，在家舀一碗水祭奠一下就可以了，何必大老遠地跑到江邊去。黛玉所言，也是一勺水具四海水味的道理。天上的月亮只有一個，但倒影在江湖河川中，便有千百萬個月亮。宋代著名的理學家朱熹曾用「月印萬川」來比喻「理一分殊」的道理，認為天下只有一個「理」，但這「理」體現於世間萬事萬物之中，就像萬條河流都有月亮的倒影，但天上的月亮只有一個。人們應該通過具體的事物去尋求「理」，這就是「格物致知」的道理。

八・三一　面上掃開十層甲❶，眉目才無可憎；胸中滌去數斗塵❷，語言方覺有味。

【注釋】❶甲　偽裝；假面具。❷塵　指世俗的種種雜念、欲望。

【語譯】臉上掃去十層假面具，眉目才不會讓人感到憎惡；胸中清除掉數斗紅塵，才覺得語言有味道。

【研析】此條也見於《菜根譚》。黃庭堅說：「人不讀書，則塵俗生其間，照鏡則面目可憎，對人則語言無味。」人們生活在複雜的社會環境中，自然天性被各種痴念惡業所汙染，如果不依照聖賢的教誨去學習修養，就會離天性越來越遠。人們為了滿足自己的私欲，用不同的假面具偽裝自己，變得面目可憎。只有拋棄私欲，脫下假面具，露出純真的本性，才是真正可愛的。十層甲也可指外界五欲六塵的誘惑，貪嗔之念蒙蔽了心性，使真性無法顯露。胸中塵埃，也指種種貪痴惡業，如果利欲薰心，張口不是升官就是發財，自然令人討厭。只有去除胸中塵垢，保持心性清朗，說話才會有趣味。

八・三二　愁非一種，春愁則天愁地愁；怨有千般，閨怨則人怨鬼怨。天懶雲沉，雨昏花蹙，法界❶豈少愁雲；石頹山瘦，水枯木落，大地覺多窘況。

【注釋】❶法界 佛教語，指各種事物的現象及其本質。此處指整個世界。

【語譯】愁不止一種，春天的愁悶是天也愁地也愁；怨有千樣，閨中婦女的怨恨是人也怨鬼也怨。天空陰沉雲層很低，陰雨時天色昏暗，花也皺起了眉頭，這個世界難道還少憂愁；石頭坍塌山峰變瘦，水流乾枯樹葉飄落，覺得大地上有很多窘迫的景況。

【研析】傷春悲秋，是中國文人的傳統。春天繁華如錦，風光宜人，但花無百日紅，春光來去匆匆，令人感到歲月易逝，好景不常，於是發出「流光容易把人拋」的哀歎。遠離家鄉的遊子，面對大好春光，更容易產生孤獨寂寞的情緒，把春愁與傷別聯繫在一起。於是有了石曼卿的〈燕歸梁〉：「芳草年年惹恨幽，想前事悠悠。傷春傷別幾時休。」柳永的〈鳳棲梧〉：「佇倚危樓風細細。望極春愁，黯黯生無際。草色煙光殘照裡，無言誰會憑欄意。」春天也是人們感情騷動的季節，尤其是被鎖閉在深院大宅之中的女子，更感到寂寞難耐，劉禹錫〈春詞〉云：「新妝宜面下朱樓，深鎖春光一院愁。行到中庭數花朵，蜻蜓飛上玉搔頭。」閨怨也是中國古代詩詞中常見的題材。中國的古代婦女，被封建禮教所束縛，失去了思想和行動的自由。她們具有正常的情欲，卻沒有追求情欲滿足的權利，由此產生的怨恨具有很強的力度。最有名的閨怨詩是王昌齡的〈閨怨〉：「閨中少婦不知愁，春日凝妝上翠樓。忽見陌頭楊柳色，悔教夫婿覓封侯。」

八・三三 筍含禪味，喜坡仙玉版之參❶；石結清盟，受米顛袍笏之辱❷。

【注　釋】❶筍含禪味二句　宋惠洪《冷齋夜話》載：蘇軾邀劉器之同參玉版和尚，至廉泉寺，燒筍而食。器之覺味美，問此筍何名，蘇軾答道：「即玉版也。此老師善說法，更令人得禪悅之味。」器之方悟所謂參見玉版和尚，乃是蘇軾之玩笑。後來就以玉版為筍的別名。❷石結清盟二句　《宋史・米芾傳》載：北宋書畫家米芾行為癲狂，人稱「米顛」。一日見巨石，形狀怪異，曰：「此足以當吾拜。」遂具錦袍象笏拜之，呼之為兄。

【語　譯】筍含有禪味，高興地見到坡仙參見玉版；石頭與清雅結盟，卻受到米顛穿袍執笏而拜的羞辱。

【研　析】蘇軾為人詼諧，他約朋友去寺院燒筍而食，卻說去拜訪玉版和尚。蘇軾有詩，題曰：「器之好談禪，不喜遊山。山中筍出，戲語器之，可同參玉版（竹筍）長老。作此詩。」詩云：「叢林真百丈，法嗣有橫枝（竹筍）。不怕石頭滑，來參玉版師。聊憑柏樹子，與問籜龍兒。瓦礫猶能說，此君那不知。」佛教認為萬物皆有佛性，竹筍自然也含禪味。奇石本供文人清玩，是孤高清介的象徵，米芾卻身穿錦袍，手執象笏，以官員的身份去參拜奇石，石頭自然感到羞辱。

八・三四　**文如臨畫，曾至誚於昔人；詩類書抄，竟沿流於今日。**

【語　譯】寫文章模擬他人好像臨畫，曾招致古人的譏笑；寫詩就像抄書，竟然流傳到今日。

【研　析】明代中葉，以李夢陽、何景明、李攀龍、王世貞為代表的前後七子，掀起一場文學復古運動，主張「文必秦漢，詩必盛唐」。他們寫文章學習古人筆法，遣詞造句也儘量模仿古人，甚至官名、地名也用古代的名稱。李夢陽還提出，仿效古人，要像臨帖一樣不能失真。前後七子的主張，在當時受到以王慎中、唐順之為代表的唐宋派、以袁宏道為代表的公安派，以及徐渭、湯顯祖等人的批評。袁宏道批評前後七子復古是「一唱億和，優人騶從」，他說：「夫古有古之時，今有今之時，襲古人語言之跡，而冒以為古，是處嚴冬而襲夏之葛也。」中國古代詩歌可分為學人之詩和詩人之詩兩類，學人之詩強調寫詩要有深厚的學養基礎，而詩人之詩重在抒寫性靈。學人之詩如宋代的西崑體，主張語義深奧，詞章豔麗，用典精巧，對偶工整。又如清代翁方綱的「肌理說」，把儒家的經籍和學問看作詩歌的根本。他們以理為詩、以文為詩，在詩中引用大量的典故和前人的佳詞妙句，因此類同抄書。中國古代詩歌的學問化，從魏晉開始，一直傳襲至清代，歷久不衰。

八·三五 緗綈❶遮滿而改頭換面，茲律既湮；縹帙❷動盈而活剝生吞，斯風亦墜。先讀經，後可讀史；非作文，未可作詩。

【注釋】❶緗綈　淡黃色的書套。緗，淡黃色。綈，軟厚平滑的絲織品。❷縹帙　淡青色的書套。縹，淡青色。帙，書套；書函。

【語譯】寫的詩文逐漸裝滿書箱，但都是模擬他人改頭換面的作品，寫文章的規矩已經湮滅了；寫的詩文很快塞滿了書箱，但都是生吞活剝抄襲書本的作品，這樣的風氣也是墮落了。先要讀經，然後可以讀史。不寫文章，就不能作詩。

【研 析】明代中期，以李夢陽、何景明為代表的「前七子」，以李攀龍、王世貞為代表的「後七子」，提倡「文必秦漢，詩必盛唐」，導致文學創作中模擬之風蔓延。唐宋派、公安派先後興起，針對前後七子的文學復古主張，提倡詩文創作要直抒胸臆，反對文辭雕琢和抄襲模擬。此條文字也是批評文學創作中抄襲模擬之風。

八・三六

俗氣入骨，即吞刀刮腸，飲灰洗胃❶，覺俗態之益呈；正氣效靈❷，即刀鋸❸在前，鼎鑊❹具後，見英風之益露。

【注 釋】❶吞刀刮腸二句　比喻徹底改過自新。典出《南史・荀伯玉傳》。❷效靈　顯靈。❸刀鋸　與下文鼎鑊皆指殘酷的刑罰。❹鼎鑊　古代兩種燒煮食物的器皿。此處指用鼎鑊烹人的酷刑。

【語 譯】俗氣深入骨髓，即使吞刀刮腸，飲灰洗胃，企圖悔過自新，反而覺得媚俗之態更加顯露；正氣發揮了威力，即使刀鋸在眼前，鼎鑊在身後，英武的氣概更加張揚。

【研 析】江山好移，本性難改。一個人的風度氣質，是長期薰陶和積累而形成的，一旦形成後，就很難改變。

八・三七 於琴得道機❶，於棋得兵機❷，於卦得神機❸，於蘭得仙機❹。

【注釋】❶道機 修道的靈機，此處指儒家的治國之道。❷兵機 用兵的謀略。❸神機 機運；時機。❹仙機 神仙的預言或暗示。

【語譯】從琴中可以得到修道的靈機，從棋中可以得到用兵的謀略，從卦象中可以得到機運，從蘭花中可以得到神仙的啟示。

【研析】琴是中國最古老的樂器，也是音樂的代表。儒家把音樂和教化相聯繫，認為音樂可以節制禮儀、治理國家，《新語》說：「昔虞舜治天下，彈五弦之琴，歌〈南風〉之詩，寂若無治國之意，漠若無憂民之心，然天下治。」儒家還認為，音樂還能反映出一個國家的政治狀況。《左傳》有「季札觀樂」的記載，說季札聽到各國的音樂，就知道各國的興衰治亂。因此，從琴聲中可以知道治國之道。下棋講究進退攻守，與用兵之道相合。古人以卦象預測事情的成敗，決定什麼事情該做什麼事情不該做，因此說從卦象能掌握時機。蘭花為花中之仙，其瀟灑脫俗的氣質，使人忘卻世事的煩擾，彷彿置身物外，故云於蘭得仙機。

八・三八 相禪❶遐思唐虞❷，戰爭大笑楚漢❸；夢中蕉鹿❹猶真，覺後蓴鱸❺一幻。

【注　釋】❶相禪　指帝位的禪讓。❷唐虞　指堯舜。❸楚漢　指楚漢相爭，劉邦和項羽爭奪天下的戰爭。❹夢中蕉鹿　《列子》載：鄭人在郊外打柴，殺死一隻鹿，「覆之以蕉」（用砍下的柴草將鹿覆蓋起來）。過後卻找不到藏鹿的地方，就以為是場夢。❺蓴鱸　用晉張翰見秋風起，思念家鄉蓴菜鱸魚，就辭官回鄉的典故。

【語　譯】提到禪讓令人遙想堯舜，說起戰爭令人大笑楚漢相爭；在夢中覆蓋在柴草之下的鹿就是真的，醒來後家鄉的蓴菜鱸魚不過是一種幻覺。

【研　析】此條宣揚世事如夢的虛無思想。唐虞禪讓已是很遙遠的事情，楚漢相爭只是給人留下談笑的話題，人們追求的功名利祿都如夢幻般虛無。

八·三九

世界極於大千❶，不知大千之外更有何物；天宮極於非想❷，不知非想之上畢竟何窮。

【注　釋】❶大千　大千世界，指廣闊無邊的世界。❷非想　即「非想天」，佛教語「非想非非想處天」的簡稱。佛經說：「無色界中有四天，一名空處天，二名識處天，三名無所有處天，四名非想非非想處天。」非想天中無物質無欲望，只有微妙的思想，在四天中處於最高一層。

【語　譯】世界窮盡於大千，不知道大千世界外還有何物；天宮窮極於非想天，不知非想天之上究竟還有什麼終端。

【研　析】此條言客觀世界是有限的，一切都包容在大千世界之中；人的意想是無限的，佛教中的非想天並不是終極。

八·四〇 千載奇逢，無如好書良友；一生清福，只在茗碗爐煙。

【語　譯】千年難逢的奇特遭遇，沒有超過好書和益友的；一生的清福，只有在茶碗和爐煙中才能享受得到。

【研　析】好書可以增加知識，良友可以給予忠告，煮茶焚香代表悠閒的生活，這是中國文人的追求。

八·四一 作夢則天地亦不醒，何論文章？為客則洪濛❶無主人，何有章句❷？

【注　釋】❶洪濛　指遼闊混沌的宇宙。❷章句　指詩文的章節和句法。此處義同「章法」，指辦事的規矩和法則。

【語　譯】人做夢時覺得天地也是不清醒的，哪裡還談得上文章？人是天地之過客，混沌的宇宙並沒有主人，哪裡有什麼章法？

【研　析】此條言人生虛幻不定，無一定章法可言，隨遇而安，率性而行是最好的應世之法。

八·四二　艷出浦之輕蓮，麗穿波之半月。

【語　譯】（笑臉）如出水的婀娜蓮花那樣嬌豔，（娥眉）如鮮麗映照在波浪上的半輪明月那樣亮麗。

【研　析】此二句出自唐駱賓王〈揚州看競渡序〉：「是以臨波笑臉，艷出浦之輕蓮；映渚娥眉，麗穿波之半月。」描寫揚州女子的美貌。古人常用蓮花比喻女子嬌豔的容顏和婀娜的體態。蓮花或紅或白，紅的鮮豔，如女子容顏，白的皎潔，如女子的肌膚；蓮花臨風搖擺，又如女子婀娜多姿的體態。曹植〈洛神賦〉描寫洛神美貌說：「迫而察之，灼若芙蕖出綠波。」芙蕖是蓮花的別名。李元膺〈憶眠〉詩描寫美女說：「漠漠帳煙籠玉枕，粉肌生汗白蓮香。」中國古代將美分為陽剛之美和陰柔之美，日為陽，月為陰，男為陽，女為陰。月亮給人的美感是潤潔、柔和、清幽、純淨，因此古人常用月亮來形容女子的美麗，如宋玉〈神女賦〉描寫神女「皎若明月舒光」，韋莊寫賣酒女子「壚邊人似月，皓腕凝霜月」。

八·四三　雲氣恍堆窗裡岫，絕勝看山；泉聲疑瀉竹間樽，賢於對酒。杖底唯雲，囊中唯月，不勞關市之譏❶；石笥❷藏書，池塘洗墨，豈供山澤之稅❸？

【注　釋】❶關市之譏　當作「關市之稽」。關市，交通要道上的集市，往往設有稽查、徵稅的管理機構，因此也指關市的徵稅。❷石笥　石室。❸山澤之稅　指砍柴捕獵和打漁養殖的稅項。山，山林。澤，川澤。

【語　譯】雲氣彷彿是堆積在窗戶上的山巒，絕對勝過看山；泉水聲好似竹林中傾瀉酒樽的聲音，要比真的面對酒杯強。竹杖底下只有雲，背囊中只有月，不勞關市的稽查；石室藏書，池塘洗墨，難道要繳納山林川澤的稅？

【研　析】雲氣變幻不定，形狀比山奇妙。泉聲悅耳動聽，比酒更能醉人。與風雲月露為伴，以讀書習字為生，不必受世俗的拘束煩擾。「竹底」三句，言文人免受課稅之苦，正是明代後期朝廷橫徵暴斂，到處設關收稅的現實寫照。

八·四四　有此世界，必不可無此傳奇❶，有此傳奇，乃可維❷此世界，則傳奇所關非小。正可藉口《西廂》❸一卷，以為風流談資。

【注　釋】❶傳奇　此處泛指中國古代戲曲。❷維　維繫；維護。❸西廂　指王實甫的《西廂記》雜劇。

【語　譯】有這樣的世界，必不可沒有這樣的傳奇，有這樣的傳奇，才可以維繫這樣的世界，那麼傳奇事關不小。正可藉此《西廂記》一卷，作為談說風流的資料。

【研　析】明代中後期，小說戲曲盛行，很多文人打破了以詩文為正宗、小說戲曲為小道的傳統觀念，認識到小說戲曲的藝術魅力和強大的教育作用。當時袁宏道、馮夢龍等人都提出，小說戲曲通俗易懂，教化之廣、入人之深，超過了儒家的經典。明代文人對小說戲曲的重視，是文學觀念的一大進步。

八·四五　非窮愁不能著書，當孤憤❶不宜說劍。

【注釋】❶孤憤　因不為世容而產生的憤慨之情。

【語譯】不是窮困潦倒就不能著書，在孤高嫉世的時候不適合談論劍道。

【研析】司馬遷首先提出「發憤著書說」，他在〈報任少卿書〉中說：「《詩》三百篇大底聖賢發憤之所為作也。」他還以孔子、屈原、左丘、孫子、呂不韋、韓非等人為例，說明這些人都因遭受各種挫折，不能施展自己的抱負，於是「退而論書策，以舒其憤，思垂空文以自見」。韓愈在〈荊潭唱和詩序〉中說：「夫和平之音淡薄，而愁思之聲要妙；歡愉之辭難工，而窮苦之言易好。」歐陽脩在〈梅聖俞詩集序〉中提出「詩窮而後工」：「予聞世謂詩人少達而多窮，夫豈然哉？蓋世所傳詩者，多出於古窮人之辭也。……內有憂思感憤之鬱積，其興於怨刺，以道羈臣、寡婦之所嘆，而寫人情之難言。蓋愈窮則愈工，然則非詩之能窮人，殆窮者而後工也。」處於窮困逆境的人，胸中積鬱著不平之氣，他們需要通過著書立說來宣洩自己的感情，因而他們的作品充滿激情。處於窮困逆境的人，往往能更客觀地面對現實，更真實地反映現實和抒寫心靈，更專注於詩文創作，也就能寫出有意義的作品。「孤憤不宜說劍」，當一個人內心充滿憤慨和仇恨事，再談兵論劍，容易產生殺戾之氣，於人於己都有害無益。

八·四六 湖山之佳，無如清曉春時。當乘月至館，景生殘夜，水映岑樓❶，而翠黛臨階，吹流衣袂，鶯聲鳥韻，催起鬨然。披衣步林中，則曙光薄戶，明霞射几，輕風微散，海旭❷乍來，見沿堤春草霏霏，明媚如織，遠岫朗潤出沐，長江浩渺無涯，嵐光❸晴氣❹，舒展不一，大是奇絕。

【注　釋】❶岑樓　高樓。❷海旭　海上旭日。❸嵐光　山中霧氣在日光照耀下發出的光彩。❹晴氣　晴靄，晴朗的雲氣。

【語　譯】湖光山色之美，沒有比得上春天的凌晨時刻。當披著月色回到住處，景色顯現於將盡的夜晚，水流映著高樓，青山的綠影照射在臺階上，晨風吹動衣袂，黃鶯啼鳴鳥聲婉轉，哄然催人起床。披上衣服在林中漫步，曙光已經照到窗戶，明麗的朝霞映在几案上，清風微微地散去，海上的朝日剛來臨，見沿著堤岸春草繁茂，明媚如織錦，遠處山巒清朗濕潤好像剛出浴，長江浩渺看不到邊際。嵐光晴雲，舒展的形狀不一，確實是非常奇妙的景象。

【研　析】春季是一年之中景色最佳的季節，清晨是一天之中景色最佳的時光，因此「湖山之佳，無如清曉春時」。春天的清晨，曙光初現，朝霞亮麗，清風吹拂，令人神爽，燕語鶯啼，聲聲入耳。百花更加鮮豔，春草更加青翠，遠處青山在晨霧中時隱時現。如此良辰美景，只有在春曉才能領略到。

八·四七 心無機事❶，案有好書，飽食晏眠❷，時清❸體健，此是上界真人❹。讀《春秋》❺，在人事上見天理❻；讀《易經》❼，在天理上見人事。

【注釋】❶機事 機巧功利之事。❷晏眠 安眠。❸時清 意識清醒。❹真人 修真得道之人，也泛稱仙人。❺春秋 中國古代記述春秋時代歷史的編年體史書。❻天理 中國古代哲學範疇，指先驗存在的理念，包括自然規律和道德規範。❼易經 中國古代演繹八卦的哲學著作。

【語譯】心中沒有機巧之事，案頭有好書，吃得飽睡得香，意識清醒身體強健，這是天界的仙人。讀《春秋》，能在人事上見到天理；讀《易經》，能通過天理認識人事。

【研析】《春秋》是經孔子刪訂的編年史，記載了從魯隱公到魯哀公二百四十四年的歷史。《春秋》通過簡略的敘事，表達了作者對歷史事件和歷史人物的評判，體現了儒家的政治思想和道德觀念。古人評論《春秋》「以一字為褒貶，微言大義，在乎其中矣」、「孔子作《春秋》而亂臣賊子懼」。《春秋》雖然是記載人事的歷史書，卻能從中領會到儒家宣揚的「天理」。《易經》是對未來事態發展進行預測的「卜筮」之書，總結了中國古代帶有神祕色彩的哲學理念，但與人們的日常生活密切相關，因此說讀《易經》能在天理上見人事。

八·四八 則❶何益矣，茗戰❷有如酒兵❸；試妄言之，談空❹不若說鬼。

【注　釋】❶則　規則；法度。❷茗戰　鬥茶，比賽誰煮的茶好。此處即指喝茶。❸酒兵　即指酒。《南史·陳暄傳》載：「故江謐議有言：『酒猶兵也，兵可千日而不用，不可一日而不備；酒可千日而不飲，不可一飲而不醉。』」後因謂酒為「酒兵」，此處是喝酒的意思。❹談空　指佛教宣揚虛無的觀念。

【語　譯】規則有什麼好處，喝茶應該像喝酒那樣盡興；姑且胡說一氣，談論虛空的道理不如講鬼怪的故事。

【研　析】此條也見於《小窗自紀》。古人喜歡喝茶，並且喝出許多名堂，還要互相比賽，看誰煮的茶好，這就是茗戰，也叫鬥茶。喝茶要遵循複雜的禮儀，現在日本的茶道即如此。喝酒則無節制，以盡興為好。作者認為，喝茶也不必太斯文，要像喝酒那樣自由放任。宋葉夢得《石林避暑錄話》載蘇軾在黃州及儋州時，經常與朋友一起閒聊，「詼諧放蕩，不復為嶺畦。有不能談之，則強之使說鬼。或辭無有，則曰『姑妄言之』，于是聞者無不絕倒，皆盡歡而去」。講說玄妙的道理，令人沉悶不樂，講說鬼怪故事，令人覺得有趣可笑，作為消遣當然說鬼勝過談空。

八·四九 鏡花水月，若使慧眼❶看透；筆彩劍光，肯教壯志銷磨。

【注釋】❶慧眼　佛教語，指能認識事物本質的智慧。

【語譯】鏡中花水中月，若用慧眼就能看透一切都屬虛無；筆的文采劍的光芒，怎麼能讓壯志白白地銷磨。

【研析】此條也見於《小窗自紀》。鏡花水月都是虛幻的物象，在佛教看來，世間一切事物都如鏡花水月般虛幻不實，但如果有慧眼，就能透過物象認識到宇宙的本質。文才武功是古人借以安身立名的本事，只有用筆寫下不朽的著作，用劍建立起偉大的功業，才算沒有白白地度過一生。

八·五〇　烈士❶須一劍，則芙蓉❷、赤精❸，亦不惜千金購之；士人惟寸管❹，映日干雲❺之器，那得不重價相索。

【注釋】❶烈士　指有氣節壯志的人。❷芙蓉　寶劍名，相傳為春秋時越王句踐所有。❸赤精　漢高祖劉邦號赤精子，史載劉邦年輕時曾劍斬白蛇，為將來推翻秦王朝，統一天下的預兆。此處以赤精代指劉邦斬蛇之劍。❹寸管　毛筆。❺映日干雲　形容飛黃騰達，身居高位。映日，映照日光。干雲，高入雲霄。

【語譯】壯烈的人需要有一把劍，就是像芙蓉、赤精這樣的寶劍，也不惜花費千金去購買；讀書人只有一支毛筆，是借以飛黃騰達的工具，哪能不以重價相求。

【研析】此條意思與上一條相同，要以文才武功建立勳業。

八·五一 委形無寄❶，但教❷鹿豕為群；壯志有懷，莫遣❸草木同朽。

【注釋】❶委形無寄 謂放浪形骸，無所寄託。❷但教 只能。❸莫遣 不要。

【語譯】放浪形骸，只能與鹿豕為伍；胸懷壯志，不要與草木一起腐朽。

【研析】儒家主張「達則兼濟天下，退則獨善其身」，懷才不遇時，就與鹿豕為伍，過著逍遙自在的生活，能建功立業時，就要抓緊時機，不能讓生命與草木同朽。

八·五二 哄日❶吐霞，吞河漱月；氣開地震，聲動天發。

【注釋】❶哄日 烘日，烘托太陽。

【語譯】烘托起太陽噴灑出彩霞，吞吐河流漱洗月亮，氣流開合大地震動，聲音激蕩如發自天外。

【研析】此節文字出自六朝張融〈海賦〉，前兩句描寫大海的宏偉景象，百川入海，浩瀚無垠，旭日東升，殘月西落，海水震盪，好像沖洗著將沉入海底的月亮。「吞河漱月」，是何等豪邁闊大的氣象。後兩句描寫大海磅礴的氣勢，海潮澎湃激盪，聲如巨雷，大地也在震動，又何等震撼人心。

八·五三 議論先輩，畢竟沒學問之人；獎惜後生，定然關世道之寄。

【語　譯】議論先輩，畢竟是沒有學問的人；獎勵提攜後生，必然有關於世道的寄託。

【研　析】此條言要尊重前輩，獎掖後進。人類的知識學問是個逐步累積的過程，每個人都處在承上啟下的地位。今人的學問，都是在繼承前輩知識的基礎上發展而成的。現在一些年輕人，喜歡批評前輩，認為前輩的學問已經過時，他們不知道若無前輩的開拓之功，今人的學問就是無源之水無本之木。學問要代代相傳，只有提攜後進，才能將學問發揚光大。

八·五四 貧富之交，可以情諒❶，鮑子所以讓金❷；貴賤之間，易以勢移，管寧所以割席❸。

【注　釋】❶情諒　以情體諒對方。❷鮑子所以讓金　春秋時齊人管仲與鮑叔牙為莫逆之交，兩人合夥經商，因管仲家貧，鮑叔牙將經商所得的大部分給管仲。管仲並不推辭，鮑叔牙也不認為管仲貪財。❸管寧所以割席　三國魏人管寧，與華歆同席讀書，有高官乘車經過門口，管寧讀書如故，華歆出門觀看。管寧割席分坐，說：「子非吾友也。」

【語　譯】貧富之間的友誼，可以根據人情來體諒對方，鮑子所以讓金給管仲；貴賤之間地位的差異，容易因時勢的變化而變易，管寧所以要和華歆割席分坐。

【研　析】此條也見於《小窗自紀》。古人說：「君子以義交，不以利交。」又說：「君子有通財之誼。」君子之交重在友情，而不在財勢。貧富的差別並不是人們交往的障礙。然而物以類聚，人以群分，君子淡泊名利，小人趨炎附勢，君子喻於義，小人喻於利，兩者之間心如雲泥，形同陌路，這就是管寧與華歆絕交的原因。

八・五五
論名節，則緩急之事❶小；較生死，則名節之論微。但知為餓夫以採南山之薇❷，不必為枯魚以需西江之水❸。

【注　釋】❶緩急之事　指危急的事情。❷但知為餓夫句　指伯夷、叔齊不食周粟，採薇南山，最終餓死的事情。❸不必為枯魚句　《莊子・外物》云：莊子向監利侯借粟，監利侯卻說：「我將會得到一大筆俸祿，那時候再借給你三百金。」莊子很生氣地說：我在來的路上，遇到一條鮒魚陷在車轍中，乞求我以升斗之水救活牠。我回答牠說：「我將去遊說吳越的國王，把西江之水引至此，讓你游回東海。」鮒魚很生氣地說：「我只要升斗之水就能活命，你卻這樣說，還不如早早到賣死魚的店裡去找我吧。」莊子以此寓言諷刺那些不切實際的言行。

【語　譯】說起名節，那麼生活中的危急之事都是小事情；與生死相比較，那麼關於名節的種種議論都是微不足道的。只知道為飢餓的人去採南山的薇草當食物，不必為死魚去引西江的水。

【研　析】中國的理學家們特別注重名節，宣揚「餓死事小，失節事大」。在理學的影響下，中國封建社會出現了一批只知空談名節，卻無救世濟民實際本領的迂腐文人。此條提出「較生死，則名節之論微」，與理學家的論調截然相反，表現出對個體生命的尊重。

八・五六　儒有一畝之宮❶，自不妨草茅下賤❷；士無三寸之舌❸，何用此土木形骸❹。

【注　釋】❶一畝之宮　《禮記・儒行》：「儒有一畝之宮，環堵之室，篳門圭窬，蓬戶甕牖。」比喻貧寒之士居處的簡陋。❷自不妨草茅下賤　意謂甘居草屋，安於貧賤。❸三寸之舌　指謀士以言語建立功業。《史記・淮陰侯列傳》：「蒯通謂信曰：酈生一士，伏軾掉三寸舌，下齊七十餘城。」❹土木形骸　謂形體如土木般毫無生氣。

【語　譯】儒士有一畝之宮，自然不妨隱居草屋，安於貧賤；謀士沒有三寸不爛之舌，那麼像土木一樣的形體又有什麼用處。

【研　析】此條言凡有理想的人，須甘於貧賤，但要有建功立業的本領。

八・五七　鵬為羽❶傑，鯤稱介❷豪，翼遮半天，背負重霄。

【注　釋】❶羽　指鳥類。❷介　指鱗甲類動物。

【語　譯】鵬是鳥類中的豪傑，鯤是鱗甲類動物中的豪傑，鯤鵬飛的時候，翅膀遮住了半邊天，背靠著高高的青天。

【研　析】此條借鯤鵬形容遠大的志向，語本《莊子・逍遙遊》：「北溟有魚，其名為鯤。鯤之大，不知其幾千里也。化而為鳥，其名為鵬。鵬之背，不知其幾千里也，怒而飛，其翼若垂天之雲。」

八・五八

「憐」之一字，吾不樂受，蓋有才而徒受人憐，無用可知；「傲」之一字，吾不敢矜，蓋有才而徒以資傲，無用可知。

【語　譯】「憐」這個字，我不樂意接受，有才能而竟然被人憐憫，他的無用也就可想而知了；「傲」這個字，我不敢用來自誇，有才能而只是用作驕傲的資本，他的無用也就可想而知了。

【研　析】此條言人應該自立自強，依靠自己的才能去實現人生的目標，而不能依靠別人的憐憫和施捨。世上有許多懷才不遇的人，他們往往感歎自己沒有機遇，無法發揮自己的才能。其實生活中處處有機遇，就看你能不能把握。把握機遇也是一種才能，有能力而無法把握機遇，是無用的表現。毛遂在平原君門下三年，一直沒有施展才能的機會，猶如錐處囊中，一旦機會降臨，他便脫穎而出，展示了自己的智慧和勇氣，獲得了平原君的尊重。韓信未發跡時，只能忍受胯下之辱，在項羽手下也不得志，投奔劉邦後，他的軍事才能得以施展，幫助劉邦平定了天下。才能也不是驕傲的資本，天外有天，人外有人，一個人的才能總是有局限的，若認識不到自己的缺陷和不足，一味恃才傲物，最終會遭受挫折和失敗。有了一點才能便目空一切，是淺薄的表現，這樣的人難成大事，其實也是無用之人。

八・五九

問近日講章❶孰佳，坐一塊蒲團自佳；問吾儕❷嚴師孰尊，對一枝紅燭自尊。

【注釋】❶講章　為學習科舉文或經筵進講而編寫的五經、四書的講義，亦指講解佛經的文字。❷吾儕　我輩。

【語譯】問近日哪一部講章好，坐在一塊蒲團上打坐自然就好；問我輩的嚴師中誰值得尊重，對著一枝紅燭覺得自己最值得尊重。

【研析】孟子說：「盡信書不如無書。」學習知識要讀書，但不能死讀書，要能夠融會貫通，觸類旁通，要通過思考發現問題、解決問題。孔子說：「學而不思則罔，思而不學則殆。」學習而不思考，就會越學越糊塗。俗話說：「師傅領進門，修行靠自身。」做學問主要靠自身的刻苦和領悟，老師只起引導作用。老師要傳授知識，更重要的是培養學生獨立研究的能力。老師傳授的知識是有限的，如果不能把老師傳授的知識發揚光大，就不能超越老師而自成一家。

八·六〇　點破無稽不根之論，只須冷語半句；看透陰陽顛倒之行，惟此冷眼一隻。

【語　譯】點破沒有根據的無稽之談，只需要半句冷語；看透陰陽顛倒的行為，只要一隻冷眼。

【研　析】無稽之談說得天花亂墜，只要切中要害的一言半語，就能揭穿它的荒誕不經。世事紛紛紜紜，只須冷眼旁觀，就能識破其中顛倒陰陽的謬誤。

八·六一　古之釣也，以聖賢為竿，道德為綸❶，仁義為鉤，利祿為餌，四海為池，萬民為魚。釣道微矣，非聖人其孰能之。

【注　釋】❶綸　釣魚的絲線。

【語　譯】古人釣魚，以聖賢為魚竿，以道德為絲線，以仁義為魚鉤，以利祿為魚餌，以四海為魚池，以萬民為魚。釣魚的道理很微妙，不是聖人誰能掌握它。

【研　析】此條文字出自宋玉〈釣賦〉，前有「昔堯舜禹湯之釣也」一句，乃言聖人治國之道，以聖賢、道德、仁義、利祿來教化民眾，聚集民心。

八・六二 既稍雲❶於清漢❷，亦倒影於華池❸。

【注　釋】❶稍雲　《小窗幽記》作「捎雲」，據沈約〈高松賦〉改。捎，拂；掠。❷清漢　霄漢；天空。❸華池　景色佳麗的池塘。

【語　譯】既伸展到空中拂雲，也在美麗的池塘中留下倒影。

【研　析】此二句出自梁沈約的〈高松賦〉，描寫松樹頂天立地的雄偉姿態。

八・六三 浮雲迴度❶，開月影而彎環❷；驟雨橫飛❸，挾星精而搖動❹。

【注　釋】❶浮雲迴度　浮雲翻滾，此處形容馬隊奔騰的氣勢。❷開月影而彎環　描寫彎弓搭箭的形狀，開弓如滿月，搭箭如彎環。❸驟雨橫飛　形容箭矢如雨。❹挾星精而搖動　形容馬隊奔跑迅疾如流星的速度和地動山搖的氣勢。星精，星的靈氣，此處即指星。

【語　譯】馬隊奔跑如浮雲翻滾，張弓如滿月搭箭如彎環；箭矢如驟雨橫飛，馬隊奔騰迅如流星地動山搖。

【研　析】此節文字出自唐元稹〈觀兵部馬射賦〉，描寫騎馬射箭的情況，比喻新奇，形容生動，極具動感和張力。

八·六四　天台❶嵥起❷，繞之以赤霞❸，削成孤峙，覆之以蓮花。

【注釋】❶天台　天台山，在浙江天台縣北，佛教天台宗發源地。❷嵥起　卓異地興起。❸赤霞　與下文「蓮花」為天台山的二峰。

【語譯】天台山平地而起，赤霞圍繞著它，一座孤峰如刀削般陡峭，上面覆蓋著蓮花。

【研析】此節文字出自唐楊炯〈盂蘭盆賦〉，描寫天台山的形狀。赤霞、蓮花語義雙關，既指自然現象，又是山峰的名字。

八·六五　金河別雁❶，銅柱辭鳶❷；關山夭骨❸，霜木凋年❹。

【注釋】❶金河別雁　用漢蘇武的典故。漢代蘇武出使匈奴，羈留在金川。此句言蘇武最終辭別金河的大雁南歸。金河，即金川，今之大黑河。❷銅柱辭鳶　用漢代名將馬援的典故。馬援平定交趾，立銅柱記功。此句言在銅柱前辭別飛鳶，凱旋北上。❸關山夭骨　指死於邊塞的將士。關山，邊關山隘。❹霜木凋年　形容年已遲暮。霜木，經霜之木。凋年，殘年。

【語譯】在金河辭別大雁，在銅柱前辭別飛鳶；邊關上埋葬著死者的骨殖，年屆遲暮就像經霜的枯木。

【研析】此二句出自唐盧照鄰〈秋霖賦〉，前兩句寫將士出征凱旋而歸，後兩句寫在邊關埋葬著征戰士兵的屍骨，兩相對照，有「一將功成萬骨枯」的寓意。

八·六六 翻光倒影，擢菡萏❶於湖中；舒艷騰輝，攢螮蝀❷於天畔。照萬象於晴初，散寥天於日餘❸。

【注釋】❶菡萏　荷花的別稱。❷螮蝀　彩虹。❸日餘　夕陽。

【語譯】餘霞的光影倒映在水中，好像湖面上荷花盛開；舒展翻騰豔麗的光輝，在天邊聚集起一條彩虹。天氣剛晴，霞光映照著整個宇宙，夕陽西下，消散於遼闊的天空中。

【研析】此節文字出自唐韋充〈餘霞散成綺賦〉，描寫夕陽西下，晚霞滿空，映照水面，泛光溢彩的畫面。

卷九　綺

九・一　朱樓綠幕，笑語勾❶別座之春；越舞吳歌，巧舌吐蓮花之艷❷。此身如在怨臉愁眉、紅妝翠袖之間，若遠若近，為之黯然。嗟乎，又何怪乎身當其際者，擁玉床之翠而心迷，聽伶人之奏而隕涕❸乎！集綺第九。

【注　釋】❶勾　招引。❷巧舌吐蓮花之艷　形容歌喉之婉轉動聽。人們常以「口吐蓮花」來形容言語的機敏巧辯。❸隕涕　落淚。

【語　譯】朱紅的樓房綠色的帷幕，歡聲笑語招引來別處的春意；越地的舞蹈吳中的歌唱，歌喉亮麗如蓮花一般明豔。此身如在愁眉苦臉的女子群中，與她們不即不離，因此感到黯然神傷。哎，又怎麼能怪身臨其境的人，在床上擁著美女而心醉，聽藝人奏樂而落淚啊！集綺第九。

【研　析】「綺」是華麗美好的意思，這裡指依紅偎翠的風流豔情。明代中後期，隨著經濟的發展和思想的開放，人們對情欲的追求更加強烈，男女之情也得到了充分的肯定。李贄提出「好貨好色」出自人的天性，即使聖人也不能例外。馮夢龍認為人類生活全靠「情」為支柱，而男女之情是「情」最基本的內容。在充分肯定男女之情的前提下，晚明文人的生活方式更加自由放縱，唐寅就在詩中說道：「悵悵莫怪少時年，百丈游絲易惹牽。何歲逢春不惆悵？何處逢情不可憐？……老後思量應不悔，衲衣持鉢院門前。」唐寅在詩中回憶年輕時的放浪生活，但他表示並不後悔。在社會思潮和風氣的影響下，明代中後期的文學創作也出現了「尊情」的傾向，許多作品讚揚了青年男女突破封建禮教的束縛，大膽地追求自由愛情和幸福婚姻。這一卷主要輯錄了有關豔情的文字，表示了作者對「情」的肯定和尊重。

九・二　天台花好，阮郎卻無計再來❶；巫峽雲深，宋玉只有情空賦❷；瞻碧雲之黯黯，覓神女其何蹤；睹明月之娟娟，問嫦娥而不應❸。

【注　釋】❶天台花好二句　用阮晨、劉肇入天台山遇見仙女的典故。❷巫峽雲深二句　用宋玉〈高唐賦〉中楚懷王夢見神女的典故。❸睹明月之娟娟二句　化用李商隱〈嫦娥〉詩意：「嫦娥應悔偷靈藥，碧海青天夜夜心。」

【語　譯】天台山的花好，阮郎卻沒有辦法再來了；巫峽的雲深，宋玉雖然有情，也只能徒勞地作一首賦；瞻望碧雲黯淡，到哪裡能尋找到神女的蹤跡；仰觀明月皎潔，問嫦娥卻沒有回答。

【研　析】阮晨、劉肇誤入天台，與仙女喜結佳緣。兩人因思念家人，辭別仙女回到家鄉，人間已歷幾世，物是人非，親人皆已亡故。兩人欲重返天台，與仙女再續前緣，卻找不到入山的路徑了。宋玉與楚襄王同登雲臺，襄王說其父懷王曾在此夢見神女，宋玉雖然心中嚮往，但無緣與神女相會，只能作〈高唐賦〉表達對神女的仰慕。此言男女情事，皆有因緣，良緣巧合，可遇而不可求。良緣難求，猶如月中嫦娥，難覓蹤跡，一旦相遇，不可錯過，否則就有阮晨、劉肇之憾恨。

九·三

妝臺正對書樓，隔池有影；繡戶❶相通綺戶❷，望眼多情。

【注釋】❶繡戶　華麗的房屋，多指女子的閨房。❷綺戶　豪華的居室，此處指年輕男子的書房。

【語譯】妝臺正對著書樓，隔著池塘能看到對方的身影；閨房連通著書房，充滿深情地互相對望。

【研析】此條言男女衝破阻隔，互通情愫的情形。在封建社會中，男女沒有戀愛自由，婚姻也不能自主。然而封建禮教並不能扼殺年輕人對愛情的嚮往，他們衝破各種阻隔，大膽追求幸福的婚姻。李漁小說《合影樓》寫元朝至正年間，管提舉、屠觀察本是連襟，同居一宅，因兩人性格不合，將一宅分為兩院，築起高牆，阻斷兩家的來往。屠觀察有子名珍生，管提舉有女名玉娟。夏天兩人都到水閣乘涼，兩家共有一個水池，兩人從水中倒影窺見對方相貌，互相歆慕，遂以荷葉為郵筒，傳遞詩箋，私訂婚約。「隔池有影」當從此而來。

九·四

蓮開並蒂，影憐池上鴛鴦；縷結同心❶，日麗屏間孔雀❷。

【注　釋】❶縷結同心　用絲縷結成同心結，表達男女間相愛之意。❷屏間孔雀　《舊唐書·后妃傳》載：「（竇毅）謂長公主曰：『此女才貌如此，不可妄許人，當為求賢夫。』乃於門屏畫兩孔雀，諸公子有求婚者，輒與兩箭射之，潛約中目者許之。前後數十輩莫能中，高祖後至，兩發各中一目。毅大悅，遂歸於我帝。」後因以「雀屏」為擇婿求婚的典故。

【語　譯】蓮花並蒂開放，池塘上鴛鴦形影成雙讓人憐愛；絲縷結成同心結，太陽照耀著門屏間的孔雀。

【研　析】此條當為對新人的祝福辭，至今還常用於祝福新婚的對聯。並蒂蓮一莖雙花，鴛鴦形影相隨，歷來被用作愛情真摯，婚姻美滿的象徵。明末女子馮小青婚姻不如意，作詩說：「願將一滴楊枝水，灑作人間並蒂蓮。」表達對美滿婚姻的渴望。唐盧照鄰〈長安古意〉詩說：「得成比目何辭死，願作鴛鴦不羨仙。」將對愛情的追求視作人生最高的目標。縷結同心、屏間孔雀同樣是對新婚祝福。

九·五

堂上鳴琴操❶，久彈乎〈孤鳳〉❷；邑中製錦紋，重織於雙鸞❸。

【注　釋】❶琴操　琴曲。❷孤鳳　漢代琴曲名。❸邑中製錦紋二句　用竇滔妻蘇氏織回文錦的典故。

【語譯】在堂上彈奏琴曲，長時間彈奏的是〈孤鳳〉；在家中織錦紋，反覆織出了兩隻鸞鳥。

【研析】此條出自元吳澄〈賀楊賢可縣尹續絃啟〉。上句寫楊賢可孤身獨居，彈琴思求佳人。司馬相如在堂上彈琴，歌曰：「鳳兮鳳歸故鄉，遨遊四海求其凰。」借此向卓文君求愛。後人譜有〈鳳求凰〉曲，其歌辭為：「有美人兮，見之不忘，一日不見兮，思之如狂。鳳飛翱翔兮，四海求凰，無奈佳人兮，不在東牆。」此文〈孤鳳〉，即指〈鳳求凰〉曲。下句用竇滔妻織回文錦的典故，言楊賢可續絃後，夫妻十分恩愛。

九·六　鏡想分鸞❶，琴悲〈別鶴〉❷。

【注釋】❶鏡想分鸞　用鸞鏡典故，宋范泰〈鸞鳥詩序〉云：「昔罽賓王結罝峻祁之山，獲一鸞鳥，王甚愛之，欲其鳴而不致也。乃飾以金樊，饗以珍饈。對之愈戚，三年不鳴。夫人曰：『聞鳥見其類而後鳴，何不懸鏡以映之。』王從言。鸞睹影感契，慨焉悲鳴，哀響中宵，一奮而絕。」後以鸞鏡指妝鏡，以分鸞喻夫妻分離。❷琴悲別鶴　別鶴，即〈別鶴操〉。崔豹《古今注·音樂三》：「〈別鶴操〉，商陵牧子所作也。娶妻五年而無子，父兄將為之改娶。妻聞之，中夜起，倚戶而悲嘯。牧子聞之，愴然而悲，乃歌曰：『將乖比翼隔天端，山川悠遠路漫漫，攬衣不寢食忘餐。』後人因為樂章焉。」

【語譯】對著梳妝鏡想起分飛的鸞鳥，彈奏琴曲是悲涼的〈別鶴操〉。

【研析】此二句出自南朝何遜〈為衡山侯與婦書〉，寫夫妻別離的痛苦和互相思念之深。上句為妻子思念丈夫，下句為丈夫思念妻子。「鏡想分鸞」，對鏡理妝，因思念丈夫而容顏憔悴，有李商隱詩「曉鏡但愁雲鬢改」之意。

九・七

春透水波明，寒峭花枝瘦。極目煙中百尺樓，人在樓中否？

【語　譯】春情濃郁水波明亮，寒意料峭花枝瘦弱。縱目遠望籠罩在煙雨中的百尺高樓，人還在樓中嗎？

【研　析】此節文字為宋秦湛〈卜算子〉詞上半闋，抒寫對情人的思念，用春寒煙雨襯托作者淒苦的心情，寫得情景交融。

九・八

明月當樓，高眠如避，惜哉夜光暗投❶；芳樹交窗，把玩無主，嗟矣紅顏薄命。

【注　釋】❶夜光暗投　謂夜明珠投在暗處，無人賞識。此處夜光指月色。

【語　譯】明月當樓，安睡就像躲避月光，可惜這月色無人欣賞；芳樹交織在窗前，無人前去把玩，可歎佳木猶如美人紅顏薄命。

【研析】此條前三句感歎懷才不遇，「高眠如避」，從字面可理解為安睡躲避月光，也可理解為高眠避世。「夜光暗投」既指月色無人欣賞，也指明珠暗投，才能無人賞識。後三句用芳樹把玩無主，比喻紅顏薄命。「自古紅顏多薄命」，古代婦女社會地位低下，命運由男人掌控而不能自主，而漂亮的女子命運更加坎坷。漂亮的女子比一般女子有更高的目標和追求，但真正能獲得成功的並不多，期望越高，失望越深，更覺命運之不公。漂亮的女子，也容易招人嫉妒，受到傷害。

古代漂亮的女子也往往成為政治和軍事鬥爭的犧牲品，被稱為中國古代四大美女的西施、貂蟬、王昭君、楊貴妃，無不如此。古代文人，常借紅顏薄命比喻自己懷才不遇、命運坎坷。屈原〈離騷〉：「惟草木之零落兮，恐美人之遲暮。」「眾女嫉余之蛾眉兮，謠諑謂余以善淫。」曹植〈七哀〉詩：「願為西南風，長逝入君懷。君懷良不開，賤妾當何依。」辛棄疾〈摸魚兒〉：「長門事，準擬佳期誤，娥眉曾有人妒。」皆以女子自擬，表達對君王的依附關係及懷才不遇、命運不濟的感慨。

九·九 鳥語聽其澀❶時，憐嬌情之未囀❷；蟬聲聽其斷處，愁孤節之漸消❸。

【注釋】❶澀 指聲音生硬、不流暢。❷囀 鳥鳴。此比喻表達。❸蟬聲聽其斷處二句 用駱賓王〈在獄詠蟬〉詩意：「西陸蟬聲唱，南冠客思侵。那堪玄鬢影，來對白頭吟。露重飛難進，風多響易沉。無人信高潔，誰為表予心。」孤節，孤高的志節。

【語　譯】聽到鳥叫不流暢的時候，就會憐惜自己的嬌情還不能表達。聽到蟬聲時斷時續的時候，就會擔心自己孤高的志節逐漸消失。

【研　析】此條以物喻人，鳥兒尚有不能自由表達感情的時候，人們表達感情的障礙就更多了。中國的傳統觀念認為，人們的感情表達應該是有節制的，其標準就是「中和」，即不能超越禮教所許可的範圍。這種觀念體現於文學創作，就要求表達的感情含蓄溫婉，反對恣肆直露。晚明文人李贄、袁宏道等打破了傳統觀念的束縛，提出文學作品表達的感情越強烈越直露就越好。

九·一〇　斷雲斷雨❶，驚魂三春蝶夢❷；花開花落，悲歌一夜鵑啼❸。

【注　釋】❶斷雲斷雨　言男女幽情終止。❷蝶夢　用莊子夢蝶的典故，寓言一切皆虛幻不實。❸鵑啼　相傳古代蜀國望帝，死後化為杜鵑，每當暮春即悲啼不已。

【語　譯】夢中男女幽情中斷，醒來才驚訝地發現只是一場春夢；花開花落，杜鵑悲啼了一夜。

【研　析】斷雲斷雨，喻世情反覆無常，男女歡愛情深，不過是春夢一場。花開花落，喻時光流逝，美好的事物不能持久。

九·一一　衲子❶飛觴歷亂❷，解脫於樽斝❸之間；釵行❹揮翰淋漓❺，風神在筆墨之外。

【注釋】❶衲子　指僧侶。❷飛觴歷亂　指觥籌交錯，放浪形骸。歷亂，雜亂；紛亂。❸斝　古代青銅酒器。❹釵行　指女子。❺揮翰淋漓　謂揮毫潑墨。

【語譯】僧侶觥籌交錯，在樽斝之間尋求解脫；女子揮毫潑墨，風采神韻在筆墨之外。

【研析】僧侶奉行禁欲，不能喝酒，然而受晚明社會風氣影響，在佛教徒中出現了一股狂禪之風。他們打破了佛教的清規戒律，追求正常人的生活享受，但並不妨礙他們的宗教信仰。「酒肉穿腸過，佛在心中坐」，這是他們為自己行為辯護的口號。中國傳統觀念是「女子無才就是德」，讀書作文，歷來是男人們的事情，與女子無緣。然而，歷代出過不少才女，她們的才能與男子相比，毫不遜色。明代中後期，隨著社會風氣的開放和教育的普及，湧現出更多有才能的女子，尤其是一些青樓女子，她們的文學藝術才華，受到了社會的公認。如著名的柳如是、馬湘蘭、卞玉京、顧眉等人，或以詩文名世，或以書畫出眾。

九・一二　養紙❶芙蓉粉，薰衣豆蔻❷香。

【注釋】❶養紙　存放紙張。❷豆蔻　植物名，果實可以入藥，也可以製作香料。

【語譯】藏紙用芙蓉粉，薰衣用豆蔻香。

【研　析】此二句出自明楊慎《藝林伐山》：『養紙芙蓉粉，薰衣豆蔻香』，上句薛濤事，下句霍小玉事也。」《文房寶飾》：「養紙以芙蓉粉，借其色也。」薛濤是唐代名妓，曾在成都浣花溪造紙，人稱「薛濤箋」。薛濤箋多為紅色，傳說用蓮花作染料。唐傳奇〈霍小玉傳〉並未提到用豆蔻香薰衣的事情，不知楊慎所說有何根據。

九・一三　流蘇帳❶底，披之而夜月窺人；玉鏡臺❷前，諷之而朝煙縈樹。

【注　釋】❶流蘇帳　飾有流蘇的帷帳。流蘇，用彩色羽毛或絲線織成的穗狀飾物。❷玉鏡臺　玉製帶鏡子的梳妝臺，也指用玉鑲邊的鏡子。也用來比喻明月。

【語　譯】分開流蘇帷帳，夜晚的月亮在偷偷地看人；在月光下吟誦，一直到早晨的煙霧在樹林中縈繞。

【研　析】月無心窺人，是有心人窺月。月照無眠，更覺淒清，不由得思念遠方的親人。深夜難以入眠，月下低吟，直至朝煙縈樹，倍覺相思之苦。此條所言，有李商隱「曉鏡但愁雲鬢改，夜吟應覺月光寒」詩意。

九・一四　風流誇墮髻❶，時世❷聞啼眉❸。

【注釋】❶墮髻　即墮馬髻，古代女子的髮式。❷時世　時尚。❸啼眉　即啼眉妝，古代女子化妝的一種樣式。

【語譯】說到風流要誇誇墮馬髻，提到時尚最有名的是啼眉妝。

【研析】此兩句描寫女子裝束，出自白居易〈代書詩一百韻寄微之〉，此兩句詩下有注云：「貞元末城中復為墮馬髻啼眉妝。」

九・一五　新壘❶桃花紅粉薄，隔樓芳草雪衣❷涼。

【注釋】❶新壘　指燕子新築的巢。❷雪衣　指白燕。

【語譯】新巢邊的桃花已經零落，隔樓芳草中白燕讓人感受到涼意。

【研析】此兩句出自陳繼儒〈白燕〉詩：「紛紛白水滿春塘，淡雨微煙更渺茫。新壘桃花紅粉薄，隔樓芳草雪衣涼。舞翻掌上明珠色，零落釵頭片玉香。正是懷人太無賴，忽驚殘月照空梁。」此詩從燕子春天重返故居，聯想到愛人還在遠方，流露出百無聊賴的感情。

九・一六　李後主❶宮人秋水，喜簪異花芳草，拂髻鬢嘗有粉蝶聚其間，撲之不去。

【注釋】❶李後主　南唐後主李煜，著名詞人。

【語譯】李後主的宮人秋水，喜歡插戴奇異的花卉和芳草，拂拭鬢髮時常有蝴蝶聚集其中，撲打也不飛去。

【研析】用粉蝶撲之不去描寫美人之香豔，是將抽象的事物具體化，猶如「問君能有幾多愁，恰似一江春水向東流」，用滔滔不絕的一江春水形容愁緒之濃重難解。不直接描寫美人的香豔，而是用香豔的效果——粉蝶撲之不去加以烘托，猶如〈陌上桑〉用「行者見羅敷，下擔捋髭鬚；少年見羅敷，脫帽著帩頭；耕者忘其犁，鋤者忘其鋤」來描寫羅敷的美貌，是一種高明的側面描寫的修辭手法。

九·一七　濯足清流，芹香❶飛澗；浣花新水❷，蝶粉❸迷波。

【注釋】❶芹香　即香芹，芹菜的美稱。明張羽〈維揚春暮〉：「煙籠柳影亂鶯啼，雨濕芹香乳燕飛。」❷新水　春水，春天的潮水。❸蝶粉　即粉蝶。蝴蝶身上帶粉，故名粉蝶。

【語譯】在清澈的水流中洗腳，香芹在澗邊飛舞；在春水中洗花，蝴蝶迷戀水波不肯離去。

【研析】此條描寫暮春的景色。浣花新水，言春水中佈滿落花，因而香氣撲鼻，粉蝶留戀不去。

九・一八

昔人有花中十友：桂為仙友❶，蓮為淨友❷，梅為清友❸，菊為逸友❹，海棠名友❺，酴醾韻友❻，瑞香殊友❼，芝蘭芳友❽，臘梅奇友❾，梔子禪友❿。昔人有禽中五客：鷗為閒客⓫，鶴為仙客⓬，鷺為雪客⓭，孔雀南客⓮，鸚鵡隴客⓯。會花鳥之情，真是天趣活潑。

【注　釋】❶桂為仙友　傳說月中有桂樹，與嫦娥作伴，故稱為仙友。❷蓮為淨友　蓮花出於汙泥而不染，故為淨友。淨，純潔；潔淨。❸梅為清友　梅花孤芳自賞，故為清高的朋友。❹菊為逸友　陶淵明詩云：「采菊東籬下，悠然見南山。」故以菊為隱逸的朋友。❺海棠名友　海棠多見於詩人筆下，故為名士之友。❻酴醾韻友　酴醾本酒名，酴醾花顏色近酒，故名酴醾。喜酒者多韻趣，故以酴醾為韻友。❼瑞香殊友　瑞香為常綠灌木，花有濃香，因不多見，故稱殊友。❽芝蘭芳友　芝蘭芬芳，故稱芳友。❾臘梅奇友　臘梅冬季開花，與眾不同，故稱奇友。❿梔子禪友　梔子花清香淡雅，猶如參禪高僧，故稱禪友。⓫鷗為閒客　海鷗自由飛翔，故為閒客。⓬鶴為仙客　傳說中仙人養鶴為坐騎，故稱為仙鶴、仙禽。⓭鷺為雪客　鷺毛潔白如雪，故為雪客。⓮孔雀南客　孔雀產於南方，故稱南客。⓯鸚鵡隴客　鸚鵡多產於隴西，故稱隴客。

【語　譯】昔日人有花中十友：桂花是仙友，蓮花是淨友，梅花是清友，菊花是逸友，海棠是名友，酴醾是韻友，瑞香是殊友，芝蘭是芳友，臘梅是奇友，梔子是禪友。昔日人有禽中五客：海鷗是閒客，鶴是仙客，鷺鷥是雪客，孔雀是南客，鸚鵡是隴客。能領會花鳥的性情，真正是情趣自然活潑可愛。

【研　析】花中十友，見《錦繡萬花谷》所引曾端伯〈十友調笑令〉。禽中五客，見《玉芝堂談薈》引《清異錄》：「李昉以司空致仕，所居園林畜五禽，皆以客名之：白鷗閒客，鷺鷥雪客，鶴仙客，孔雀南客，鸚鵡隴客。」中國古代有以香花美草比喻仁人志士的傳統，魏晉南北朝流行品評人物的風氣，也經常借玉樹瓊花來比喻人的容貌和風度。後來有花榜，以花比擬美女，分別等次高下。此條文字則以人喻花鳥，將花鳥比作不同品格的人。

九・一九　鳳笙龍管❶，蜀錦齊紈❷。

【注　釋】❶鳳笙龍管　指樂器。鳳笙，形狀如鳳的笙。龍管，形狀如龍的管。笙、管，古代的吹奏樂器。❷蜀錦齊紈　四川產的織錦、山東產的細絹。

【語　譯】鳳形的笙龍形的簫，蜀產的織錦齊產的細絹。

【研　析】此條僅取其對仗工整，並無深意。

九・二〇　木香❶盛開，把杯獨坐，其下遙令青奴❷吹笛，止留一小奚❸侍酒，才少斟酌，便退立迎春架❹後。花看半開，酒飲微醉。

【注釋】❶木香　酴醾花的別名。❷青奴　奴僕。古時貧賤者穿青衣，故稱青奴。❸小奚　小僮。❹迎春架　不詳何物。

【語譯】木香花盛開，舉杯獨坐，遠遠地命令在下面的僕人吹笛，只留一個小僮在旁侍候喝酒。才斟了一會酒，就退立在迎春架的後面。花要看半開的，酒要飲得微醉。

【研析】此條言賞花飲酒的悠閒生活。花看半開、飲酒微醉，是恰到好處的佳境。花開到十分，即將凋落，已無生機。飲酒酩酊大醉，神思昏迷，便失去飲酒的樂趣。世間之事，都要留有餘地才好。

九·二二　夜來月下臥醒，花影零亂，滿人襟袖，疑如濯魄於冰壺❶。

【注釋】❶冰壺　盛冰的玉壺，借指月亮或月光。

【語譯】夜晚在月下睡醒，花影零亂，灑滿了衣襟袖子，懷疑是在月光裡清洗魂魄。

【研析】此條文字出自李白〈雜題〉其二，寫月夜飲酒的情趣。李白愛喝酒，尤其愛在月夜喝酒，他的許多詩就是寫月夜飲酒的。清亮的月光使李白飄然出塵，濃烈的酒使李白豪邁奔放。他寫月夜喝酒的詩，創造了物我兩忘，輕靈灑脫的境界，體現了詩人閒適散淡的遠致高情。

九·二二 看花步，男子當作女人；尋花步，女人當作男子。

【語　譯】看花時的步履，男子就像女人那樣步履輕盈；尋花時的步履，女人就像男子那樣步履匆忙。

【研　析】此條言看花要慢慢欣賞，不可走馬觀花，浮光掠影。尋花時心情迫切，因此步履匆匆。

九·二三 窗前俊石泠然❶，可代高人把臂❷；檻外名花綽約❸，無煩美女分香。

【注　釋】❶泠然　清涼的樣子。❷把臂　握持對方的手臂，表示關心親近。❸綽約　柔婉美好。

【語　譯】窗前的秀石清涼，可以代替高人互相親近；欄杆外名花綽約，不需要煩勞美人帶來香氣。

【研　析】陸游〈閒居自述〉詩云：「花如解笑還多事，石不能言最可人。」古人賞石，陶冶情操，修身勵志，以石為師為友，因此有米芾拜石的典故。古人論石有「瘦、皺、漏、透、清、頑、醜、拙」八則：「瘦可見骨，骨為堅貞；皺可見紋，凹凸錯致；漏可見深，幽深古奧；透可見光，豁然開朗；清為正氣，雅在其中；頑有操守，不媚不俗；醜極為美，石之大異；拙樸為真，大智若愚。」把石的品格人格化，把對石的審美與對人的審美相貫通，在觀賞奇石中潛移默化，受其熏陶，形成中國獨特的賞石文化。美人分香用曹操「分香賣履」的典故，曹操臨終時，囑咐「餘香可分與諸夫人，諸舍中無所為，可學作組履賣也」，後以「分香賣履」比喻臨死不忘妻妾。「檻外名花綽約，無煩美人分香」，即以花為妻之意。宋林逋隱居杭州孤山，與梅鶴為伴，有「梅妻鶴子」之說。

九・二四

新調初裁❶，歌兒持板待的❷；鬮題❸方啟，佳人捧硯濡毫。絕世風流，當場豪舉。

【注釋】❶新調初裁　新的曲調剛譜成。❷持板待的　拿著歌板等待點唱。古代唱曲，將曲名寫在歌板上，讓客人點唱。❸鬮題　用拈鬮的方法確定詩題。

【語譯】新的曲調剛譜成，歌兒就拿著歌板等待點唱；拈鬮的詩題剛打開，佳人就捧著硯臺磨好墨在旁侍候。這是絕代的風流，當場的豪舉。

【研析】作曲有歌兒拍板演唱，寫詩有佳人捧硯伺候，是文人的風流雅事。明清時期，文人喜作曲，且蓄有家樂——表演歌舞戲曲的私人劇團。製成新曲，便令家樂演唱，檢驗是否依腔合律。張岱《陶庵夢憶》載阮大鋮家樂「講關目，講情理，講筋節，與他班孟浪不同」。阮大鋮所作《燕子箋》、《春燈謎》等戲曲，皆由家樂演出。李漁蓄有家樂，四處到豪門貴族之家演出，作為其經濟收入來源。

九・二五 野花艷目，不必牡丹；村酒❶醉人，何須綠蟻❷。

【注　釋】❶村酒　鄉村人家自釀的酒。❷綠蟻　酒面上浮起的綠色泡沫。此處指好酒。

【語　譯】野花悅目，不一定要牡丹；村酒醉人，何必非要綠蟻。

【研　析】牡丹國色天香，雍容華貴，野花鮮豔奪目，生意盎然，其美不同，賞心悅目則一。更有俗語云：「家花不如野花香。」

九・二六 石鼓池❶邊，小草無名可鬥❷；板橋柳外，飛花有陣❸堪題。

【注　釋】❶石鼓池　浙江安吉北有石鼓偃，引天目山水灌溉田地百頃。此處石鼓池即指此。❷小草無名可鬥　鬥草是古代一種遊戲，以草的名稱來作對。《紅樓夢》第六十二回寫香菱與豆官等人鬥草，即以草名相對。小草無名，就不能用於鬥草。❸飛花有陣　飛花排成行列。

【語　譯】石鼓池邊，無名的小草不能用來鬥草。柳樹外的木板橋，飛花排列成行可供題詠。

【研　析】池邊小草，默默無名，不受人重視，因此也不遭踐踏，能茁壯生長。飛花飄舞，成為文人題詠的對象，然只能風光一時，最終不免掉落溝渠汙淖之中。

九・二七

桃紅李白，疏籬細雨初來；燕紫鶯黃，老樹斜風乍透。

【語譯】桃花紅李花白，細雨剛穿過稀疏的籬笆飄來；紫色的燕黃色的鶯，斜風突然透過老樹吹來。

【研析】細雨透過稀疏的籬笆，灑落在桃李花上，紅白交映，色彩更加鮮豔。老樹枝椏交錯，樹上鶯歌燕舞，呈現一派生機。

九・二八

窗外梅開，喜有騷人弄笛；石邊積雪，還須小妓烹茶。

【語譯】窗外梅花開，很高興有文人在吹笛；石邊有積雪，還要年幼的侍女烹茶。

【研析】晉桓伊作笛曲〈梅花三弄〉，又名〈梅花引〉、〈梅花曲〉，通過梅花的潔白芬芳、孤高耐寒的特徵，借物抒懷，歌頌具有高尚節操的人。後來改編為古琴曲。因此古代文人經常將笛曲和梅花相聯繫。宋韓淲〈菩薩蠻〉：「晚雲烘日南枝北，一杯未盡梅花曲。城郭小春回，暗香開未開？」詞中「暗香」即指梅花。古人有掃雪煮茶之愛好，石邊積雪，正可煮茶。

九・二九

高樓對月，鄰女秋砧❶；古寺聞鐘，山僧曉梵❷。

【注　釋】❶秋砧　秋天的搗衣聲。❷梵　梵唱，指僧人念經。

【語　譯】在高樓上望月，鄰家女子在深秋搗衣；在古寺中聽撞鐘聲，山中僧人清晨在念經。

【研　析】古代製衣，須將布帛放在砧上，用杵搗平搗軟，稱為「搗衣」。每當秋季氣候轉涼，家中的女子就要為遠離家鄉的親人趕製寒衣，尤其是在戰爭年代，大批男子出征邊關，搗衣的女子就更忙碌了。李白〈秋歌〉云：「長安一片月，萬戶搗衣聲。秋風吹不盡，總是玉關情。何日平胡虜，良人罷遠征。」後來就把「秋砧」「搗衣」與思念親人的憂愁相聯繫。唐徐凝〈洛城秋砧〉云：「三川水上秋砧發，五鳳樓前明月新。誰為秋砧明月夜，洛陽城裡更愁人。」寺院早晚要擊鼓敲鐘，召集僧眾念佛誦經做功課，早晨是先敲鐘後擊鼓，晚上是先擊鼓後敲鐘，稱為「晨鐘暮鼓」。有人誤解「晨鐘暮鼓」的意思，以為寺院早晨敲鐘，晚上擊鼓，因此對張繼的詩「夜半鐘聲到客船」感到不好理解。月夜砧聲充滿怨愁，清晨梵唱一片祥和，兩相映照，構成一副極佳的對聯。

九・三〇　佳人病怯，不耐春寒；豪客多情，尤憐夜飲。李太白之寶花宜障❶；光孟祖之狗竇堪呼❷。

【注　釋】❶李太白之寶花宜障　《開元天寶遺事》載：寧王有樂妓名寵姐，美姿色，從不接見外客。有一次李白在寧王宮作客，酒飲半酣，求見寵姐。寧王命設七寶花障，讓寵姐在障後歌之。李白起謝曰：「雖不許見面，聞其聲亦幸矣。」❷光孟祖之狗竇堪呼　光逸，字孟祖，晉樂安人，初為博縣小吏，後舉孝廉。為人狂放不羈，《晉書・光逸傳》載：王輔之與謝鯤、阮放等人閉戶暢飲，光逸後至，守門人不讓進，光逸便脫衣露頂，從狗洞中伸出頭來大叫。王輔之說：「他人絕不能爾，必我孟祖也。」

【語　譯】佳人生病身體虛弱，耐不住春天的寒冷；豪放的人情意深，尤其喜歡晚上喝酒。李太白喝得半醉，想見寵姐，用七寶花障遮蔽，也是很合適的；光孟祖為了喝酒，鑽進狗洞中大聲呼叫，這樣做也是值得的。

【研　析】中國古代女子，以嬌柔為美，時常裝出弱不禁風的樣子，因此有東施效顰的典故。「佳人病怯」乃描述女子嬌柔之態，不耐春寒則有寂寞思春的意思。在古代詩詞中，春寒常與寂寞淒涼、思念親人相聯繫，李清照說「乍暖還寒時候，最難將息」。姜夔年輕時在合肥與一女子相戀，他們在元宵節前後分別，無緣再見。多年後，姜夔依然難忘舊情，在元宵節寫了一組〈鷓鴣天〉詞，表達對昔日情人的思念，其中寫到：「而今正是歡遊節，卻怕春寒自掩扉。」豪放的人多喜歡喝酒，酒量也大，常常飲酒至深夜。且夜晚安靜，無冗事煩擾，正可痛飲抒發豪情。因此古代寫夜飲的詩歌很多，如杜牧〈初冬夜飲〉、張說〈幽州夜飲〉、李商隱〈夜飲〉等。李白隔花障見寵姐，光孟祖鑽狗洞入室飲酒，都表現出文人不拘行跡，狂放不羈的性格。

九・三二　古人養筆以硫磺酒，養紙以芙蓉粉，養硯以文綾蓋，養墨以豹皮囊❶。小齋何暇及此，惟有時書以養筆，時磨以養墨，時洗以養硯，時舒以養紙。

【注釋】❶古人養筆以硫磺酒四句　唐馮贄《雲仙雜記》引《文房寶飾》云：「養筆以硫磺酒舒其毫，養紙以芙蓉粉借其色，養硯以文綾蓋貴乎隔塵，養墨以豹皮囊貴乎遠濕。」文綾，彩色的絲綾。

【語譯】古人用硫磺酒養筆，用芙蓉粉養紙，用彩綾做的蓋子養硯臺，用豹皮做的袋子養墨。小小的書齋哪裡有空準備這些，只有靠經常書寫來養筆，經常研磨來養墨，經常清洗來養硯，經常舒展來養紙。

【研析】筆墨紙硯被稱為「文房四寶」，有人將其作為清玩之物加以收藏，有人僅將其作為書寫的工具。

九・三二　芭蕉近日則易枯，迎風則易破。小院背陰，半掩竹窗，分外青翠。

【語譯】芭蕉被太陽曬就容易乾枯，迎著風吹就容易破。小院照不到太陽，芭蕉遮住了半邊竹窗，分外青翠。

【研析】芭蕉是多年生草本植物，葉子大而寬，性喜溫暖而耐寒力差。古人將美人蕉也稱作芭蕉，美人蕉更喜溫暖和充足的陽光，不耐寒。此條言芭蕉近日則易枯，迎風則易破，不知何據。

九·一三三　歐公香餅❶，吾其爇❷火無煙；顏氏隱囊❸，我則鬥花❹以布。

【注釋】❶歐公香餅　歐陽脩《歸田錄》：「香餅，石炭也，用以焚香，一餅之火，可以終日不滅。」歐公，指北宋文學家歐陽脩。香餅，焚香用的炭餅。❷爇　點燃；焚燒。❸顏氏隱囊　顏之推《顏氏家訓·勉學》：「梁朝全盛時，貴遊子弟……跟高齒屐，坐棋子方褥，憑斑絲隱囊，列器玩於左右。」顏氏，指北齊顏之推。隱囊，猶今之靠枕。❹鬥花　拼湊成花色圖案。

【語譯】歐公提到的香餅，我點燃後有火無煙；顏氏提到的隱囊，我用布拼湊成花色圖案。

【研析】歐陽脩是宋代著名的政治家、文學家，名列唐宋八大家，是宋代古文運動的領袖。顏之推是北齊的著名文人，傳世之作《顏氏家訓》是用儒家思想教育子孫的家庭教育教科書。爇火焚香、隱几清談是文人雅事。此條意為要學習先賢的優雅風度。

九·一三四　梅額生香❶，已堪飲爵❷；草堂飛雪，更可題詩。七種之羹❸，呼起袁生之臥❹；六生之餅❺，敢迎王子之舟❻。豪飲竟日，賦詩而散；佳人半醉，美女新妝。月下彈瑟，石邊侍酒。烹雪之茶，果然剩有寒香；爭春之館，自是堪來花嘆。

【注　釋】❶梅額生香　梅花飄落額頭散發出香氣。此處暗用梅花妝典故。《太平御覽》引《宋書》：「武帝女壽陽公主人日臥於含章檐下，梅花落公主額上，成五出之花，拂之不去，皇后留之。自後有梅花妝，後人多效之。」❷已堪飲爵　謂可以增添酒興。❸七種之羹　即七寶羹，古人農曆正月初七用七種蔬菜拌和米粉所做的羹。❹呼起袁生之臥　《汝南先賢傳》載：東漢袁安清高孤傲，不願求人。冬天積雪封門，袁安僵臥不出。縣令登門，見袁安已數日未食，問他為何不求助於人，袁安答道：「大雪人皆餓，不宜干人。」❺六生之餅　當為六出之餅，指雪花。雪花六出，故稱。❻敢迎王子之舟　用王子猷雪夜訪戴的典故。

【語　譯】梅花飄落額頭散發出香氣，已經可以增添酒興；在草堂中迎來飛雪，更可以題詩。七寶羹，能讓臥床的袁生起身；六出的雪花，可迎接王子的來船。豪飲終日，賦詩後散去；佳人半醉，美女新妝。月下彈瑟，石邊招待人飲酒。用雪水煮茶，果然有剩餘的冷香；與春色爭豔的館舍，自然會使花也歎息。

【研　析】此條言文人的生活情趣。美女在側，更添酒興。此處以梅額借代美人。飛舞的雪花飄逸靈動，積雪覆蓋的原野遼闊純淨，飛雪既有寒冬的蕭颯，又預示春天的來臨，因此飛雪成為文人喜愛吟誦的物象。唐高駢〈對雪〉詩：「六出飛花入戶時，坐看青竹變瓊枝。」室內看雪，別有一番韻趣。七種之羹香氣撲鼻，故可使高臥不起的袁安離開床榻。王子猷興來時，冒雪拜訪朋友，到門口卻興盡而返，率性而行，不受拘束。古人宴飲，常作詩以記盛事。東晉永和九年（西元三五三年），謝安、謝萬、孫綽、王羲之、王凝之、王獻之等名士在山陰蘭亭集會，會上共得詩三十七首，會後編成《蘭亭集》，王羲之為此集寫了著名的〈蘭亭集序〉。佳人半醉，嬌羞之態可掬；美女新妝，豔麗之貌炫目。月色清寒，瑟聲悠揚，月下彈瑟，更覺幽靜。以石為友，石邊飲酒更添雅興。掃雪烹茶，取雪水之清冽。館舍裝飾華麗，使百花也覺減色。

九・三五

黃鳥讓其歌聲，青山學其眉黛。

【語　譯】黃鶯的歌聲比她遜色，青山學她描眉的樣式。

【研　析】以鶯啼比喻歌聲，以青山比喻女子的眉毛，是古代常用的比喻，如劉禹錫詩「水嬉如鷺振，歌響雜鶯啼」，吳文英詞「長波妒盼，遙山羞黛」。

九・三六

淺翠嬌青，籠煙惹濕❶。清可漱齒，曲可流觴❷。

【注　釋】❶淺翠嬌青二句　此二句寫楊柳，語出高濂《遵生八牋》所引〈高子論夏時幽賞〉十二條之〈蘇堤看新〉：「三月中旬，堤上楊柳新葉，黯黯成陰，淺翠嬌青，籠煙惹濕。」❷曲可流觴　言溪水彎曲可以傳送酒杯。古人在農曆三月初三相聚於水邊，在上游放置酒杯，酒杯流到誰面前，誰就喝酒。參卷七第一〇一條。

【語　譯】柳葉淺綠嫩青，在煙霧籠罩下很滋潤。溪水清澈可以漱口，彎曲可以傳送酒杯。

【研　析】淺翠嬌青，形容柳葉初綻的新綠，在西湖水氣的籠罩下顯得格外滋潤。溪水清澈可以漱口，古時有「枕石漱流」之說，喻指隱居山林的生活。曲可流觴，則指文人雅聚。

九·三七 風開柳眼❶，露浥❷桃腮❸，黃鸝呼春，青鳥送雨，海棠嫩紫，芍藥嫣紅，宜其春也❹。碧荷鑄錢❺，綠柳繅絲❻，龍孫❼脫殼，鳩婦❽喚晴，雨驟黃梅❾，日蒸綠李，宜其夏也。槐陰未斷，雁信初來，秋英無言，曉露欲結，蓐收避席，青女辦妝❿，宜其秋也。桂子風高，蘆花月老，溪毛⓫碧瘦，山骨⓬蒼寒，千巖見梅，一雪欲臘⓭，宜其冬也。

【注釋】❶柳眼 新生的柳葉如人睡眼初開，故稱柳眼。❷浥 溼潤。❸桃腮 桃花嬌豔，如美人之面，故稱桃腮。❹宜其春也 那是春天的景象。宜，語助詞，無義。❺碧荷鑄錢 初生的荷葉形如小錢，稱為「荷錢」。❻綠柳繅絲 此句言柳葉如絲，賀知章〈詠柳〉詩云：「碧玉妝成一樹高，萬條垂下綠絲縧。」❼龍孫 筍的別稱。❽鳩婦 指雌鳩。傳說天將雨，雄鳩逐雌鳩出巢，天晴後才能返回。❾雨驟黃梅 《庚溪詩話》云：「江南五月梅熟時，霖雨連旬，謂之黃梅雨。」梅子生時色青，稱青梅，熟時色黃，稱黃梅。❿蓐收避席二句 言秋天快要逝去，冬天即將來臨。蓐收，掌管秋天的神靈。青女，掌管霜雪的女神。⓫溪毛 溪邊的野菜。⓬山骨 山中的岩石。⓭臘 歲末。

【語譯】春風吹開了柳葉，露水滋潤著桃花，黃鸝呼喚著春天，青鳥送來細雨，海棠花嫩紫，芍蘗花嫣紅，那是春天的景色。碧荷像鑄成的銅錢，綠柳像繅出來的絲，竹筍脫去外殼，雌鳩呼叫著晴天，雨打梅子黃，日曬李樹綠，那就是夏天的景色。槐樹的陰影不斷，大雁捎來的信剛到，秋天的花無語，清晨的露水將凝聚，秋天之神讓位，霜雪即將降臨，那是秋天的景色。風吹桂樹聲響，月照蘆花昏黃，溪邊野菜消瘦，山中岩石蒼老，千座山峰見梅花，一場大雪到年末，那是冬天的景色。

【研　析】此節文字出自白玉蟾〈湧翠亭記〉。白玉蟾是宋代道教南宗的代表人物，嘉定戊寅（西元一二一八年），他從廣閩至武夷，與詹琰夫商量重建止止庵事宜，途經武城，寫了一篇〈湧翠亭記〉。《小窗幽記》所錄，為其中一段，描寫湧翠亭春夏秋冬四季景色。以桃紅柳綠、百花爭豔寫春景；以竹筍脫殼，雨驟黃梅寫夏景；以北雁南飛，曉露欲結寫秋景；以草枯山寒、雪飛梅開寫冬景，都是四季有代表性的景象。

九・三八　風翻貝葉❶，絕勝北闕❷除書❸；水滴蓮花❹，何似華清❺宮漏❻？

【注　釋】❶貝葉　貝樹的葉子，代指佛經。古代印度的佛經皆用貝葉寫成。❷北闕　宮殿北面的門樓，是大臣朝見和上書奏事的地方，也泛指朝廷。❸除書　拜受官職的文書。❹水滴蓮花　意謂在誦經中度過時光。滴水是古代計時的一種方法。蓮花代表與佛教有關的事物。❺華清　華清宮，唐宮殿名。❻宮漏　宮中的滴漏。滴漏是古代通過滴水來計算時間的工具。

【語譯】風隨意地翻閱佛經，絕對勝過在朝廷接受任命的文書；水滴蓮花，比起華清宮中的滴漏怎麼樣？

【研析】此條出自屠隆《娑羅館清言》，言禮佛誦經勝過在朝廷任職。屠隆年輕時放蕩孟浪，因此落職家居，晚年皈依佛教。風翻貝葉，形容誦讀佛經時悠閒的心情。華清宮漏句，意為官員須按時上朝，不能延誤。

九·三九

畫屋曲房，擁爐列坐；鞭車行酒❶，分隊徵歌❷。一笑千金，樗蒲❸百萬；名妓持箋，玉兒❹捧硯。淋漓揮灑，水月流虹；我醉欲眠，鼠奔鳥竄；羅襦❺輕解，鼻息如雷。此一境界，亦足賞心。

【注釋】❶鞭車行酒　輪流喝酒。❷徵歌　徵召歌妓，令人唱歌。❸樗蒲　古代帶有賭博性質的遊戲。❹玉兒　指侍女。❺羅襦　綢製的短衣。

【語譯】華麗的屋子幽深的房間，圍著火爐依次而坐；輪流喝酒，讓歌女分隊唱歌。千金買美人一笑，豪賭一擲百萬；名妓拿著箋紙，侍女捧著硯臺。筆墨揮灑淋漓，就像水中的月亮流動的彩虹；我喝醉了要睡覺，老鼠奔走鳥兒逃竄；輕輕解開衣服，酣聲如雷。這樣的境界，也足以愉悅心志。

【研　析】此條文字寫文人狎妓徵歌，縱飲豪賭的豪放不羈，在明代後期頗有代表性。晚明文人極力擺脫禮教的束縛，肆意追求生活的享樂，表現出與傳統相悖逆的生活態度。袁中道在〈贈崔二郎遠遊序〉中說：「憶予與二郎二十四五時，視錢如糞土，與酒人四五輩，市駿馬數十蹄，校射城南平原，醉則渡江走沙市臥胡姬爐旁，數日不醒。置酒長江，飛蓋出沒，波中歌聲滂沱，每一至酒市，轟然若有數千百人之聲，去則市肆為之數日冷落。」袁中道文中描述的場景，與此條所言非常相似。

九・四〇　柳花燕子，貼地欲飛；畫扇練裙❶，避人欲進。此春遊第一風光也。

【注　釋】❶練裙　用白絹製成的裙子，也指舞女穿的舞衣。

【語　譯】柳絮燕子，貼著地面要飛上天；拿著畫扇穿著白練裙的女子，想避開人就要快步前行。這是春遊最好的風光。

【研　析】柳絮飄揚，燕子飛舞，女子手執畫扇，身穿白裙，見人欲避還進，構成了一幅仕女遊春圖。卞之琳有詩云：「我站在橋上看風景，看風景的人在樓上看我。」看風景的人，也成了一道風景線。設想一下，百花叢中，美女如雲，是何等旖旎風光；垂柳之下，幾個老翁臨流垂釣，又是何等幽靜的境地。自然景觀須遊人點綴，才有靈魂生氣。

九·四一　花顏縹緲，欺❶樹裡之春風；銀焰❷熒煌❸，卻城頭之曉色。

【注　釋】❶欺　此處作遮蔽解。❷銀焰　指燭光。❸熒煌　輝煌；明亮。

【語　譯】花容隱隱約約，擋住了樹裡的春風；燭光輝煌，遮住了城頭的晨光。

【研　析】此條上兩句寫春天的景色，春風拂樹，花兒在枝條的晃動中露出隱隱約約的容顏。下二句寫人們通宵達旦地盡歡，燭光輝煌，使城頭的曙光黯然失色。

九·四二　烏紗帽❶挾紅袖❷登山，前人自多風致。

【注　釋】❶烏紗帽　古代官員戴的帽子，此處指官員。❷紅袖　女子紅色的衣袖，指代美女，此處指妓女。

【語　譯】頭戴烏紗帽帶著妓女登山，從前的人大多風流。

【研　析】袁宏道〈虎丘〉云：「吏吳兩載，登虎丘者六。最後與江進之、方子公同登，遲月生公石上。歌者聞令來，皆避匿去。余因謂進之曰：『甚矣，烏紗之橫，皂隸之欲哉！』後人記載此事云：「袁中郎作吳令，常同方子公登虎丘，見紅裙皆避去，因語方曰：『烏紗帽挾紅袖登山，前人自多風致。今時不能并，便覺烏紗礙人。』」（轉引自劉大杰《折花錄》）這一條當據此而來。魏晉士大夫不拘禮儀，行為狂放不羈，稱之為「魏晉風度」。西晉宰相謝安隱居東山，經常攜妓登山，成為千古佳話。晚明文人多仿效魏晉風度，視狎妓尋歡為風流韻事。明代俞良史在〈先大夫別傳〉中記載了他父親的一件風流韻事：「大夫與一妓善。後有讌大夫者更召一妓侍飲。異日其與善者邂逅生公石，數呼之弗應，曰：『知罪矣。』妓曰：『汝知罪，即於此長揖數十，使舉山之人大笑，方赦汝。』遂如其言，至妓破顏而止。見者大笑，旁客曰：『殊失觀瞻。』曰：『觀瞻吾不惜，恨曩日侍飲人知之，必亦以此法難我耳。』」俞良史的父親為討得妓女的歡心，不惜在大庭廣眾之下作揖認錯，使山上遊人大笑，有人批評他這樣做不合禮儀，他理直氣壯地回答：「觀瞻吾不惜。」認為違背禮儀是無所謂的事情。後來有人評價他說：「聊有晉人風度，絕無漢官威儀。」他笑道：「可謂知己。但方聊有，不無遺憾；其言絕無，則感之矣。」可見明代士人對傳統禮儀的蔑視和遺棄。

九・四三　筆陣生雲❶，詞鋒捲霧❷。

【注　釋】❶筆陣生雲　形容文章變幻莫測。文章謀篇布局猶如行軍布陣，故謂筆陣。❷詞鋒卷霧　形容言辭機巧善辯。

【語　譯】文章變幻莫測，言辭機巧善辯。

【研　析】筆陣生雲，形容文章氣勢磅礴，收放自如，如風雲變幻莫測。宋張九成有〈客觀余孝經傳感而有作〉詩云：「不勞施斧鑿，筆下生煙雲。」詞鋒卷霧，形容言辭機巧善辯，具有很強的說服力，猶如掃清霧霾，使人豁然開朗。

九·四四 **楚江巫峽半雲雨❶，清簟❷疏簾看弈棋。**

【注釋】❶楚江巫峽半雲雨　用宋玉〈高唐賦〉典故，參卷一第一三一條。楚江，指楚國境內的江河。❷清簟　涼席。

【語譯】楚江上的巫峽一會兒陰雲密布一會兒細雨綿綿，隔著稀疏的竹簾坐在涼席上看下棋。

【研析】此二句出自杜甫〈七月一日題終明府水樓〉二首之二，言秋天時分，詩人作客終明府水樓的情形。「半雲雨」點明由夏入秋，細雨綿綿的季節，又與「水樓」暗合。

九·四五 **美丰儀❶人，如三春新柳，濯濯❷風前。**

【注釋】❶美丰儀　指儀態俊雅。❷濯濯　清朗的樣子。《晉書·王恭傳》：「恭美姿儀，人多愛悅，或目之云：『濯濯如春月柳。』」

【語譯】儀態俊美的人，就像春天剛抽條的柳樹，在風前顯得清朗秀逸。

【研析】此條以柳枝的晴朗秀逸比喻男子的儀態俊雅。六朝有品評人物的風氣，十分注重人的儀態容貌，且常以物象作比喻，使抽象的風度儀態具象化，如時人評嵇康「為人也，巖巖若孤松之獨立；其醉也，傀俄若玉山之將崩」。又有人用「芝蘭玉樹」比喻謝安的子姪。六朝品評人物，往往有女性化傾向，如王羲之評杜弘治「面如凝脂，眼如點漆」，後來更多用於女性。晉人以柳枝比喻王恭，也是如此。

九·四六　澗險無平石，山深足細泉。短松猶百尺，少鶴已千年。

【語　譯】山澗險峻就沒有平坦的石頭，山深到處是細細的泉水。短的松樹還有百尺高，年輕的鶴也已經有千年了。

【研　析】山澗湍急將石頭衝擊成奇形百態，深山之中到處是泉水，松樹參天百尺猶為短，仙鶴長壽千年不為老。

九·四七　清文❶滿篋❷，非惟芍藥❸之花；新製連篇，寧止葡萄❹之樹。

【注　釋】❶清文　清新俊雅的詩文。❷篋　小箱子。❸芍藥　草本植物，五月開花。《詩經·鄭風·溱洧》：「維士與女，伊其相謔，贈之以芍藥。」後以芍藥表示男女愛慕之情，或指文學中描寫愛情的作品。❹葡萄　此處指美人的裝束。南朝何思澄〈南苑逢美人〉：「風卷葡萄帶，日照石榴裙。」

【語　譯】清雅的詩文裝滿了箱子，並不只有吟詠愛情的作品；新作品一篇接著一篇，哪裡只是描繪美人容貌的作品。

【研　析】此條與卷二第七八條重出。

九·四八　梅花舒兩歲之裝❶，柏葉泛三光之酒❷。飄搖餘雪，入簫管以成歌❸；皎潔輕冰，對蟾光❹而寫鏡。

【注　釋】❶梅花舒兩歲之裝　梅花開於冬春兩季，故云舒兩歲之裝。舒裝，盛開的意思。❷柏葉泛三光之酒　古人認為柏樹長壽，是因為吸取了日、月、星三光的精華，故以柏葉泡酒，在元旦飲之能避邪長壽。❸飄搖餘雪二句　暗用「陽春白雪」的典故。餘雪，晴後未化之雪。❹蟾光　月光。傳說月中有蟾蜍，故稱。

【語　譯】梅花在歲末年頭盛開，柏葉吸取了三光的精華而用來泡酒。飄搖的剩雪，被編成歌曲用簫管伴奏；皎潔的薄冰，在月光映照下彷彿一面鏡子。

【研　析】此節文字出自梁蕭統《錦帶書十二月啟·太簇正月》，描寫正月春寒料峭的景象和人們飲酒奏樂的活動。

九·四九　鶴有累心❶猶被斥，梅無高韻也遭刪❷。

【注　釋】❶累心　為世俗所勞心。❷刪　砍削；剪除。

【語　譯】鶴有世俗之心也要被斥逐，梅花沒有高雅的韻致也要被修剪。

【研　析】鶴的本性超塵脫俗，但沾染了世俗之心也要被驅逐；梅花的本性冰清玉潔，但失去了高雅的韻致，也要遭修剪。以物喻人，天性固然重要，後世的教育磨練也不能忽視。

九·五〇　分果車中，畢竟借他人面孔❶；捉刀床側❷，終須露自己心胸。

【注　釋】❶分果車中二句　史載晉潘岳美姿容，每外出，婦女以果擲之滿車。此二句言分得潘岳車中的果子，也是靠著別人漂亮的面孔。❷捉刀床側　《世說新語·容止》載：曹操為魏王時，匈奴使者謁見，操自慚形象不佳，讓崔季冒充魏王接見使者，自己扮作侍衛帶刀立於床側。匈奴使者說：「魏王雅望非常，然床頭捉刀人，此乃英雄也。」後以代人作文或替人做事為捉刀。

【語　譯】分得潘岳車中的果子，畢竟是靠著別人的面子；曹操帶刀侍立在床側，終究要顯露出自己的氣概。

【研　析】此條言人要真實，不可虛偽。雖然分得潘岳車中的果子，並不說明自己和潘岳一樣漂亮。曹操代人捉刀，並不能掩蓋他的英雄本色。

九·五一 雪滾花飛，繚繞歌樓，飄撲僧舍，點點共酒旆悠揚，陣陣追燕鶯飛舞，沾泥逐水。豈特可入詩料，要知色身❶幻影，是即風裡楊花，浮生燕壘。

【注釋】❶色身 佛教語，指人的肉身。佛教認為人身僅是幻影，並非真實的存在。

【語譯】柳絮如雪片翻滾落花飛舞，在歌樓上迴旋，飛撲向僧舍，點點和酒旗一起飄揚，陣陣追著燕鶯飛舞，沾著泥帶著水。這樣的場景豈止可以作為寫詩的材料，更能使人領悟到人的身體不過是種幻影，也就是風裡的楊花，人生就如燕巢。

【研析】此節文字出自明高濂《遵生八牋·山滿樓觀柳》，文字略有出入。原文在「雪滾花飛」後多出「上下隨風，若絮浮萬頃」兩句。「要知色身幻影，是即風裡楊花，浮生燕壘」，原文作「要知色身幻影，是即風裡楊花。故余墅額曰『浮生燕壘』。」此條寫在樓上觀柳，從柳絮飄忽不定聯想到人生的虛幻不實。

九·五二 水綠霞紅處，仙犬忽驚人，吠入桃花去。

【語譯】水綠霞紅的地方，仙犬忽然被人所驚，叫著奔入桃花叢中。

【研　析】此三句出自明屠隆《冥寥子》，該書寫到屠隆與冥寥子往郊外踏春，遇到一群書生，於是作詩唱和，記敘遊春之樂。冥寥子也作詩一首：「沿溪踏莎行，水綠紅霞處。仙犬忽驚人，吠入桃花去。」犬被人所驚，奔入桃花叢中，寫出郊外平日行人稀少，犬不習慣受外人打攪的寧靜景象。

九・五三　九重❶仙詔❷，休教丹鳳❸啣來；一片野心❹，已被白雲留住。

【注　釋】❶九重　指皇宮、朝廷。❷仙詔　指皇帝的詔書。❸丹鳳　傳說中紅色的鳳鳥，為玉帝傳信的使者，後以丹鳳指稱傳達皇帝詔書的使者，或代指詔書。❹野心　不受拘束，自由放縱之心。

【語　譯】朝廷的詔書，不要讓使者帶來；一片自由之心，已被山中的白雲留住。

【研　析】此四句為陳摶推辭宋太宗徵召語，見於邵雍《易學辨惑》。陳摶字圖南，號扶搖子，五代宋初著名道士，精於《易》學。時常一眠數日，人稱睡仙。入宋後，宋太宗曾召見陳摶，待之甚厚，賜號「希夷先生」，並希望他留在京師以備顧問。陳摶不願久留，數月後離開京師，仍還山中居住。

九・五四　香吹梅渚千峰雪❶，清映冰壺❷百尺簾。

【注　釋】❶香吹梅渚千峰雪　此句言千峰梅花盛開，似一片雪海，香氣濃郁。渚，島。❷冰壺　指月光。

【語　譯】在長滿梅花的島上，千座山峰似雪海，吹拂著濃郁的香氣，清澈的月光映照在百尺簾櫳上。

【研　析】梅花品種很多，有紅、粉、白等顏色。白梅遠望如雪，蘇州鄧尉以盛產梅花著名，有「香雪海」之稱。

九・五五

避客偶然抛竹屨❶，邀僧時一上花船❷。

【注　釋】❶抛竹屨　即不相來往的意思。竹屨，即「杖屨」。竹杖和鞋子。韓愈〈孔公墓誌銘〉：「親戚之不仕與倦而歸者，不在東阡在北陌，可杖屨來往也。」❷花船　載有妓女召客的船。

【語　譯】有時躲避客人扔下竹杖鞋子，有時邀請僧人上花船作樂。

【研　析】僧人重戒色，請僧人上花船作樂，是對佛教戒律的褻瀆。但晚明風氣放蕩，僧人不守戒律的事情屢屢發生。馮惟敏《僧尼共犯》雜劇、徐渭《歌代嘯》雜劇，以及崑劇《思凡下山》，都是講僧人犯色戒的故事。

九・五六

到來都是淚，過去即成塵。

【語譯】將要到來的日子充滿了眼淚，過去的日子都成了塵土。

【研析】往事如煙，昔日的繁華已成塵土，未來的日子充滿艱難和兇險。此條文字流露的悲觀情緒，令人想起李煜的詞：「春花秋月何時了，往事知多少。小樓昨夜又東風，故國不堪回首月明中。雕闌玉砌應猶在，只是朱顏改。問君能有幾多愁，恰似一江春水向東流。」

九·五七 秋色生鴻雁，江聲冷白蘋。

【語譯】鴻雁南飛構成一幅秋景，白蘋漂浮使江聲更加寂寞。

【研析】鴻雁是候鳥，每年秋天，由北方往南方遷徙，在中國古代詩文中，鴻雁便成為秋天的象徵，王勃〈滕王閣序〉：「雁陣驚寒，聲斷衡陽之浦。」杜甫〈天末懷李白〉：「鴻雁幾時到，江湖秋水多。」范仲淹〈漁家傲〉：「塞下秋來風景異，衡陽雁去無留意。」白蘋是生於水中的浮草，一年四季常有，古詩中多用於描寫秋景，如黃鎮成〈秋風詩〉：「秋風淅淅生庭柯，蕭蕭木落洞庭波。紅樹夕陽蟬噪急，白蘋秋水雁來多。」

九·五八 鬥草❶春風，才子愁銷書帶❷翠；采菱秋水❸，佳人疑動鏡花❹香。

【注釋】❶鬥草 古代一種遊戲，參本卷第二六條。❷書帶 草名，即麥冬。鄭玄曾用麥冬束書，故稱「書帶草」。❸秋水　秋天江湖的水，也用以比喻明淨的鏡面。❹鏡花　指菱花鏡。

【語　譯】在春風裡鬥草，書帶草的翠色消除了才子的憂愁；在秋天的湖裡採菱，佳人懷疑誰打開了她的菱花鏡，傳來陣陣香氣。

【研　析】此聯語帶雙關，設想巧妙。在春風中鬥草，是快樂的遊戲，用翠綠的草捆綁書籍，也令人心情舒暢。秋水中菱花散發出陣陣清香，令人想到美人妝臺上菱花鏡的脂粉氣。

九·五九　竹粉❶映琅玕❷之碧，勝新妝流媚，曾無掩面於花宮❸；花珠❹凝翡翠之盤，雖什襲❺非珍，可免探頷於龍藏❻。

【注　釋】❶竹粉　依附於竹節的白色粉末。❷琅玕　竹子。❸花宮　指鮮花聚集之處。❹花珠　即珠花，用珍珠穿成的頭飾。❺什襲　層層包裹，比喻珍藏。❻探頷於龍藏　《莊子·列禦寇》載：深潭中有驪龍，頷下有寶珠，須待其睡方能獲取。

【語　譯】竹粉映襯得竹子更加翠綠，勝過佳人新妝的豔麗，無須在百花叢中感到羞愧而掩面；珠花放在翡翠的盤中，雖然收藏的不是珍寶，但也可以免除從龍頷下取珠的麻煩。

【研　析】竹沒有花的嬌豔，卻有花沒有的韻致。珠花雖不珍貴，但插在美人頭上照樣鮮麗奪目。世上萬物，各有所長，都有其自身的價值，無須盲目攀附。

九·六〇　因花整帽，借柳維船。

【語譯】用花來裝飾帽子，借柳樹來泊船。

【研析】此條出自宋張炎〈聲聲慢〉詞：「因風整帽，借柳維舟，休登故苑荒臺。」詞中「因風整帽」，意為因為風大要把帽子颳走，所以要把帽子繫緊。現改為「因花整帽」意思就不同了。

九·六一　繞夢落花消雨色，一尊芳草❶送晴曛❷。

【注釋】❶芳草　芳草地，長滿芳草的原野。白居易〈賦得古草原送別〉：「又送王孫去，萋萋滿別情。」後來詩人喜用草原為送別之地。❷晴曛　晴天落日的餘暉。

【語譯】落花飄飛似夢牽魂繞，雨色逐漸消退，在草原上用一尊酒送走落日的餘暉。

【研析】此二句出自湯顯祖〈永嘉送客遊金陵便謁王恒叔參政〉，描寫送別朋友的場景。夢繞落花，形容落花飛舞盤旋，令人目眩，猶如夢幻，又言對朋友的思念，夢牽魂繞，猶如落花揮之不去。

九·六二　爭春開宴，罷來花有嘆聲；水國談經，聽去魚多樂意。

【語　譯】擺開迎春的宴席，聚會結束了花發出歎息的聲音；在水鄉談論佛經，魚兒聽了也感覺快樂。

【研　析】宴會結束了，花兒也感到遺憾而歎息。在水鄉談論佛經，魚兒聽了也覺得快樂舒心。此條以通感的手法，將花和魚寫成有人類感情的生物，實際上表達了作者的感情。佛教認為，萬物有靈，都有佛性，生公說法，石頭點頭，更不要說有生命的魚了。

九·六三　無端❶淚下，三更山月老猿啼；驀地❷嬌❸來，一月泥香新燕語。

【注　釋】❶無端　沒有緣由；沒有原因。❷驀地　突然。❸嬌　指燕子的嬌聲細語。

【語　譯】沒有緣由地落淚，三更時分山中月下老猿在啼叫；突然傳來嬌聲細語，一月份新來的燕子呢喃絮語，新築的燕巢還散發出泥土的芬芳。

【研　析】猿鳴聲哀，催人淚下，酈道元《水經注》引古漁歌：「巴東三峽巫峽長，猿鳴三聲淚沾裳。」冬去春回，燕子啣泥做窩，呢喃絮語，展示了春光的美好。南宋史達祖〈詠燕〉詞云：「還相雕梁藻井，又軟語商量不定。飄然快拂風梢，翠尾分紅影。」

九·六四　燕子剛來，春光惹恨；雁臣❶甫聚，秋思❷慘人。

【注　釋】❶雁臣　鴻雁飛時，排列成兩行，猶如大臣朝見列隊而進，故以雁臣比喻朝見之臣。此處即指雁陣。❷秋思　秋天寂寞淒涼的思緒。

【語　譯】燕子剛來，春光牽引著人們的憂愁；雁陣剛聚集起，秋天的思緒令人淒苦。

【研　析】在中國古代詩詞中，燕子是代表春天的意象，同時也寄寓著文人騷客傷春惜春的感歎。燕子冬去春回，年復一年，令人感到歲月易逝，春光短暫，故歐陽脩感歎道：「笙歌散盡遊人去，始覺春空。垂下簾櫳，雙燕歸來細雨中。」（〈采桑子〉）每當蕭殺的秋天季節，仰視寥廓的萬里霜天，可以看到一行行由北向南飛行的雁陣，於是在詩詞中，大雁就成了代表秋天的意象，李白〈宣州謝脁樓餞別校書叔雲〉云：「長空萬里送秋雁，對此可以酣高樓。」范仲淹〈漁家傲〉云：「塞下秋來風景異，衡陽雁去無留意。」古代又有鴻雁傳書的傳說，因此大雁也寄寓著人們別離鄉愁的思緒。李清照〈一剪梅〉云：「雲中誰寄錦書來，雁字回時，月滿西樓。」沈如筠〈閨怨〉云：「雁盡書難寄，愁多夢不成。願隨孤月影，流照伏波營。」

九・六五　韓嫣金彈❶，誤了飢寒人多少奔馳；潘岳果車❷，增了少年人多少顏色。

【注　釋】❶韓嫣金彈　葛洪《西京雜記》載：韓嫣喜好打彈子，彈丸用黃金製成。一些貧困的少年就跟著他，拾他打出的彈丸。當時有諺語曰：「苦飢寒，逐金丸。」❷潘岳果車　參本卷第五〇條。

【語　譯】韓嫣用黃金製作彈丸，害得那些飢寒的人跟在後面到處奔跑；潘岳外出，坐的車裡裝滿了婦女扔給他的果子，為少年人增添了多少面子。

【研　析】韓嫣是漢武帝的寵臣，以黃金作彈子，可見其奢華。潘岳乘車出行，婦女皆擲果車中，表示對他的喜愛，於是潘岳就成了美男子的代稱。古人稱讚一個人的才貌，常說「貌比潘安，才似子建（曹植）」。潘岳雖然貌美，品行卻低下。他為了巴結權貴賈謐，看到他騎馬揚起的塵土，就跪拜相迎，後來就以「望塵拜」諷刺那些諂媚奉承的小人。

九・六六　**微風醒酒，好雨催詩，生韻生情，懷頗不惡。**

【語　譯】微風能醒酒，好雨能催發詩興，風雨能產生韻趣和情致，心情很不錯。

【研　析】「微風醒酒」，語本杜甫〈陪鄭廣文游何將軍山林〉：「醒酒微風入，聽詩經夜分。」「好雨催詩」語本杜甫〈陪諸貴公子丈八溝攜妓納涼，晚際遇雨〉：「片雲頭上黑，應是雨催詩。」微風令人神爽，細雨讓人朦朧，都能催發詩人的情思，因此歷來有許多寫微風細雨的詩詞名作，如杜甫「細雨魚兒出，微風燕子斜」，「好雨知時節，當春乃發生。隨風潛入夜，潤物細無聲」。張志和〈漁父歌〉：「西塞山前白鷺飛，桃花流水鱖魚肥。青箬笠，綠蓑衣，斜風細雨不須歸。」都能寫出微風細雨的意境。

九・六七

苧蘿村❶裡，對嬌歌艷舞之山❷；若耶溪❸邊，拂濃抹淡妝❹之水。

【注釋】❶苧蘿村　相傳為西施的出生地，在今浙江諸暨南。❷嬌歌艷舞之山　指西施山，也稱土城山，在今紹興城東五雲門外，相傳是西施習舞之處。馮夢龍《古今譚概・西施山》載：「西施教歌舞之地，名西施山。袁宏道與陶望齡同遊，陶詩云：『宿幾夜嬌歌艷舞之山。』」❸若耶溪　又名五雲溪，在今浙江紹興境內，相傳西施曾在此浣紗。❹濃抹淡妝　蘇軾〈飲湖上初晴後雨〉：「若將西湖比西子，濃妝淡抹總相宜。」此處指西施在溪邊臨水梳妝。

【語譯】苧蘿村裡，面對著嬌歌豔舞的山峰；若耶溪邊，手拂西施曾對之梳妝的流水。

【研析】此條詠西施。西施能歌善舞，她生長的苧蘿村四周的山峰也似在嬌歌豔舞。西施貌美，濃妝淡抹總相宜，她在若耶溪邊臨水梳妝，溪水至今留有餘香，令人銷魂。

九・六八

春歸何處，街頭愁殺賣花；客落他鄉，河畔生憎❶折柳❷。

【注釋】❶生憎　最恨；偏恨。❷折柳　古人有折柳送別的習俗，故常以折柳表示離別。

【語譯】春光已去，不知歸向何處，愁殺了街頭賣花的人；行客流落他鄉，最恨在河邊折柳送別。

【研析】此條也見於《小窗自紀》。春歸花落，賣花人便無花可賣。古人有折柳送別的風俗，遊子不願與家人離別，於是看到折柳便觸景生情。

九・六九　論到高華❶，但說黃金能結客；看來薄命，非關紅袖懶撩人❷。

【注　釋】❶高華　指門第高貴。❷紅袖懶撩人　指美色的誘惑。

【語　譯】若論到門第的高貴，只可說黃金能結交客人；看來命運不好，與美色的誘惑沒有關係。

【研　析】戰國時燕昭王曾築黃金臺招納賢士，高貴的門第並不能吸引人才，只有金錢才有作用。這是封建社會對於人才問題的看法。然而，並不是所有人都是為金錢而來的。古人有紅顏禍水的說法，把女子看作帶來惡運的禍害。作者卻認為，一個人的命運不好，與女色並無關係。

九・七〇　同氣之求❶，惟刺平原於錦繡❷；同聲之應，徒鑄子期以黃金❸。

【注　釋】❶同氣之求　《易經》：「同聲相應，同氣相求。」後以此表示志趣相投，或氣質相類者互相吸引、聚合。❷惟刺平原於錦繡　言平原君深受人們的愛戴。平原，指戰國時平原君趙勝，曾三任趙國宰相，門下有食客三千。李賀〈浩歌〉：「買絲繡作平原君，有酒唯澆趙州土。」❸徒鑄子期以黃金　元好問〈論詩〉：「論功若準平吳例，合著黃金鑄子期。」子期，鍾子期，春秋時楚人，為俞伯牙的知音。子期死後，伯牙再不彈琴。

【語　譯】同氣相求，在錦繡上只刺平原君的畫像；同聲相應，白白地用黃金為子期鑄像。

【研　析】此條言人們相知相交，全在意氣相投，並不在以利相交。

九·七一 胸中不平之氣，說倩山禽❶；世上叵測之心，藏之煙柳❷。

【注釋】❶說倩山禽 意謂向山中禽鳥訴說。倩，請託。❷煙柳 指風月場所。

【語譯】胸中不平之氣，向山中的禽鳥訴說；世上難測的人心，都藏在風月場中。

【研析】胸中的不平，無人能夠理解，只能向山禽訴說，尋求精神的宣洩。風月場中虛情假意，勾心鬥角，集中體現了世人的叵測之心。關漢卿在〈不伏老〉套曲中說風月場是「鋤不斷，斫不下，解不開，頓不脫，慢騰騰千層錦套頭」。意謂風月場機關重重，令人難以擺脫。

九·七二 袪長夜之惡魔，女郎說劍；銷千秋之熱血，學士談禪。

【語譯】女郎論劍，是要驅除長夜的惡魔；學士談禪，是要消解名垂千秋的熱情。

【研析】女郎論劍，並不能殺敵建功，只是消磨時光。學士習儒家之業，本應積極入世，但壯志難酬，只得借談禪逃避世事。

九·七三 論聲之韻者，曰溪聲、澗聲、竹聲、松聲、山禽聲、幽壑聲、芭蕉雨聲、落花聲，皆天地之清籟❶，詩壇之鼓吹❷也。然銷魂之聽，當以賣花聲為第一。

【注　釋】❶天地之清籟　天地間清亮的聲音。籟，從孔穴中發出的聲音，也泛指一般的聲響。❷鼓吹　樂曲。

【語　譯】說起聲音有韻致的，是溪水聲、山澗聲、竹林聲、松風聲、山禽的鳴叫聲、幽深的峽谷發出的聲音、雨打芭蕉的聲音、落花聲，都是天地間清亮的聲音，詩壇的樂曲。然而聽了令人銷魂的聲音，當以賣花聲為第一。

【研　析】自古至今，賣花人穿街走巷，挑著色彩豔麗的鮮花，嘴裡還唱著聲調悠揚的賣花曲，給各家分送春色。詩人聽到賣花的歌聲，就會產生惜春、傷春的情感。陸游〈臨安春雨初霽〉云：「世味年來薄如紗，誰令騎馬客京華。小樓昨夜聽春雨，深巷明朝賣杏花。」詩人從賣花聲中領略到客居京華的孤獨寂寞。高啟〈賣花詞〉云：「綠盆小樹枝枝好，花比人家別開早。陌頭擔得春風行，美人出簾聞叫聲。移去莫愁花不活，賣與還傳種花訣。餘香滿路日暮歸，猶有蜂蝶相隨飛。買花朱門幾回改，不如擔上花長在。」詩人從賣花聲中，體會到時世的興衰變異，擔上的鮮花依然那麼嬌豔，可買花的朱門已經幾易其主了。正因為賣花聲可以引起人們的種種聯想，比溪水聲、山澗聲等自然聲響具有更豐富的人文意義，所以更令人銷魂。

九・七四　石上酒花❶，幾片濕雲凝夜色；松間人語，數聲宿鳥❷動朝暄。

【注釋】❶酒花 浮在酒面上的泡沫。❷宿鳥 歸巢棲息的鳥。

【語譯】坐在石上飲酒，酒面上的泡沫就像幾片潮溼的雲凝聚著夜色；聽到松林間的人語聲，宿鳥數聲鳴叫引動了清晨的喧鬧。

【研析】以石上酒花，比作行雨的烏雲，可謂想像奇特。「松間人語」兩句，大有王維詩的意境。

九·七五 媚字極韻，但出以清致❶，則窈窕❷俱見風神，附以妖嬈，則做作畢露醜態。如芙蓉媚秋水❸，綠篠媚清漣❹，方不著跡。

【注釋】❶清致 清雅的情致。❷窈窕 嫻靜的樣子。❸芙蓉媚秋水 李白詩云：「清水出芙蓉，天然去雕飾。」❹綠篠媚清漣 謝靈運〈過始寧墅〉：「白雲抱幽石，綠篠媚清漣。」篠，細竹。清漣，水清澈而有微波。

【語譯】一個「媚」字極有韻味，只要以清雅的情致表現出來，那麼嫻靜安穩也處處顯示出風韻神采，如果以嫵媚多姿的方式表現出來，那麼矯揉造作醜態畢露。就像秋水中的芙蓉更清麗，清波邊的綠竹更秀美，才不露痕跡。

【研析】此條也見於《小窗自紀》。「媚」即媚態，指美好的姿態。如果一個人有良好的氣質和修養，他的行為舉止就會自然地流露出高雅的風韻神采；如果一個人沒有良好的氣質和修養，偏要撓首弄姿裝腔作勢，就會顯得矯揉造作醜態畢露。《莊子．天運》載：「故西施病心而顰其里，其里之醜人見而美之，歸亦捧心而顰其里。其里之富人見之，堅閉門而不出；貧人見之，挈妻子而去之走。彼知顰美而不知顰之所以美。」這個著名的東施效顰的故事，就是批評那些矯揉造作追求形式美，而缺乏內涵修養的淺薄之人。李漁在《閒情偶寄》中也提到，女子之美，容貌占十之三，氣質風度占十之三，而氣質風度是經過長期修養形成的，自然地體現於舉手投足之際。李白詩云「清水出芙蓉，天然去雕飾」，就是提倡自然美。

九．七六

武士無刀兵氣❶，書生無寒酸氣❷，女郎無脂粉氣❸，山人❹無煙霞氣❺，僧人無香火氣❻。換出一番世界，便為世上不可少之人。

【注釋】❶刀兵氣　好勇鬥狠的習氣。❷寒酸氣　迂腐困窘的品行。❸脂粉氣　矯豔造作的風格。❹山人　指沒有功名官職，以奔走權貴門下為生的文人墨客。❺煙霞氣　奔走紅塵的世俗趣味。❻香火氣　指僧人燒香念佛的習性。

【語譯】武士沒有刀兵氣，書生沒有寒酸氣，女郎沒有脂粉氣，山人沒有煙霞氣，僧人沒有香火氣。如果一個人能跳出本身的局限，就可以成為世上不可缺少的人。

【研析】此條也見於《小窗自紀》，言一個人若能擺脫自身的局限，便能達到全新的境界。武士長期舞刀弄槍，就有了一股殺氣，若能擺脫殺氣，他的功夫就達到爐火純青的地步。在武俠小說中，那些真正的武林高手，都是神氣內斂，毫無習武的跡象。書生若只是死讀書，就會不通世事，變得迂腐起來。如果讀書人不光有書本知識，還懂得人情世故，那麼他的知識就是全面而切合實際的。《紅樓夢》說：「世事洞明皆學問，人情練達即文章。」講的就是這個道理。脂粉氣比喻矯揉造作的風格，女郎若無脂粉氣，就是女中丈夫、巾幗英雄。山人奔走豪門，容易沾染市井習氣，若能潔身自好，就是出於汙泥而不染。僧人能精通佛理，隨處修行，不是只會禮佛念經，就是得道高僧。

九・七七

情詞❶之嫻美，《西廂》以後，無如《玉盒》❷、《紫釵》❸、《牡丹亭》❹三傳。置之案頭，可以挽文思之枯澀，收精神之懶散。

【注釋】❶情詞　情感與文辭。❷玉盒　即《玉盒記》，明代傳奇，梅鼎祚著，寫韓翃與柳氏悲歡離合的故事。❸紫釵　即《紫釵記》，明代傳奇，湯顯祖著，寫李益與霍小玉的愛情悲劇。❹牡丹亭　又名《還魂記》，明代傳奇，湯顯祖著，寫杜麗娘與柳夢梅生死相戀的故事。

【語譯】情感與文辭的優雅華美，在《西廂記》之後，沒有比得上《玉盒記》、《紫釵記》、《牡丹亭》三部傳奇的。將這幾部傳奇放在案頭，可以挽救文思的枯澀，聚攏懶散的精神。

【研析】《西廂記》和《牡丹亭》是中國古代最負盛名的經典之作。這兩個劇本寫男女之情纏綿悱惻，文辭優美華麗，歷來受到人們的好評。《紫釵記》是湯顯祖根據早年作品《紫簫記》改寫的作品，劇中寫霍小玉的痴情頗能感人，對盧太尉擅權誤國及逼婚李益也有所批評，但此劇文辭過於雕琢，其思想和藝術性遠不及《牡丹亭》。《玉盒記》情節曲折，但頭緒繁多，情節蕪雜，語言過於綺麗，且唱詞多用典故，賓白多用駢語，是當時「駢儷派」的代表作。

九・七八　俊石貴有畫意❶，老樹貴有禪意❷，韻士❸貴有酒意，美人貴有詩意。

【注釋】❶畫意　繪畫的意境。❷禪意　即禪理，佛教禪宗的道理。❸韻士　風雅之士。

【語譯】俊美的石頭貴在有繪畫的意境，老樹貴在有禪理，風雅之士貴在有酒意，美人貴在有詩意。

【研析】此條也見於《小窗自紀》。好的石頭，具有獨特的形狀，能激發繪畫者創作欲望。李漁認為山石之美在「透、漏、瘦」，一塊山石便有千山萬壑之趣。老樹歷經風霜，枝節虬曲，能令人想到生命的艱辛；老樹發新枝，顯示出生命力的旺盛；老樹逐漸枯萎，讓人感到生命的短暫和無奈。老樹能激發人們的想像，能從中領悟到生活的哲理。古代文人風雅，大多離不開酒，酒能使人放浪形骸，意興風發，李白「斗酒詩百篇」就是最好的例子。美人有詩意，即有內涵和韻致，不是光追求形貌之美。

九·七九

紅顏未老，早隨桃李嫁春風❶；黃卷將殘❷，莫向桑榆❸憐暮景。

【注　釋】❶早隨桃李嫁春風　比喻女子應及早嫁人。金王寂有詩云：「只有松杉全晚節，不隨桃李嫁春風。」此句當反其意用之。❷黃卷將殘　謂飽讀詩書。黃卷，書籍。❸桑榆　日暮，比喻人之晚年。

【語　譯】紅顏未老，如桃李追逐春風及早嫁人；讀盡詩書，不要到了晚年再感歎時光無多。

【研　析】女子要乘早嫁人，待到徐娘半老，變為剩女，再要嫁個合適的人就難了。學子要把握時間讀書，切莫「少壯不努力，老大徒傷悲」。

九·八〇

銷魂之音，絲竹❶不如著肉❷。然而風月山水間，別有清魂銷於清響❸，即子晉之笙❹，湘靈之瑟❺，董雙成❻之雲璈❼，猶屬下乘，嬌歌豔曲，不盡混亂耳根。

【注　釋】❶絲竹　指樂器演奏的音樂。❷著肉　指從人的喉嚨裡發出的歌聲。❸清響　清越響亮的聲音。❹子晉之笙　子晉，即王子喬，相傳為周靈王太子，喜歡吹笙，其聲如鳳凰鳴叫。後在嵩山修煉，升仙而去。❺湘靈之瑟　湘靈，湘水之神。《楚辭·遠遊》：「使湘靈鼓瑟兮，令海若舞馮夷。」❻董雙成　傳說中西王母的侍女。❼雲璈　即雲鑼，一種打擊樂器。

【語譯】令人銷魂的聲音，絲竹彈奏的樂曲不如喉嚨發出的歌聲。然而在風月山水之間，別有一種令人銷魂的清響，即使王子晉的笙，湘靈的瑟，董雙成的雲璈，與之相比，都屬下等，那些嬌歌豔曲，更是不停地擾亂著耳根。

【研析】中國傳統哲學講求尊重自然、順應自然，追求「天人合一」的和諧協調，體現在音樂上，提出了「絲不如竹，竹不如肉」的觀點。絲指弦樂，竹指管樂，肉指聲樂。歌唱出自人喉，最接近自然。管樂直接取材於竹，略作加工即可。弦樂以絲為弦，加工最為複雜。以「自然為美」的觀點來衡量，人聲最自然，而絲弦人工的成分最多，離自然最遠。然而，天地間還有一種「自然之音」，即風月山水之聲響。這樣的聲音，也同樣令人銷魂。

九·八一　風驚蟋蟀，聞織婦之鳴機❶；月滿蟾蜍❷，見天河❸之弄杼。

【注釋】❶鳴機　即機杼，織布機，也指開動機器織布。❷月滿蟾蜍　指滿月之時。傳說月中有蟾蜍，即以蟾蜍指代月亮。❸天河　銀河，此處指銀河中的織女星。

【語譯】寒風驚動了蟋蟀，聽到紡織婦女開動機器織布的聲音；滿月當空，看到銀河中的織女在投梭紡織。

【研析】此條言秋天氣候轉涼，婦女忙於紡織製衣。《詩經·唐風》云：「蟋蟀在堂，歲聿其莫。」蟋蟀夏天在室外，秋天遷徙室內。《詩義疏》云：「蟋蟀……幽州人謂之趣織，督促之言也。里語趣織鳴，懶婦驚。」蟋蟀又名趣織、促織，有督促婦女加緊紡織的意思。〈古詩十九首·迢迢牽牛星〉：「迢迢牽牛星，皎皎河漢女。纖纖擢素手，札札弄機杼。」此處即借用織女的故事，言紡織之事。

九·八二 高僧筒裡送信，突地天花墜落；韻妓扇頭寄畫，隔江山雨飛來。

【語譯】高僧用竹筒送信，突然天花亂墜；風韻妓女把扇面的畫相贈，山雨隔江飛來。

【研析】此聯上句言高僧說法，天花亂墜；下聯言妓女作畫，形象生動。把高僧與妓女相提並論，可謂奇想。

九·八三 酒有難懸❶之色，花有獨蘊之香，以此想紅顏媚骨❷，便可得之格❸外。

【注釋】❶難懸 難以料想。❷紅顏媚骨 指女子。❸格 規格；標準。

【語譯】酒有難以料想的顏色，花有獨特的香氣，用這樣的眼光去衡量紅顏媚骨，就可以不落俗套。

【研　析】奇人異士、美女俠客，都不能以常規衡量。女子若無獨特的韻致，就會顯得平庸俗氣。

九・八四　客齋❶使令❷，翔七寶妝❸，理茶具，響松風於蟹眼❹，浮雪花❺於兔毫❻。

【注　釋】❶客齋　指客棧、客房。❷使令　指使僕人。❸七寶妝　裝飾多種珠寶的器具，此處指几桌。❹蟹眼　煮茶時水面泛起如蟹眼般的氣泡。古人云煮茶有三沸之法，第三沸時，水開如松風聲響，水面泛起蟹眼般氣泡。❺雪花　煮茶時水面泛起的白色泡沫。❻兔毫　即兔毫盞，宋代建安出產的黑釉瓷茶盞，因紋理細密，狀如兔毫而得名。

【語　譯】在客舍讓僕人支好華麗的桌案，整理好茶具，茶煮開時發出松風般的響聲，水面泛起蟹眼般的氣泡，倒在兔毫盞裡，上面漂浮著雪花似的泡沫。

【研　析】此條言煮茶。陸羽《茶經》論煮茶云：「其沸如魚目，微有聲，為一沸；緣邊如湧泉連珠，為二沸；騰波湧浪為三沸。已上水老不可食也。」古人喝茶極講究，先將茶葉做成茶餅，用時碾成細末，然後煮茶。先將清水煮沸，加入適量的鹽調味。待水再次燒沸，取沸水一瓢，用竹夾攪動，使沸水出現漩渦，然後將茶末從漩渦中心投下。待水大開，將舀出的瓢中的水加入止沸，煮茶的工序即完成。

九・八五

每到日中重掠鬢，衩衣❶騎馬試宮廊。

【注　釋】❶衩衣　兩側開衩的便服。

【語　譯】每到中午重新掠鬢梳妝，穿著衩衣騎馬繞著宮中的長廊跑。

【研　析】此二句出自唐王建〈宮詞〉。「宮詞」是專門描寫宮廷生活的詩歌，形式以五七言絕句為主。唐代顧況始創〈宮詞〉之題，王建作〈宮詞〉百首，為連章體組詩，此後仿作者甚多。此條所引兩句，為王建〈宮詞〉百首的其中一首，全詩為：「藥童食後送雲漿，高殿無風扇少涼。每到日中重掠鬢，衩衣騎馬繞宮廊。」王建的〈宮詞〉百首，寫出了宮女生活的寂寞和淒涼，揭示了宮女內心的隱衷和痛苦。此條所引之詩，描寫宮女生活雖然優越，卻單調而無聊，只能借梳妝和騎馬打發時光。

九・八六

絕世風流，當場豪舉。世路❶既然如此，但有肝膽向人；清議❷可奈何，曾無口舌造業❸。

【注　釋】❶世路　世道。❷清議　議論時政，評價人物。❸口舌造業　指因言語而得禍。

【語　譯】絕代的風流，當場的豪舉。世道既然如此，只有肝膽相照赤誠相見；清議又有什麼用，不要因言語而得禍。

【研　析】明代後期，文人崇尚清議，臧否時政，黨同伐異，致使黨爭頻仍，很多人因此獲禍，但於國計民生絲毫無補。清人評論明代之覆亡，曾得出「清議亡國」的結論。

九・八七　花抽珠漸落，珠懸花更生；風來香轉散，風度焰還輕。

【語　譯】花兒開放露珠慢慢跌落，露珠懸掛在花上更有生氣；風來香飄散，風吹火焰輕輕地閃動。

【研　析】花開本悄無聲息，卻說震落了露珠，刻畫出鮮花開放時蓬勃生氣。風吹燈焰，火苗閃動，卻說火焰更輕，閃爍不定，描寫得十分靈動。

九・八八　瑩❶以玉琇❷，飾以金英❸。綠芰❹懸插，紅蕖❺倒生。

【注　釋】❶瑩　裝飾；點綴。❷玉琇　玉石。❸金英　黃花，特指菊花。❹綠芰　綠色的菱葉。❺紅蕖　紅色的荷花。

【語　譯】用白玉來點綴，用黃花來裝飾。綠色的菱葉懸空插入水中，紅色的荷花倒掛在水面。

【研　析】此四句出自江總〈雲堂賦〉，描寫庭堂的裝飾。玉琇白色，金英黃色，菱葉綠色，荷花紅色，四色交映，色彩鮮明。

九・八九　浮滄海兮氣渾，映青山兮色亂。

【語　譯】震盪的大海氣象雄渾，影照青山色彩紛亂。

【研　析】此二句出自唐翟楚賢〈碧落賦〉，形容大海的雄偉氣象。浩瀚的海水震盪，氣勢宏偉。因為大海動盪不定，因此倒映在水面的青山也搖晃紛亂。

九・九〇　紛廣庭❶之靃靡❷，隱重廊❸之窈窕，青陸❹至而鶯啼，朱陽❺升而花笑。

【注　釋】❶廣庭　《小窗幽記》作「黃庭」，據盧照鄰〈雙槿樹賦〉改。❷靃靡　草木茂密的樣子。《小窗幽記》作「靃霏」，據盧照鄰〈雙槿樹賦〉改。❸重廊　曲折的長廊。❹青陸　指春天。❺朱陽　太陽。

【語　譯】廣闊的庭院中槿樹茂密，遮蔽長廊更加幽深，春天到了黃鶯啼鳴，太陽升起花兒歡笑。

【研　析】此條出自唐盧照鄰〈雙槿樹賦〉。唐著作局植有兩株槿樹，很多人寫了〈槿樹賦〉，盧照鄰也作了一首。槿樹花朝開暮落，盧照鄰〈雙木槿賦〉描寫木槿所處的環境及其形狀，並由此抒發世事多變、榮華易逝的感歎。

九・九一 紫蒂紅蕤❶，玉蕊蒼枝。

【注　釋】❶蕤　花。

【語　譯】紫色的花蒂紅色的花朵，白色的花蕊青色的枝葉。

【研　析】此條也出自盧照鄰〈雙槿樹賦〉，描寫木槿花的形狀。

九・九二 視蓮潭之變彩，見松院之生涼；引驚蟬於寶瑟❶，宿蘭燕❷於瑤筐❸。

【注　釋】❶寶瑟　瑟的美稱。❷蘭燕　燕的美稱。❸瑤筐　指燕巢。

【語　譯】看種滿蓮花的水潭變換色彩，見長滿松樹的庭院裡生出涼意；寶瑟引動秋天的寒蟬，蘭燕寄宿在白玉筐裡。

【研　析】此節文字出自唐王勃〈七夕賦〉，描寫秋天的景色，荷花凋殘蓮子結實，紅衰綠興，松風生涼，秋蟬鳴唱，燕子築巢，皆是秋天的物候。

九・九三

蒲團布衲，難於少時存老去之禪心❶；玉劍❷角弓❸，貴於老時任少年之俠氣。

【注　釋】❶禪心　佛教語，謂清淨寂定的心境。❷玉劍　玉製的劍，比喻名貴的寶劍。❸角弓　以獸角為飾的硬弓。

【語　譯】穿著布僧衣在蒲團上打坐，難的是在少年時有老年人的清淨寂定心境；佩著玉劍角弓，貴在年老時能保留少年的豪俠之氣。

【研　析】少年應有豪氣，老來應當清淨。少年時清淨寂定，是為少年老成；老來豪氣不減，是為壯心未已。少年成熟一些固然好，但老氣橫秋，過於世故，就失去了少年的蓬勃朝氣。老年仍能保持豪氣固然難得，但過分了就顯得輕浮。任何事情都要掌握一個度，也就是儒家所謂的「中和」。

卷十　豪

十・一　今世矩視尺步❶之輩，與夫守株待兔之流，是不束縛而阱❷者也。宇宙寥寥，求一豪者❸，安得哉！家徒四壁，一擲千金，豪之膽；興酣落筆，潑墨千言，豪之才；我才必用，黃金復來❹，豪之語。夫豪既不可得，而後世倜儻之士❺，或以一言一字寫其不平，又安與沉沉故紙❻同為銷沒乎！集豪第十。

【注　釋】❶矩視尺步　謂循規蹈矩。矩，木匠用來畫方形或直角的工具，即曲尺。❷阱　陷阱，此處謂跌落陷阱。❸豪者　豪士，豪放任俠之士。❹我才必用二句　李白〈將進酒〉：「天生我才必有用，千金散盡還復來。」❺倜儻之士　豪爽灑脫，不受世俗禮法束縛的人。❻故紙　指充斥陳言濫調的文章。

【語　譯】當今那些循規蹈矩和苟且度日的人，是沒人束縛他而自己跌落陷阱的。遼闊的宇宙，要求取一個豪放任俠之士，哪裡能夠得到啊！家裡窮得一無所有，還能一擲千金，這就是豪士的膽量；興致濃時提筆作文，潑墨揮灑，下筆千言，這是豪士的才華；天生我才必有用，千金散盡還復來，這是豪士的語言。豪士既然已不可得，那麼後世豪放不羈的人，或以一言一字發洩他的不平之氣，又怎麼會與那些陳詞濫調一同湮沒呢！集豪第十。

【研　析】晚明文人豪放不羈，在生活上不拘禮法，追求任情適意的生活享受；在文學上則主張「不拘一格，獨抒性靈」，反對抄襲模擬的陳詞濫調。晚明開放的社會風氣和獨特的文學個性，在中國的思想史和文學史上占有重要的地位。

十·二　桃花馬❶上，春衫少年俠氣；貝葉齋❷中，夜衲老去禪心。

【注　釋】❶桃花馬　指有紅點如桃花的白馬。❷貝葉齋　指佛寺。貝葉，指佛經。參卷九第三八則。

【語　譯】桃花馬上，穿著春衫的少年充滿俠氣；寺院中，夜晚打坐的僧人已老，有一顆清淨寂定的禪心。

【研　析】此條語本屠隆《娑羅館清言》：「角弓玉劍，桃花馬上春衫，猶憶少年俠氣；瘦瓢膽瓶，貝葉齋中夜衲，獨存老去禪心。」春衫少年的俠氣與夜衲老僧的禪心形成了強烈的對照，形象十分鮮明。「桃花馬上」兩句，又從韋莊〈菩薩蠻〉詞化出：「如今卻憶江南樂，當時少年春衫薄。騎馬斜倚橋，滿樓紅袖招。翠屏金屈曲，醉入花叢宿。此度見花枝，白頭誓不歸。」可知春衫少年的俠氣，是出入歌臺舞榭，眠花宿柳的放蕩不羈。

十・三 嶽色江聲，富煞胸中丘壑❶；松陰花影，爭殘局上山河❷。

【注　釋】❶丘壑　比喻深遠的意境。❷爭殘局上山河　謂下棋對弈。

【語　譯】山色江聲，增添了多少胸中深遠的意境；在松樹蔭下花叢影中，在殘局中攻城略地。

【研　析】人得江山之助，在胸中增長了多少見識。棋局上攻城略地，象徵著人世間的征戰討伐。

十・四 驥雖伏櫪，足能千里❶；鵠❷即垂翅，志在九霄❸。

【注　釋】❶驥雖伏櫪二句　語出曹操〈步出夏門行〉：「老驥伏櫪，志在千里。」驥，駿馬。伏櫪，馬被拴在食槽上，指被人馴養。❷鵠　天鵝。❸九霄　天的極高處，也指天空。

【語　譯】駿馬雖然被拴在食槽上，但牠的腳力可以日行千里；天鵝即使垂下了翅膀，但牠的志向是要在天空中翱翔。

【研　析】「老驥伏櫪，志在千里」，人至老年，也當胸懷大志。人老了，精神體力皆不如年輕人，但應該有不服老的精神，以自己的經驗和智慧為社會做出新貢獻。俗話說：「薑是老的辣。」老年人的經驗和智慧，是年輕人所欠缺的，也是社會的寶貴財富。老年人也不能故步自封，應當活到老學到老，不斷接受新生事物，才能與時俱進。當今社會的許多領域，尤其是科技文化界，作出成績，名聲斐然的很多是老年人。鴻鵠有千里之志，即使垂翅不飛，依然嚮往著遼闊的天空。

一個胸有大志的人，即使遇到困難挫折，也不會忘卻遠大的目標。有了遠大的目標，才會有百折不撓的精神，克服一切艱難險阻，實現人生的崇高理想。

十‧五 個個題詩，寫不盡千秋花月；人人作畫，描不完大地江山。

【語譯】個個都寫詩，也寫不盡千年的花和月；個個都作畫，也畫不完大地的江和山。

【研析】自然和社會是藝術取之不盡、用之不竭的創造源泉。千百年來，寫風花雪月的詩歌不知有多少，但依然能創作出有新意的作品。地球上的江河山川，人們尚未窮盡，即使同樣的一山一水，在不同畫家的筆下，也能創作出不同意境的畫作。

十‧六 慷慨之氣，龍泉❶知我；憂煎之思，毛穎❷解人。

【注釋】❶龍泉　寶劍名。❷毛穎　即毛筆，其名由韓愈〈毛穎傳〉而來。

【語譯】龍泉劍知道我的豪爽性格；毛穎理解我憂愁窘迫的思緒。

【研析】傳說寶劍在殺人見血前，會出鞘長嘯，故壯士將寶劍視作知己。詩文可以宣洩感情，解除憂思，故文人借詩文寄託自己的思想感情。

十・七　不能用世❶而故為玩世❷，只恐遇著真英雄；不能經世❸而故為欺世❹，只好對著假豪傑。

【注　釋】❶用世　為世所用。❷玩世　玩世不恭，以不嚴肅的態度對待生活。❸經世　治理國事。❹欺世　欺世盜名；欺騙世人，竊取名聲。

【語　譯】不能為世所用就因此玩世不恭，只怕遇到真英雄；不能治理國事就因此欺世盜名，只好面對那些假豪傑。

【研　析】真英雄忠實於自己的信念，為實現理想百折不撓，即使失敗甚至犧牲，也「雖九死吾猶未悔」。有些人懷才不遇，便佯狂避世，自以為不同凡俗，若與真英雄相比較，這樣的人就該自慚形穢。沒有經世濟時的才能，卻要大言欺人，好像自己多麼了不起，這樣的人遇到真豪傑就原形畢露。

十・八　綠酒❶但傾，何妨易醉；黃金既散，何論復來。

【注　釋】❶綠酒　指美酒。

【語　譯】美酒只管倒，容易喝醉又何妨；黃金已經散去，談什麼再去賺來。

【研析】李白〈將進酒〉說：「天生我才必有用，千金散盡還復來。」抒發了一擲千金的豪邁氣概。這裡更進一層，認為人生在世，應該及時行樂，不必考慮錢財還能不能回來，表達了視金錢如糞土的氣魄。

十・九 詩酒興將殘，剩卻樓頭幾明月；登臨情不已，平分江上半青山。

【語譯】寫詩飲酒的興致將要消退，只剩下樓頭的幾多明月；登高遠眺興致不盡，平分江上一半青山。

【研析】詩酒興殘，人去樓空，只剩下明月照空臺。登高遠眺，興致正濃，青山的半影倒映在江山。「平分江上半青山」，化用唐錢起「曲終人不見，江上數峰青」詩意，寫景意境深邃。

十・一〇 閒行❶消白日，懸李賀嘔字之囊❷；搔首問青天，攜謝朓驚人之句❸。

【注釋】❶閒行　漫步；散步。❷懸李賀嘔字之囊　李商隱〈李賀小傳〉載：李賀作詩喜苦吟，每外出，命小僕背錦囊相隨，有佳句則寫出投囊中。嘔字，嘔心瀝血，一字一句地推敲。❸搔首問青天二句　高濂《遵生八牋》引《搔首集》云：「李白登華山落雁峰，曰：『此山最高，呼吸之氣想通天帝座矣。恨不攜謝朓驚人詩來，搔首問天耳。』」

【語 譯】散步消遣時光，掛著李賀苦吟詩句的錦囊。搔首問青天，帶著謝朓驚人的詩句。

【研 析】李賀是中唐著名詩人，他的詩奇幻瑰麗，喜用險字怪語。李商隱〈李賀小傳〉載：「〈李賀〉每旦日出，與諸公遊，未嘗得題然後為詩，如他人思量牽合，以及程限為意。恆從小奚奴，騎鉅驢，背一古破錦囊，即書投囊中。及暮歸，太夫人使婢受囊，出之，見所書多，輒曰：『是兒要嘔出心始已矣。』」謝朓是六朝繼謝靈運之後又一著名山水詩人，他的詩清新秀麗，情景交融，後人對他評價很高，尤為李白所推重。李白〈宣州謝朓樓餞別校書叔雲〉詩寫道：「蓬萊文章建安骨，中間小謝又清發。俱懷逸興壯思飛，欲上青天攬明月。」古人習慣將六朝詩人謝靈運稱為「大謝」，將謝朓稱為「小謝」。古人作詩可分為兩派，一派為苦吟詩人，作詩逐字逐句反覆推敲，「語不驚人死不休」；一派為才情詩人，作詩注重感情的抒發，靈感到時傾瀉而出，自然天成。李賀大致屬於前者，謝朓則屬後者。

十·二 假英雄專吷不鳴之劍❶，若爾鋒芒，遇真人而落膽❷；窮豪傑慣作無米之炊，此等作用❸，當大計❹而揚眉。

【注 釋】❶專吷不鳴之劍 謂專門吹無用的劍。吷，以口吹氣。以氣吹劍，表示要拔劍殺人。不鳴之劍，不能殺人的劍。古代傳說，寶劍要殺人前，會在劍匣中發出龍吟之聲。語出《莊子·則陽》：「夫吹筦也，猶有嗃也；吹劍首者，吷而已矣。」❷落膽 喪膽，形容極端害怕恐懼。❸作用 行為；作為。❹大計 重大的謀略或計畫。

【語　譯】假英雄專門拿不能殺人的劍擺威風，像這樣的鋒芒，遇到真英雄就喪魂落魄了；窮豪傑習慣做無米之炊，像這樣的作為，遇到重大的事情就會揚眉吐氣。

【研　析】假英雄只會口出狂言，並無真實的本領，遇到真英雄只能落荒而逃。真豪傑在窮困之時猶不放棄，時機到時就能出人頭地。

十·一二　深居遠俗，尚愁移山有文❶；縱飲達旦，猶笑醉鄉無記❷。

【注　釋】❶移山有文　指南齊孔稚珪所作〈北山移文〉。周顒和孔稚珪曾同隱鍾山，後來周顒應詔出仕，孔稚珪作〈北山移文〉諷刺他熱衷功名。❷醉鄉無記　唐王績有〈醉鄉記〉，描述虛構的醉鄉之景。元代薛昂夫有散曲〈水仙子·醉鄉記〉、明代孫鍾齡有傳奇《醉鄉記》。此後清戴名世也有散文〈醉鄉記〉。

【語　譯】閉門深居遠離俗世，還擔心有人撰〈北山移文〉批評自己；縱然狂飲到天明，還笑沒有人寫〈醉鄉記〉。

【研　析】隱居避世，還會遭人批評；狂飲達旦，猶未進入醉鄉。此條反映了當時文人的生活狀態。

十·一三　風會日靡❶，試具宋廣平之石腸❷；世道莫容，請收姜伯約之大膽❸。

【注　釋】❶風會日靡　世風日下。風會，風氣；時尚。❷宋廣平之石腸　《唐詩紀事》載：皮日休作〈桃花賦序〉云：「余慕宋廣平之為相，貞姿勁質，剛態毅狀，疑其鐵石心腸，不能吐婉媚辭。」宋廣平，唐開元名相宋璟，封廣平王，故稱。石腸，鐵石心腸，此處指剛正不阿的品格。❸姜伯約之大膽　三國蜀漢大將姜維，字伯約。史載姜維為魏所殺，死後剖腹，膽大如斗。

【語　譯】世風日下，應有宋璟那樣的鐵石心腸；世道難容，請收起姜維那樣的大膽。

【研　析】世風日下，需要有剛正不阿的人懲惡揚善。世道又因循守舊，大膽出格的人得不到寬容。此條是對世風人情的批評。

十・一四　藜床半穿，管寧真吾師乎❶；軒冕必顧，華歆洵非友也❷。

【注　釋】❶藜床半穿二句　《高士傳》載：「管寧自越海及歸，常坐一木榻，積五十餘年，未嘗箕股，其榻上當膝處皆穿。」藜床，用藜莖編的床榻。藜，又名灰菜，草本植物，嫩葉可食，老莖可編床榻，做手杖。管寧，三國時期魏人，參卷八第五四條。❷軒冕必顧二句　用管寧割席的典故，參卷八第五四條。軒冕，古代大夫以上官員的乘車和官服。洵，誠然；實在。

【語　譯】藜床用到半穿，管寧真是我的老師；軒冕過門一定要張望，華歆確實不是我的朋友。

【研　析】此條宣揚安貧樂道的精神。中國的傳統觀念是提倡節儉，反對奢華；提倡淡泊守志，反對追名逐利。

十・一五 車塵馬足之下❶，露出醜形；深山窮谷之中，剩些真影。

【注釋】❶車塵馬足之下　形容趨炎附勢的醜態。《晉書・潘岳傳》載：「岳性輕躁，趨勢利，與石崇等諂事賈謐，每候其出，與崇輒望塵而拜。」

【語譯】趨炎附勢的人在車塵馬足之下，顯露出他們的醜態；避世之士在深山窮谷之中，還能保留一些真實的自我。

【研析】「車塵馬足之下，露出醜形」，引用潘岳「望塵拜」的典故，揭露趨炎附勢者的醜態。此處「車塵馬足」又指爭名逐利的塵俗世界。人們奔走於名利場中，或逢迎權貴，仗勢欺人；或勾心鬥角，結黨營私，露出種種醜態。只有在遠離塵俗的深山窮谷之中，才不致被名利迷失本性，保留一個真實的自我。

十・一六 吐虹霓之氣❶者，貴挾風霜之色❷；依日月之光❸者，毋懷雨露之私❹。

【注釋】❶吐虹霓之氣　形容豪情萬丈，壯志凌雲。曹植〈七啟〉：「揮袂則九野生風，慷慨則氣成虹霓。」❷風霜之色　比喻高潔堅貞的節操。❸依日月之光　指在皇帝身邊做官。❹雨露之私　指皇帝的寵信和恩澤。

【語譯】豪情萬丈的人，貴在有高潔堅貞的節操；在朝廷做官的人，不要懷有被皇帝寵信的念頭。

【研　析】此條也宣揚人要有節操，不可依附權勢。中國的知識分子缺乏獨立性，往往要依附於統治者才能實現自己的抱負和理想，而統治者也把知識分子視作自己可以利用的工具，唐太宗看到新科進士時，得意地說：「天下英才，盡入吾彀中矣。」但也有些知識分子企圖擺脫對統治者的依附，爭取人格的獨立和尊嚴。嵇康非湯武薄孔子，李白「長安市上酒家眠，天子呼來不上船」，還有人提出「天子不能臣，公侯不能友」，體現了知識分子的傲骨和叛逆，這是文人意識增強的表現。

十・一七　清襟凝遠❶，捲秋江萬頃之波；妙筆縱橫❷，挽崑崙一峰之秀。

【注　釋】❶清襟凝遠　襟懷高潔，悠遠曠達。❷妙筆縱橫　神妙之筆縱情揮灑。

【語　譯】曠達的胸襟，能捲起秋天江水的萬頃波濤；妙筆縱情揮灑，引來崑崙滿山的秀色。

【研　析】此條形容文人的胸襟和才華。

十・一八　聞雞起舞❶，劉琨其壯士之雄心乎？聞箏起舞❷，迦葉❸其開士❹之素心❺乎？

【注　釋】❶聞雞起舞　《晉書・祖逖傳》：「(祖逖)與司空劉琨俱為司州主簿，情好綢繆，共被同寢。中夜聞荒雞鳴，蹴琨曰：『此非惡聲也。』因起舞。」聞雞起舞為祖逖事，此處誤作劉琨。❷聞箏起舞　佛經故事載：香山大樹緊那羅是佛教鼓舞之神，能妙音鼓琴，頭陀第一之迦葉，不堪於坐，起而舞。❸迦葉　釋迦牟尼弟子，是傳承佛法的第一祖師。❹開士　菩薩的別稱。❺素心　清淨之心。

【語　譯】聞雞起舞，那是劉琨作為壯士的雄心嗎？聞箏起舞，那是迦葉作為菩薩的清淨之心嗎？

【研　析】祖逖半夜聞雞起舞，懷抱恢復中原的雄心。迦葉作為佛門大弟子，聽到彈箏的樂曲，也按捺不住，翩翩起舞，違背了佛教清淨虛空的教義。

十・一九　友遍天下英傑之士，讀盡人間未見之書。

【語　譯】交遍天下英雄豪傑，讀盡人間未見的書。

【研　析】能交遍天下豪傑，本身必然是豪傑之士。讀盡天下難得之書，必然是飽學之士。然天下豪傑豈能交遍，天下難得之書豈能讀盡，不過是誇大其詞而已。

十・二〇　讀書倦時須看劍，英發之氣❶不磨；作文苦際可歌詩，鬱結之懷隨暢。

【注釋】❶英發之氣　才華顯露，神采煥發。

【語譯】讀書困倦時應當看劍，這樣英武之氣就不會消磨；寫文章困苦的時候可以吟唱詩歌，這樣憂鬱的心情就立刻暢快。

【研析】讀書須靜心，看劍可以激發人的英武之氣，讀書倦時看劍，正合孔子所說「一張一弛，文武之道」。寫文章需要嚴密的思想，用現代的文學術語講，就是邏輯思維。吟詩可以激發想像、宣洩感情，用現代文學術語講，就是形象思維。作文感到枯燥乏味時，吟誦詩歌可以調劑精神。

十・二二　交友須帶三分俠氣，作人要存一點素心。

【語譯】交朋友要帶有三分俠氣，做人要保存一點誠心。

【研析】與朋友相交，要重然諾、講義氣，這就是俠士風度。做人要真誠，不可虛偽，如此方能立足社會。

十・二三　深山窮谷，能老❶經濟才猷❷；絕壑斷崖，難隱靈文奇字❸。

【注釋】❶老　謂消磨殆盡。❷才猷　才能謀略。❸靈文奇字　指古代流傳下來珍貴稀少的書籍和文字。

【語　譯】深山窮谷，能消磨掉一個人經世濟民的才能和智慧；絕壁斷崖，難以隱藏珍貴的書籍和奇特的文字。

【研　析】深山窮谷能消磨掉一個人經世濟民的才能和智慧，因為才能和智慧需要在實踐中發揚光大，如果隱居於深山窮谷之中，與世隔絕，才能和智慧無所施展，就會慢慢地消失。在斷崖絕壁中，有許多珍貴的石刻碑文，不斷地被人發現，成為珍貴的文物。

十·二三　王門❶之雜吹❷非竽❸，夢連魏闕❹；郢路之飛聲❺無調，羞向楚囚❻。

【注　釋】❶王門　指王宮、宮殿。❷雜吹　多種管樂的合奏。❸非竽　用南郭先生濫竽充數的典故。❹魏闕　古代宮門外的闕門，為懸布法令之處。此處借指朝廷。❺郢路之飛聲　指楚地的民間音樂和歌曲。郢，戰國時楚國的首都。❻楚囚　指楚人鍾儀。《春秋左傳》載：鄭人俘獲鍾儀，獻諸晉。晉侯於軍府見之，問曰：「南冠而縶者誰也？」有司對曰：「鄭人所獻楚囚也。」晉侯令解其縛，問曰：「能樂乎？」對曰：「先父之職官也，敢有二事？」使與之琴，操南音。范文子曰：「楚囚君子也，樂操土風，不忘舊也。」

【語　譯】王宮的管樂合奏不是濫竽充數，做夢也連接著朝廷；彈奏楚國的地方音樂不成腔調，羞對楚囚鍾儀。

【研　析】此二句當自描寫音樂的賦中摘出，出處不詳。上句寫宮廷音樂，下句寫民間音樂。

十・二四　肝膽❶喣若春風，雖囊乏一文；還憐我煢獨❷，氣骨❸清如秋水。

【注釋】❶肝膽　肝膽相照，比喻關係密切。❷煢獨　孤獨無依。❸氣骨　節操。

【語譯】關係親密如春風般溫暖，雖然囊中沒有一文錢；還喜歡自己孤身獨處，節操清如秋水。

【研析】君子相交以義，義薄雲天；小人相交以利，利盡則散。朋友之交，不在於經濟往來，而在於意氣相投，肝膽相照。孟嘗君一諾千金，固然可以結交許多豪傑，但這些人只是為其所用，並不是真正的朋友。管仲和鮑叔牙是貧賤之交，管仲家貧，叔牙並不嫌棄，還與他一起做生意。經商獲利後，管仲將大部份利潤占為己有，叔牙不以為貪，說他要奉養老母，需要更多的錢。管鮑之交就成為朋友相交的典範。君子往往是孤獨的，因為君子不願與世俗同流合汙，言行不為俗人所理解，但正是在孤獨之中顯示出他們清高孤介的高貴品格。

十・二五　獻策❶金門❷苦未收，歸心日夜水東流。扁舟載得愁千斛，聞說君王不稅愁。

【注釋】❶策　策論。古代考試取士，出題令考生回答，稱為策論。❷金門　金馬門，漢代宮門，士人獻策待詔之處，也泛指朝廷。

【語　譯】向朝廷獻策論苦於未被收錄，歸心如箭就像大河日夜向東流。小船載得下千斛憂愁，聽說君王不徵收憂愁稅。

【研　析】此詩寫科考落第後的愁苦心情，為明人陸楠所作，見於《蒹葭堂雜抄》。詩的後兩句有針砭時世的意思。明代中後期，稅收繁重，水陸兩路到處設關卡收稅，曾引起民眾的不滿和騷亂。

十・二六　世事不堪評，披卷神遊千古上；塵氛應可卻，閉門心在萬山中。

【語　譯】世事不堪評論，打開書本思想遨遊在千年以前的歷史中；塵俗的環境應該可以躲避，關上門心在萬山之中。

【研　析】中國文人大多是歷史的悲觀主義者，他們認為上古三代之世，是最好的理想社會，而隨著時代的變遷，世風日下，一代不如一代。因而每當他們不滿現實時，就發思古之幽情，在書本中追尋上古三代的理想世界。

十・二七　負心滿天地，辜他一片熱腸；戀態❶自古今，懸此兩隻冷眼❷。

【注　釋】❶戀態　留戀世俗的情態。❷懸此兩隻冷眼　《史記・伍子胥列傳》載：吳王夫差滅越，越王句踐作為人質羈留吳國。伍子胥勸吳王殺句踐以免後患，吳王不聽。吳王聽信佞臣嚭的讒言，命伍子胥自刎。伍子胥臨死前說：「抉吾眼懸吳東門之上，以觀越寇之入滅吳也。」

【語　譯】天地之間全是負心人，辜負他一片熱心腸；自古至今留戀世俗的情態比比皆是，掛著兩隻冷眼來看這人情世態。

【研　析】此條言人情世態。世上多負心之人，好心得不到好報。芸芸眾生奔走於名利場中，冷眼相看，到頭來一無所有。

十・二八　龍津一劍，尚作合於風雷❶，胸中數萬甲兵，寧終老於牖下？

【注　釋】❶龍津一劍二句　用晉代張華、雷煥的典故。《晉書・張華傳》載：張華和雷煥曾得到龍泉、太阿兩把寶劍，兩人各佩一劍。後來張華被誅，寶劍丟失。雷煥死後，其子持劍過平津，劍從腰間躍出墮水，但見兩條龍各長數尺，光彩照人，波浪驚騰，於是再也找不到這兩把寶劍。

【語　譯】在龍津一把寶劍，尚能興起風雷，胸中自有數萬甲兵，豈肯終老於窗下？

【研　析】胸中有百萬雄兵，形容一個人有才幹韜略，足以成就霸王之業。這樣的人，怎麼甘心終老於家中呢？

十・二九　此中空洞原無物，何止容卿數百人。

【語　譯】腹中空空一無所有，何止能容納數百個像你這樣的人。

【研　析】此二句出自《世說新語・排調》：「王丞相枕周伯仁膝，指其腹曰：『卿此中何所有？』答曰：『此中空洞無物，然容卿輩數百人。』」南懷瑾《論語別裁》引陳繼儒語：「如何獨樂樂？曰無事此靜坐，一日當作兩日。如何是與人樂樂？曰與君一席話，勝讀十年書。如何是與眾樂樂？曰此中空洞原無物，何止容卿數百人。」此二句言心胸開闊，能與眾人同樂。

十・三〇　英雄未轉之雄圖❶，假糟丘❷為霸業；風流不盡之餘韻，托花谷❸為深山。

【注　釋】❶英雄未轉之雄圖　意為英雄未能實現的雄心壯志。❷糟丘　酒糟堆積成山，形容沉湎於酒。❸花谷　指聲色場所。

【語　譯】英雄未能實現自己的雄心壯志，就借酗酒作為自己的霸業；風流不盡的韻致，把花谷當做深山。

【研　析】英雄失意，借酒澆愁，通過飲酒消除心中的煩惱，追求精神的平衡，因此李白說「自古聖賢多寂寞，惟有飲者留其名」。文人風流，是立身處世的方法。有些文人為保持氣節，佯狂避世，在詩酒風流中獨善其身。阮籍不願與司馬氏統治集團合作，《世說新語》載，司馬昭想與阮籍聯姻，讓兒子司馬炎娶阮籍女兒為妻。阮籍大醉六十日，司馬昭無由提及此事，只能作罷。

元代前期漢族文人地位低下，但又不願為蒙古統治者效勞，只能寄情於青樓妓院。關漢卿有一首著名的散曲〈南呂・一枝花〉，反映了當時文人的心態：「我是個普天下郎君領袖，蓋世界浪子班頭，願朱顏不改常依舊；花中消遣，酒內忘憂；分茶攧竹，打馬藏鬮；通五音六律滑熟，甚閒愁到我心頭。」「我是個蒸不爛、煮不熟、搥不扁、炒不爆、響噹噹一粒銅豌豆。」關漢卿風流蘊藉，花中消遣，酒內忘憂，表現出他不滿現實，拒絕與統治者合作的反抗精神。「托花谷為深山」，是把風流場當作隱居的深山。古人云：「小隱隱於野，大隱隱於市。」隱身於風流場所更為不易。

十・三二　紅潤口脂❶，花蕊乍過微雨；翠勻眉黛，柳條徐拂輕風。

【注釋】❶口脂　口紅；脣膏，此處指紅脣。

【語譯】紅潤的嘴脣，好像花蕊剛經過微雨；青翠的眉毛，好像柳條在輕風中徐徐飄蕩。

【研析】以鮮花比喻女子的朱脣，以柳葉比喻女子的眉毛，在古代詩文中屢見不鮮。然以花蕊乍過微雨作比喻，不僅寫出朱脣的鮮豔，還表現了女子嘴脣翕動之狀。以風拂柳枝寫柳眉，描畫出女子眉毛起伏，眼波流轉的神情。

十・三二 滿腹有文難罵鬼❶，措身無地反憂天。

【注釋】❶滿腹有文難罵鬼 漢代東方朔有〈罵鬼文〉，發洩內心的積鬱。

【語譯】滿腹的文章不能用來罵鬼，無地安身反而擔心天會塌下來。

【研析】此兩句出自明唐寅〈漫興〉：「落魄迂疏自可憐，棋為日月酒為年。蘇秦抖頰猶存舌，趙壹探事囊無錢。滿腹有文難罵鬼，措身無地反憂天。多愁多感多傷壽，且酌深杯看月圓。」此詩抒寫作者落魄貧困的景況，以及胸中壓抑不平之氣。

十・三三 大丈夫居世，生當封侯，死當廟食❶。不然，閒居可以養志❷，詩書足以自娛。

【注釋】❶廟食 指被人立廟供奉祭祀。❷養志 指培養、保持不慕名利的志向，多指隱居。

【語譯】大丈夫在世，生前應當封侯，死了應當享受祭祀。如果不能這樣，那麼閒居可以養志，詩書足以自娛。

【研析】此節文字為東漢梁竦語，見於《後漢書・梁統傳》。此條言大丈夫在世，當建功立業，名揚後世；如不能如此，就閒居養志，以詩書自娛。這也是儒家宣揚「達則兼濟天下，退則獨善其身」的生活道路。

十・三四

不恨我不見古人，唯恨古人不見我。

【語　譯】不恨我見不到古人，只恨古人見不到我。

【研　析】此兩句出自《南史・張融傳》：「不恨我不見古人，所恨古人又不見我。」表達了不迷信古人的自尊和自信。

十・三五

榮枯得喪，天意安排，浮雲過太虛❶也；用舍❷行藏❸，吾心鎮定，砥柱在中流乎。

【注　釋】❶太虛　指天空。❷用舍　指被任用或遭捨棄。❸行藏　指出世或隱居。

【語　譯】盛和衰、得和失，都是天意安排，就像浮雲在天空中飄浮；不管被任用或遭捨棄，出世或隱居，我的心都是鎮定的，就像中流砥柱毫不動搖。

【研　析】個人的榮辱盛衰，都是過眼煙雲，應順應自然，不須苦苦追求。個人的行為操守，卻要堅守原則，不能輕易更改。

十・三六 曹曾積石為倉以藏書，名曹氏石倉。

【語譯】曹曾壘積石頭為倉庫來藏書，名為曹氏書倉。

【研析】此二句見於宋曾慥《類說》，「曹氏石倉」，原文為「曹氏書倉」。據晉王嘉《拾遺記》載：曹曾為漢光武帝時人，家產巨億，藏書萬卷。「及世亂，家家焚廬，曾慮先文湮沒，乃積石為倉以藏書，故謂曹氏為書倉」。

古代文人喜愛讀書，也喜愛藏書，產生了許多著名的藏書家，如陸游、宋敏求、晁公武、楊慎、王世貞、黃丕烈、范欽等。這些藏書家對於保存中國的文化典籍作出了很大的貢獻，也受到了文人的欽佩和愛戴。明代著名的學者、藏書家曹學佺就自號「石倉」，以此表示對曹曾的仰慕。

十・三七 丈夫須有遠圖，眼孔如輪❶，可怪處堂燕雀❷；豪傑寧無壯志，風稜似鐵❸，不憂當道豺狼。

【注釋】❶眼孔如輪　形容眼光遠大。❷處堂燕雀　比喻處於危境而不自知。《藝文類聚》引《呂氏春秋》：「燕雀處一屋之下，子母相哺，呴呴然其相樂也，自以為安矣。竈突決，火上，棟宇將焚，燕雀顏色不變，不知禍將及也。」❸風稜似鐵　鐵骨錚錚。風稜，風骨。

【語譯】大丈夫應有深遠的謀略，眼光要遠大，對那些禍患將至渾然不知的處堂燕雀感到詫異；

豪傑豈可沒有雄心壯志，鐵骨錚錚，不怕那些當道的豺狼。

【研　析】大丈夫與豪傑本是兩位一體，既要有遠大的目光、雄偉的志向，又要有錚錚鐵骨，堅定的操守。若無遠大的目光，只是匹夫之勇；若無錚錚鐵骨，只是懦夫弱者。

十・三八

雲長❶香火，千載遍於華夷❷；坡老❸姓字，至今口於婦孺。意氣精神，不可磨滅。

【注　釋】❶雲長　關雲長，三國蜀漢大將關羽，字雲長。死後被尊為武聖人、伏魔帝君、忠義神武關聖大帝等，各地皆立關帝廟，香火很盛。❷華夷　指漢族和外族，此處指海內外。❸坡老　指蘇東坡，北宋大文豪蘇軾，號東坡居士。

【語　譯】雲長的香火，千年來遍於海內外；坡老的姓名，至今在婦孺口中傳誦不息。他們的意氣精神，不可磨滅。

【研　析】關羽在歷史上僅是一名驍勇的武將，他的形象通過民間的長時期流傳，成了「忠義」的化身，形成了關羽崇拜的文化傳統。歷代封建統治者為宣揚忠義精神，不斷給關羽加封謚號，把他從人變成了神。在民間，關羽則被作為降妖伏魔、保護一方平安的神靈加以供奉。關羽崇拜體現了中華民族以忠義為核心的文化精神，然而對於他的敬仰，打破了民族和宗教的界限，這是很獨特的現象。關羽是漢族的歷史人物，他忠於漢室，成為漢族人民敬仰的神祇，這並不難理解，可是元朝和清朝的少數民族統治者，同樣對關羽敬崇有加。在關羽的傳說中，有夜讀《春秋》的事情，關羽也就成了儒將，並被封為「武聖」，與「文聖」孔子相提並論，在各地興建武廟，成為儒家的重要人物。隋代開皇年間，佛教天台宗創始人智者大師為關羽亡靈授菩薩戒，關羽成了佛門弟子，後又被封為伽藍護法神，被供奉於佛教寺院中。歷代統治者給關羽的封號是「真君」、「帝君」，都是道教的稱號。每次加封關羽，都是應道士的請求，或通過道教組織實行的，每一次加封關羽，都是道教擴張勢力的時機。在道觀中供奉關羽，更為常見。至於民間修建的關帝廟，更是多不勝數。關羽崇拜還流傳到日本、韓國、越南等亞洲漢文化圈，在那裡也可以看到供奉關羽的廟宇和神像。

蘇軾是中國古代著名的大文豪，在詩詞、散文、書法、繪畫方面都有很高的造詣。他性格豪邁開朗、幽默風趣，雖然一生坎坷，但對人生始終抱有超曠達觀的襟懷。他在各地任官期間，為老百姓做了不少好事。出於對蘇軾的喜愛，民間流傳著許多關於他的傳說。「三言」中〈王安石三難蘇學士〉、〈蘇小妹三難新郎〉、〈佛印師四調琴娘〉都寫到了蘇軾的故事。戲曲《獅吼記》也是以蘇軾為主角。還有一些傳說，如蘇軾在杭州修建「蘇堤」，發明「東坡肉」，至今猶為人津津樂道，使蘇軾成了一個婦孺皆知的人物。

十・三九　據床嗒爾❶，聽豪士之談鋒；把盞惺然❷，看酒人之醉態。

【注釋】❶嗒爾　形容忘我的境界，此處指集中精神。❷惺然　清醒的樣子。

【語譯】坐在床上聚精會神，聽豪傑之士的議論；拿著酒杯保持清醒，看酗酒者的醉態。

【研析】此條也見於屠隆《娑羅館清言》。聽豪俠之士高談闊論，看別人的酒後醉態百出，自有一番趣味。

十・四〇　登高眺遠，弔古尋幽，廣胸中之丘壑，遊物外之文章。

【語譯】登高望遠，憑弔古跡探尋幽境，開闊胸中的意境，構思超脫世俗的文章。

【研析】古人說：「讀萬卷書，行萬里路。」遊覽名山大川，能增長見識，陶冶性情，這樣才能寫出不同凡俗的文章。

十・四一　雪霽清境，發於夢想。此間但有荒山大江，修竹古木。

【語譯】雪後初晴景色清淨，夢想由此而生。夢中只有荒山大江，修竹古樹。

【研析】此節文字見《說郛》所引蘇軾語，言雪後初晴的景色，能使人心曠神怡，神思清淨。

十・四二 每飲村酒後，曳杖放腳，不知遠近，亦曠然天真。

【語譯】每當喝了村酒之後，拖著竹杖信步而行，不知道路途的遠近，也豁達天真。

【研析】酒後信步而行，隨意所至，盡興而返，此中意趣，與王子猷雪夜訪戴相似。

十・四三 鬚眉之士❶在世，寧使鄉里小兒❷怒罵，不當使鄉里小兒見憐。

【注釋】❶鬚眉之士 即男子漢大丈夫。❷鄉里小兒 鄉下小孩，指沒有知識的小人。

【語譯】大丈夫在世，寧可讓無知小人怒罵，不應當讓無知小人可憐。

【研析】大丈夫特立獨行，不為世人所知，若讓無知小人理解同情，便與世俗同流合汙了。

十・四四 胡宗憲❶讀《漢書》，至終軍請纓事❷，乃起拍案曰：「男兒雙腳當從此處插入❸，其他皆狼藉❹耳！」

【注釋】❶胡宗憲 字汝貞，績溪人，明嘉靖十七年進士，因平倭有功，官至右都御史，加太子太保。因受嚴嵩牽連，下獄死。❷終軍請纓事 終軍，字子雲，漢武帝時官諫議大夫，南越王叛亂，主動請求出征，曰：

「願受長纓，必羈南越王而致之闕下。」後以請纓表示自告奮勇請求殺敵。❸男兒雙腳句　意謂男子漢當在此立腳。❹狼藉　比喻行為不檢點，名聲不好。

【語譯】胡宗憲讀《漢書》，讀到終軍請纓的事情，於是拍案而起，說：「男子漢當在此立腳，其他都是不值得去做的。」

【研析】胡宗憲是明代抗倭名將，萬曆三十五年任浙、閩總督，主持東南沿海的抗倭事宜，不但運籌帷幄，精於謀略，而且衝鋒陷陣，冒死殺敵，擒徐海，誅汪直，為蕩平倭寇立下赫赫戰功。他所主持編刊的《籌海圖編》，是一部研究明代海防和抗倭鬥爭的重要著作。中華民族歷來不乏捍衛國家主權、抵禦外敵入侵的民族英雄，他們是民族的脊樑，歷史的創造者，胡宗憲便是其中之一。

十·四五　宋海翁❶才高嗜酒，睥睨❷當世。忽乘醉泛舟海上，仰天大笑，曰：「吾七尺之軀，豈世間凡士所能貯？合以大海葬之耳！」遂按波而入❸。

【注釋】❶宋海翁　明代人，名登春，字應元，號海翁、鵝池生。新河（今屬河北）人。少能詩，善畫。為人狂誕，晚年為頭陀，不知所終。一說買舟浮錢塘，徑躍入江中死。❷睥睨　斜眼看人，很傲慢的樣子。❸按波而入　跳入波浪之中。

【語譯】宋海翁才智過人喜歡喝酒，傲視當世一切人。忽然乘著醉意在海上駕船，仰天大笑，說：

「我這七尺身軀，豈是世間普通人所能容納的？應該用大海來埋葬啊！」於是投身入海。

【研　析】此條也見於明曹臣《舌華錄》。屈原「信而見疑，忠而被謗」，投汨羅江以示清白，成為後世文人崇尚氣節的榜樣。宋登春恃才傲物，性格狂放，不為世人所容，遂投水表示不與世俗同流合汙。自屈原之後，「舉世皆醉，惟我獨醒」，憤世嫉俗、孤傲清高成為文人推崇的品格，然而也有人對此提出懷疑。貫雲石〈弔屈原〉曲云：「楚懷王，忠臣跳入汨羅江。〈離騷〉讀罷空惆悵，日月同光。傷心來笑一場，笑你個三閭強，為甚不身心放？滄浪污你？你污滄浪？」貫雲石認為屈原太迂腐，為什麼不從效忠楚懷王的思想中解脫出來，追求自由的生活。屈原認為「眾人皆濁，而我獨清」，即使跳入江水，也洗不清自己身上的汙濁。

十·四六　王仲祖❶有好形儀，每攬鏡自照，曰：「王文開❷那生寧馨兒❸？」

【注　釋】❶王仲祖　晉人王濛，字仲祖。《晉書·王濛傳》載：「(王濛)美姿容，嘗鑒鏡自照，稱其父字曰：『王文開生如此兒邪！』」❷王文開　王濛父王訥，字文開。❸寧馨兒　晉宋時俗語，猶言「這樣的孩子」。

【語　譯】王仲祖有美好的儀態，常常拿著鏡子自照，說：「王文開怎麼生出這樣的孩子？」

【研　析】魏晉時代，人們注重自身的容貌儀態，風度氣質，形成了以此品評人物的風氣。對於自身容貌的關注，也是個人意識覺醒的表現。

十・四七 毛澄❶七歲善屬對❷，諸喜之者贈以金錢，歸擲之曰：「吾猶薄蘇秦❸斗大❹，安事此鄧通❺靡靡❻！」

【注釋】❶毛澄 字憲清，昆山人。明弘治六年舉進士第一，官至禮部尚書。邵寶〈毛公澄行狀〉云：「（毛澄）七歲善屬對，間為詩歌，傳播人口。歲時與諸兄謁姻戚長老，或贈以金錢，歸即棄之，曰：『要此何用，吾不欲違其意，故攜歸耳。』」❷屬對 詩文的對仗，對對聯。❸蘇秦 戰國時縱橫家，遊說六國合縱抗秦，佩六國相印。❹斗大 指斗大的金印。❺鄧通 西漢人，文帝賜以銅山，可自鑄錢，因此富可敵國。後世以鄧通作為金錢的代稱。❻靡靡 微不足道。

【語譯】毛澄七歲就善於對仗，喜歡他的人都送他金錢。毛澄回家後就把錢扔掉了，說：「我連蘇秦斗大的金印都看得很輕，哪裡還在乎這些金錢！」

【研析】此條也見於《皇明世說新語》，讚揚毛澄自幼便有建立比蘇秦更為顯赫的功業，不為金錢所動的遠大志向。

十・四八 梁公實❶薦一士於李于鱗❷，士欲以謝梁，曰：「吾有長生術，不惜為公授。」梁曰：「吾名在天地間，只恐盛著不了，安用長生。」

【注釋】❶梁公實 梁有譽，字公實，順德人。明嘉靖二十九年進士，授刑部主事。為嘉靖間文學復古派「後七子」之一。❷李于麟　李攀龍，字于麟，山東歷城人。嘉靖二十三年進士，官至河南按察使。為「後七子」領袖。

【語　譯】梁公實向李于麟推薦一個文人，這個文人要感謝梁，說：「我有長生術，不惜傳授給你。」梁說：「我的名聲傳遍天地間，只恐怕裝也裝不下，哪裡用得著長生。」

【研　析】李攀龍在明代嘉靖後期成為文壇盟主，許多文人以結識李攀龍為榮幸，因此梁有譽介紹一士人給李攀龍，此人便要以長生術作為酬謝。嘉靖年間，明世宗篤信道教，因修煉長生之術而荒廢了朝政。朝廷上下煉丹養氣以求長生，蔚然成風。梁有譽以名聲為重，不願學長生之術，可見其豁達。

十・四九　吳正子❶窮居一室，門環流水，跨木而渡，渡畢即抽之。人問故，笑曰：「土舟❷淺小，恐不勝富貴人來踏耳。」

【注　釋】❶吳正子　宋人，曾作《李長吉歌詩箋注》，其他不詳。❷土舟　指狹小的居室。

【語　譯】吳正子隱居在陋室中，門前流水環繞，進出要踏著木板渡水，過去後就把木板抽掉。有人問他為什麼這樣做，他笑著回答說：「我住的居室狹小，恐怕經受不了富貴人來踐踏。」

【研　析】此條言吳正子不願結交富貴人的孤傲品格。

十・五〇　吾有目有足，山川風月，吾所能到，我便是山川風月❶主人。

【注釋】❶風月　風光；景色。

【語譯】我有眼睛有腳，山川風光，我所能到達的地方，我就是這裡山川風光的主人。

【研析】蘇軾說：「江山風月，本無常主，閒者便是主人。」只有能欣賞自然之美的人，才能成為山川風月的主人。在人們審美鑑賞過程中，自然風光是客，觀賞者是主，是觀賞者的審美活動賦予了自然風光生命和活力。沒有觀賞者的審美眼光，山川風月便是一堆死物。

十・五一　大丈夫當雄飛❶，安能雌伏❷。

【注釋】❶雄飛　比喻奮發有為。❷雌伏　比喻屈居下位，無所作為。

【語譯】大丈夫應當奮發有為，怎麼能屈居下位沒有作為。

【研析】此二句出自《東觀漢記・趙溫傳》。趙溫字子柔，蜀郡成都（今四川成都）人。他的叔叔趙典、哥哥趙謙都曾任三公（漢代三公指司馬、司徒、司空，是職位最高的官員。）趙溫起初為京兆尹，嫌官職太小，感歎道：「大丈夫當雄飛，安能雌伏！」於是棄官回鄉。漢獻帝時，趙溫官至司徒，錄尚書事。

十・五二　青蓮❶登華山落雁峰，曰：「呼吸之氣，想通帝座，恨不攜謝朓驚人之詩來，搔首問青天耳。」

【注　釋】❶青蓮　李白，號青蓮居士。

【語　譯】李青蓮登華山落雁峰，說：「呼吸的氣息，想來可以上達天帝的座位，只恨沒有帶謝朓的驚人詩句來，搔首問青天。」

【研　析】此節文字出自《搔首集》。寫華山的高聳和李白的豪情。李白十分讚賞謝朓的詩，曾在詩中說道：「明發新林浦，空吟謝朓詩。」「諾為楚人重，詩傳謝朓清。」「蓬萊文章建安骨，中間小謝又清發。」

十・五三　志欲梟❶逆虜，枕戈待旦❷，常恐祖生❸，先我著鞭❹。

【注　釋】❶梟　斬首示眾。❷枕戈待旦　枕著兵器等待天亮，形容殺敵心切。❸祖生　祖逖，東晉元帝時率兵北伐，渡江時「中流擊楫而誓：『祖逖不能清中原而復濟者，有如大江！』」❹先我著鞭　搶先一步。著鞭，揚鞭催馬。

【語　譯】立志要斬殺逆虜，枕戈待旦，常恐祖生搶先一步。

【研　析】此節文字出自《晉書・劉琨傳》：「（劉琨）與范陽祖逖為友，聞逖被用，與親故書曰：『吾枕戈待旦，志梟逆虜，常恐祖生先吾著鞭。』」西晉末年，司馬氏為爭奪政權內戰不休，爆發了八王之亂。建興四年（西元三一六年），前趙劉曜攻破長安，西晉滅亡，漢室南渡，北方領土為匈奴、鮮卑、羯、氐、羌等少數民族佔領。劉琨、祖逖等士人立志北伐，收復失土。劉琨和祖逖是好友，兩人曾同任司州主簿，同居一室，擁被而眠。有一天，祖逖聽到半夜雞叫，叫醒劉琨，說：「別人說半夜聽到雞叫不吉利，我不這樣認為。我們以後聽到雞叫就起床練劍如何？」劉琨欣然同意，從此兩人每天聽到雞叫，就起床舞劍，練習武藝，為北伐做準備。後來祖逖先被任用，劉琨就給朋友寫信說：「吾枕戈待旦，志梟逆虜，常恐祖生先吾著鞭。」「聞雞起舞」、「枕戈待旦」的典故從此而來。

十・五四　旨言❶不顯，經濟❷多託之工瞽芻蕘❸；高蹤不落❹，英雄常混之漁樵耕牧。

【注　釋】❶旨言　深刻的語言。❷經濟　經世濟民。❸工瞽芻蕘　指普通的百姓。工瞽，樂人。芻蕘，草野之人。❹高蹤不落　高尚的行為不落痕跡。

【語　譯】深刻的語言是不顯露的，有關經世濟民的言論往往借託於樂工和草民之口；高尚的行為是不落痕跡的，英雄常混跡於捕魚打柴耕種放牧的村老野夫之間。

【研　析】孔子說：「禮失而求之野。」草民百姓處於社會的最底層，對於生活有最切實的體驗，他們的需求直接關係到國家的穩定和發展，他們的言論和意見與國計民生息息相關。因此民意與情往往包含著深刻的真理。晚明啟蒙思潮重視人的個體需求，王艮提出「百姓日用之道即聖人之道」，李贄認為「穿衣吃飯即是人倫物理；除卻穿衣吃飯，無倫物矣」。李贄把老百姓的街談巷議稱之為「邇言」，認為這些關係到老百姓切身利益的言論包含著深刻的道理：「市井小夫，身履是事，口便說是事。作生意者但說生意，力田作者但說力田。鑿鑿有味，真有德之言，令人聽之忘厭矣。」

俗話說：「真人不露相。」許多英雄豪傑寄身於市井田野，混跡於漁樵耕牧，山澤草野皆是臥虎藏龍之地；而「英雄不問出身」，在草野百姓中也隱藏了許多豪傑之士。

十・五五　高言❶成嘯虎之風❷，豪舉破湧山之浪❸。

【注　釋】❶高言　高妙的言論。❷嘯虎之風　謂虎嘯生風。❸湧山之浪　像山一般高的浪濤。

【語　譯】高妙的言論就像虎嘯產生的風，豪舉能擊破如山一般湧來的浪。

【研　析】高妙的言論有極強的感染力，就像虎嘯生風使人戰慄。豪舉具有極強的威懾力，能擊破如山的浪。

十・五六 立言❶者，未必即成千古之業，吾取其有千古之心；好客者，未必即盡四海之交，吾取其有四海❷之願。

【注釋】❶立言 指著書立說。❷四海 古人認為中國四面是海，故以四海表示天下、全國各地。

【語譯】著書立說的人，未必就能成就千古大業，我欣賞他有千古不滅的雄心；好客的人，未必就能交盡天下的朋友，我欣賞他有結交天下朋友的心願。

【研析】曹丕說：「蓋文章，經國之大業，不朽之盛事。」古人認為，功名利祿是過眼煙雲，著書立說才能名垂後世。但並不是所有的文章都能流傳下來，也不是所有著書立說的人都能名垂後世。如今一些文人為眼前的蠅頭小利，炮製了一大堆文字垃圾，這些著作也都是過眼煙雲，並不能在後世留下絲毫的痕跡。

十・五七 管城子❶無食肉相❷，世人皮相❸何為？孔方兄❹有絕交書，今日盟交❺安在？

【注釋】❶管城子 毛筆的別稱。❷食肉相 做高官封侯的骨相。❸皮相 從外表上看。❹孔方兄 銅錢的謔稱。❺盟交 即盟友，結盟的朋友。

【語譯】管城子沒有封侯的相貌，世人為什麼光從外表上看人？與孔方兄有絕交書，今日的盟友又在什麼地方？

【研析】黃庭堅〈戲呈孔毅父〉：「管城子無食肉相，孔方兄有絕交書。文章功用不經世，何異絲窠綴露珠。」此詩是黃庭堅遭朝廷貶謫後作，抒發孤獨和窮困的感慨：只有毛筆相伴，金錢已經與自己絕交。此條文字借用黃庭堅詩句，意謂文人以筆為生，沒有封侯的機遇，為什麼要受世人的輕視？君子言義不言利，與孔方兄絕交，現在的人孜孜求利，與金錢結下了不解之緣。

十·五八 **襟懷貴疏朗，不宜太逞豪華；文字要雄奇，不宜故求寂寞。**

【語譯】胸懷貴在開闊爽朗，不宜過分顯示豪華；文字要雄偉奇特，不宜故意追求寂寞冷清。

【研析】襟懷開闊爽朗，作文才不俗氣；文章要有文采，才有感染力。此處所述，與中國古代文論中關於「文」與「道」的論述相符。古代文論認為，文章必須合道，關鍵在作者要有深厚的修養。但道無文不行，好文章有助於道的宣傳和推廣。這就是「重道不輕文」的觀念。

十·五九 **懸榻❶待賢士，豈曰交情已乎；投轄❷留好賓，不過酒興而已。**

【注釋】❶懸榻 比喻禮待賢士。《後漢書·徐穉傳》：「(陳)蕃在郡，不接賓客，惟穉來，特設一榻，去則懸之。」❷投轄　指殷勤留客。《漢書・陳遵傳》：「遵嗜酒，每大飲，賓客滿堂，輒關門，取賓客車轄投井中，雖有急，終不得去。」轄，車軸兩端的鍵，去之則車不能行。

【語　譯】懸掛床榻專門等待賢士，難道說僅僅是交情而已；投轄款留佳賓，不過是增添酒興罷了。

【研　析】陳蕃懸榻，是禮賢下士，為朝廷養育人才。陳遵投轄，只是結交朋友，盡情歡樂。兩者的意義大不相同。

十・六〇　才以氣雄，品由心定。

【語　譯】才華因為氣勢而傑出，人品由心而定高下。

【研　析】「氣」在中國古代哲學中指人的元氣、人天生具備的某種本質，也指人的精神狀態。孟子最早提出「養氣說」，強調人的主體意識修養對人崇高精神形成的重要性。後將「養氣說」應用於文學理論，劉勰《文心雕龍》提出「清和其心，調暢其氣」，是文學創作的關鍵。韓愈〈答李翊書〉云：「氣，水也；言，浮物也。水大而物之浮者大小畢浮。氣之與言猶是也。氣盛則言之短長與聲之高下者皆宜。」蘇轍〈上樞密韓太尉書〉云：「文者氣之所形。然文不可學而能，氣可以養而致。……其氣充乎其中，而溢乎其貌，動乎其言，而見乎其文，而不能自知。」這些理論都是強調養氣的重要性。

十・六一 為文而欲一世之人好，吾悲其為文；為人而欲一世之人好，吾悲其為人。

【語譯】寫文章想要得到全世界人的讚美，我對他寫文章而感到悲哀；做人想要得到全世界人的讚美，我對他的為人感到悲哀。

【研析】好的文章都是有感而發，具有思想的鋒芒，必然會受到一些人的讚揚，也會受到一些人的批評。所有人都讚許的文章，必然是不關痛癢的平庸之作。做人也一樣。世上的人善惡混淆、良莠不齊，薰蕕不同器，好人不能與壞人同流合汙。若為所有人讚許，那就是一個沒有原則隨風倒的濫好人。

十・六二 濟筆海❶則為舟航❷，騁文囿❸則為羽翼❹。

【注釋】❶筆海　文苑；文海。❷舟航　船隻。❸文囿　文苑、文章的園地。❹羽翼　指飛禽。

【語譯】渡越筆海如同行船，馳騁文囿如同飛鳥。

【研析】此聯寫學問深厚，文才出眾。以舟航扣筆海，以羽翼扣文囿，自然貼切。

十・六三　胸中無三萬卷書，眼中無天下奇山川，未必能文。縱能，亦無豪傑語耳。

【語　譯】胸中沒有三萬卷書，眼中沒有天下奇特的山川，就未必能寫文章。即使能寫文章，也沒有豪傑的語言。

【研　析】古人提倡「讀萬卷書，行萬里路」，是說既要博覽群書，具有淵博深厚的文化素養，又要廣泛了解、認識和接觸社會，增進生活閱歷，這樣才能寫出好文章。杜甫說：「讀書破萬卷，下筆如有神。」，元代程端禮說：「讀書如銷銅，聚銅入爐，大鞴扇之，不銷不止，極其費力。作文如鑄器，銅既銷矣，隨模鑄器，一冶即成，只要識模，全部費力。此所謂勞於讀書，逸於作文也。」都是講讀書與作文的關係。奇特雄偉的山川，可以開闊胸襟，陶冶性情，並給人以創作的靈感。

十・六四　山廚❶失斧，斷之以劍。客至無枕，解琴自供。盥盆❷潰散❸，磬❹為注洗❺。蓋不暖足，覆之以蓑❻。

【注　釋】❶山廚　山野人家的廚房。❷盥盆　盥洗用的盆。❸潰散　破爛。❹磬　石製的打擊樂器。❺注洗古代盥洗時用來接水的器皿。❻蓑　蓑衣，用草或棕編成的雨衣。

【語　譯】山野人家的廚房沒有斧頭，就用劍來砍斷柴禾。客人來了沒有枕頭，自己就取琴當枕頭。盥洗的盆爛了，就用磬做接水的器皿。被子不能暖足，就壓上蓑衣。

【研　析】此條言文人的窮困潦倒。劍、琴、磬本是文人所用高雅之物，現今只能用作斧子、枕頭和臉盆，物非所用，寄寓了文人懷才不遇、壯志難酬的感慨。

十・六五　孟宗❶少遊學❷，其母製十二幅❸被，以招賢士共臥，庶得聞君子之言。

【注　釋】❶孟宗　三國時江夏人，在東吳官至司空。❷遊學　離開本鄉去外地求學。❸幅　布帛的寬度，古代一幅布寬二尺二寸。

【語　譯】孟宗年少時外出求學，他的母親做了一條十二幅寬的大被子，以此招引賢士同臥，希望能夠聽到君子的言談。

【研　析】此段文字見元陶宗儀《說郛》所引《誠齋雜記》，說孟母鼓勵兒子多與賢達之士交往，能夠受到教益，有所長進。中國古代很重視家庭教育，講究擇友而交。孟子少時喪父，居處近墓地，孟子就去學跪拜哭喪的樣子，孟母認為此地不適合居住，就搬家到集市附近，孟子又去學做生意的事情。孟母再搬到屠宰場附近，孟子就學屠夫殺豬宰羊。最後孟母搬到學宮旁居住，孟子學會了禮儀。孟母說：「這才是我兒子應該住的地方。」於是定居於此。這就是著名的孟母三遷的故事，說明「近朱者赤，近墨者黑」，環境對一個人成長的重要性。孟宗母親為兒子做十二幅大被子，也是讓他與賢人接近，從中受到教益的意思。

十·六六　張煙霧於海際，耀光景於河渚❶；乘天梁❷而浩蕩❸，叩帝閽❹而延佇❺。

【注釋】❶河渚　河邊陸地。❷天梁　星名。❸浩蕩　氣勢雄壯。❹帝閽　天門。❺延佇　久留；久立。

【語譯】在海邊散布煙霧，在河岸炫耀景色；乘著天梁星氣勢雄壯，敲擊天門久留不去。

【研析】此節文字出自江淹〈麗色賦〉。此賦假託宋玉與巫史的對話，描寫天下最美佳麗的容貌、氣質、風神，以及企盼得到君王寵幸的心情。

十·六七　聲譽可盡，江天❶不可盡；丹青❷可窮，山色不可窮。

【注釋】❶江天　江上廣闊的天空，也指宇宙空間。❷丹青　指顏色、顏料，也指繪畫。

【語譯】一個人的聲譽是有限的，而遼闊的宇宙是無限的；繪畫的顏色是有限的，山的色彩是無限的。

【研析】此條言宇宙廣闊無限，大自然千姿百態，非人力能窮盡。人們創立的功業聲譽，在永恆的宇宙中是十分渺小短暫的。藝術的表現力是有限的，不可能完全表現出自然之美。

十・六八　聞秋空鶴唳，令人逸骨❶仙仙；看海上龍騰，覺我壯心勃勃。

【注釋】❶逸骨　超逸的神態。

【語譯】聽到秋天空中鶴叫，令人神態超逸飄飄欲仙；看海上龍騰，覺得自己雄心勃勃。

【研析】鶴鳴的聲音清越，《詩經》即言「鶴鳴九皋，聲聞於天」，鶴也被作為有清高節操的君子象徵。在中國古代詩文中，鶴也被視作仙禽，是神仙經常乘用的坐騎，《列仙傳》中王子喬乘鶴歸來，《述異記》中仙人「跨鶴騰雲」。唐崔顥的著名詩句：「昔人已乘黃鶴去，此地空餘黃鶴樓。」也是借用仙人乘鶴的典故。鶴在中國古代文學中長期積累而成的超塵脫俗、清高飄逸的意象，使人聽到秋空鶴唳，就會有飄然出世的感覺。

「龍騰四海，澤被天下」，「吾輩豈是池中物，一遇風雲便化龍」，龍騰虎躍是常用的成語，形容壯心勃勃，充滿積極進取的生命力。

十·六九　明月在天，秋聲在樹，珠箔❶捲嘯倚高樓；蒼苔在地，春酒❷在壺，玉山頹醉❸眠芳草。

【注釋】❶珠箔　珠簾，珍珠綴成的簾子。❷春酒　冬釀春熟的酒。❸玉山頹醉　《世說新語．容止》載：「山公（濤）曰：『嵇叔夜之為人也，岩岩若孤松之獨立；其醉也，傀俄若玉山之將崩。』」玉山，形容儀容俊美。

【語譯】明月在天上，秋聲從樹林中發出，珠簾捲起倚著高樓長嘯；蒼苔在地上，春酒在壺中，喝醉了就如玉山崩塌睡在草地上。

【研析】此條寫文人率性而為，豁達豪爽的風度。明月在天，秋聲在樹，勾勒秋景如畫。古人多春怨秋思，風清氣朗的秋夜，容易觸動人的情思，於是借長嘯宣洩內心的情感。古人常以長嘯顯示自己的神采風度，或表達激越慷慨的情緒。史載晉王導與庾亮游於石頭城（今南京），會過王廙，至是日迅風飛帆，廙倚樓長嘯，神色自逸。《元史．王冕傳》載：王冕隱居田園，部使者前去拜訪，王冕拒不相見，部使者離開時，聽到王冕倚樓長嘯，頓覺慚愧。而春天時在草地上飲酒，醉了便躺下，是何等的自由自在。

十·七〇　胸中自是奇，乘風破浪，平吞❶萬頃蒼茫❷；腳底由來闊，歷險窮幽，飛度千尋❸香靄❹。

【注釋】❶平吞　全吞；一口吞沒。❷萬頃蒼茫　萬頃波濤。❸尋　古代長度單位，一般為八尺。❹香靄　指雲霧環繞的山峰。

【語譯】胸中自有奇想，乘風破浪，一口吞沒萬頃波濤；腳底向來闊，經歷危險探尋幽境，飛度千尋雲霧環繞的山峰。

【研析】此條言既要有遠大的志向、宏偉的氣魄，又要有勤於實踐、不畏艱險的實踐精神。

十·七一

松風澗雨，九霄外聲聞環珮❶，清我吟魂❷；海市蜃樓，萬水中一幅圖畫，供吾醉眼。

【注釋】❶環珮　古人佩戴的玉飾。❷吟魂　詩思；詩情。

【語譯】松林的風聲山澗的雨聲，好似天上仙女環佩的聲響，使我的詩情更加清越；海市蜃樓，好似萬頃波濤中的一幅圖畫，供我醉眼欣賞。

【研析】松風澗雨，能觸發人的詩情。海市蜃樓，若有若無，朦朦朧朧，就如醉眼看世界一般。

十・七二 每從白門❶歸，見江山逶迤，草木蒼鬱，人常言佳，我覺是別離人腸中一段酸楚❷氣耳。

【注釋】❶白門 指南朝宋都城建康的宣陽門，後也作為南京的代稱。❷酸楚 悲痛悽楚。

【語譯】每次從南京回來，見江山曲折綿延，草木茂盛青翠，人們經常說好，我覺得是別離人腸中一段悽楚的感情。

【研析】南京是六朝故都，歷經幾代繁華，因此看到南京景物，就會興起歷史興亡之感，聯想到多少人在此背井離鄉，漂泊流浪。清代王士禎〈秋柳〉詩云：「秋來何處最銷魂？殘照西風白下門。」即從南京的景色觸發了離恨別愁。

十・七三 人每諛余腕中有鬼，余謂鬼自無端入吾腕中，吾腕中未嘗有鬼也；人每責余目中無人，余謂人自不屑入吾目中，吾目中未嘗無人也。

【語譯】人們常常奉承我筆下有鬼神相助，我說是鬼神無緣無故地到我筆下，我筆下並沒有鬼神；人們常常責備我眼中無人，我說是別人不屑進入我的眼中，我眼中並不是沒有人。

【研析】「腕中有鬼」指創作時的靈感。創作需要靈感，靈感來時，如有神助，文思洶湧，下筆千言。靈感總是不期而遇，突如其來，不能強求。然而靈感又是基於生活和創造經驗的長期積累，在特定情況下的迸發，並非空穴來風。

十·七四　天下無不虛之山，唯虛故高而易峻；天下無不實之水，唯實故流而不竭。

【語　譯】天下沒有不是虛空的山，只因為虛空才能高大險峻；天下沒有不充實的水，只因為充實才能流而不盡。

【研　析】〈古琴銘〉云：「山虛水深，萬籟蕭蕭。古無人蹤，惟石嶕嶕。」山虛指山勢似斷似續，懸崖峭壁，溝壑縱橫。水實指水源充足，朱熹詩云：「問渠哪得清如許，為有源頭活水來。」用山水比喻人生，人的心胸應該虛懷若谷，善於接納各種知識和意見，才能不斷長進；人的學問應該充實，才能用之不竭。

十·七五　放不出憎人面孔❶，落在酒杯；丟不下憐世❷心腸，寄之詩句。

【注　釋】❶放不出憎人面孔　謂擺不出憎惡別人的面孔。❷憐世　謂對世道的擔憂。憐，作哀憫、憐憫解。

【語　譯】擺不出憎惡別人的面孔，就把憎惡放在酒杯裡；丟不開憐憫世道的心腸，就寄託於詩句之中。

【研　析】看不慣別人，卻又不願批評指責，只能喝酒裝糊塗。擔心世道淪落，卻無力改變現實，就只能在詩句中表露自己的心情。

十・七六　春到十千❶美酒為花洗妝❷，夜來一片名香與月薰魄。

【注　釋】❶十千　形容酒的珍貴。曹植〈名都篇〉：「歸來宴平樂，美酒斗十千」，意為一斗酒值十千錢。

❷洗妝　指梳洗打扮，唐馮贄《雲仙雜記・為梨花洗妝》：「洛陽梨花時，人多攜酒其下，曰為梨花洗妝。」

【語　譯】春天來到用珍貴的美酒為花梳妝打扮，夜晚降臨用一片名香為月亮薰魂。

【研　析】謝靈運說「天下良辰、美景、賞心、樂事，四者難并」，稱之為「四難」。在春光駘蕩季節，面對百卉群芳，痛飲美酒，可謂「良辰、美景、賞心、樂事」四者具備。秋夜焚香，對月禱告，更覺月光清寒。古人將月光稱為「月魄」，唐吳融〈僧舍白牡丹二首〉詩：「月魄照來空見影，露華凝後更多香。」

十・七七　忍到熟處則憂患消；淡到真時則天地贅。

【語譯】忍耐到習慣時，憂患就全消失；淡泊到返樸歸真時，天地間的一切都是多餘的。

【研析】中國的傳統道德提倡忍耐，古人說：「忍天下人所不能忍，為天下人所不能為。」「容天下難容之人，忍天下難忍之事。」凡要成大事者，必須要學會忍耐，冷靜地處理面臨的難堪之事，不能意氣用事，逞匹夫之勇。蘇軾〈留侯論〉說：「古之所謂豪傑者，必有過人之節。人情所不能忍者，匹夫見辱，拔劍而起，挺身而鬥，此不足為勇也。天下有大勇者，卒然臨之而不驚，無故加之而不怒。此其所挾者大，而其志甚遠也。」只有學會忍耐，才能包容別人，即使對方傷害了自己，也不能睚眥之仇必報。忍耐也是遠禍避害的方法，用自己的寬容換取他人的尊敬，自然就多了一個朋友，少了一個敵人。忍耐是一種需要用修養來培植的品質，「忍到熟處」就是修養的過程。

十・七八

醺醺熟讀〈離騷〉，孝伯外敢曰並皆名士❶；碌碌常承色笑，阿奴輩果然盡是佳兒❷。

【注釋】❶醺醺熟讀離騷二句　出自《世說新語・任誕》：「王孝伯言：『名士不必須奇才，但使常得無事，痛飲酒，熟讀〈離騷〉，便可稱名士。』」醺醺，酣醉的樣子。孝伯，王恭，字孝伯。孝武時為前將軍、兗青兩州刺史，後以討王愉兵敗被殺。❷碌碌常承色笑二句　語出《世說新語・識鑒》：「周伯仁母冬至舉酒賜三子曰：『吾本謂渡江託足無所，爾家有相，爾等並羅列吾前，復何憂？』周嵩起，長跪而泣曰：『不如阿母言。

伯仁為人志大而才短，名重而識闇，好乘人之弊，此非自全之道；嵩性狼抗，亦不容於世，唯阿奴碌碌，當在阿母目下耳。』」碌碌，平庸無能。常承色笑，謂侍奉父母。阿奴，周謨，汝南安城人，周顗（伯仁）、周嵩之弟，東晉時官至侍中中護軍，封西平侯。

【語譯】醉醺醺地熟讀〈離騷〉，孝伯外誰敢說都是名士；碌碌無為就能承歡於父母之前，阿奴這樣的人果然都是好兒子。

【研析】〈離騷〉是中國文學史上第一部長篇抒情詩，被稱為「詞賦之祖」，歷來受到文人的尊崇。文人喜讀〈離騷〉，而且是「醉讀」。宋錢端禮〈題米元暉瀟湘圖〉云：「若會瀟湘物色，便合醉讀〈離騷〉。」陸游〈初春書懷〉云：「食觀《本草》雖多事，醉讀〈離騷〉自一奇。」宋趙汝鐩〈讀離騷〉云：「琅然醉讀〈離騷經〉，一鶴聞之來中庭。」為何文人喜歡醉讀〈離騷〉？其理由是多樣的。古人讀書到痛快處，喜歡飲酒助興，蘇舜欽以《漢書》下酒就是例子，讀〈離騷〉也是如此。〈離騷〉抒發了作者遭讒被害的苦悶和矛盾，引起了許多懷才不遇、身世坎坷文人的共鳴，喝酒也是這些文人宣洩內心憤懣和痛苦的辦法。〈離騷〉表現了詩人堅持美好理想，不與邪惡勢力同流合汙的鬥爭精神和至死不渝的愛國熱情，令人鼓舞激動，這也是醉讀〈離騷〉的理由。

自古道「忠孝難兩全」，如果一個人熱衷於事業，在政壇上縱橫捭闔，在疆場上躍馬橫刀，那麼就沒有時間和精力在家侍奉父母以盡孝道。在封建社會中，「忠」重於「孝」，《琵琶記》中蔡父逼蔡伯喈赴京應試，就說「全忠是為大孝」，建功立業，為朝廷盡忠是最大的孝。而那些碌碌無為的人，沒有機會外出闖蕩，就只能在家侍奉父母盡孝了。

十・七九 劍雄萬敵，筆掃千軍。

【語譯】一把寶劍可以勝過萬敵，一枝筆可以橫掃千軍。

【研析】《史記・項羽本紀》載：項羽少時學武，先練劍，後來說：「劍，一人敵，不足學，學萬人敵。」意為練好劍術，每次只能殺一人，他要學習戰勝萬人之術，即學習兵法。古代也將勇力超人者稱為「萬人敵」，如陳壽《三國志》說：「劉備有英名，關羽、張飛皆萬人敵也。」「劍雄萬敵」，意為劍術練好了，其威力可以戰勝萬人。筆掃千軍，形容筆力雄健，有橫掃千軍萬馬的氣勢，杜甫〈醉歌行〉詩云：「詞源倒流三峽水，筆陣橫掃千人軍。」

十・八〇 飛禽鎩翮❶，猶愛惜乎羽毛；志士捐生，終不忘乎老驥❷。

【注釋】❶鎩翮 即鎩羽，翅膀受到摧殘。❷老驥 老馬。

【語譯】飛鳥受到摧殘，還知道愛惜羽毛；志士捨棄生命，始終不忘志在千里的老馬。

【研析】飛禽尚知愛惜羽毛，人更應該珍惜名譽。壯士為了實現自己的理想，不惜捨棄生命。

十・八一 敢於世上放開眼，不向人間浪皺眉。

【語　譯】敢於在世上放眼觀望，不向人間隨便皺眉。

【研　析】此條意為要敢於面對人生，不迴避遇到的矛盾和難題，要冷靜處理人間的是非得失，而不能只是皺眉表示失望和反對。

十·八二　縹緲❶孤鴻，影來窗際，開戶從之，明月入懷，花枝零亂，朗吟「楓落吳江❷」之句，令人淒絕。

【注　釋】❶縹緲　高遠隱約。❷楓落吳江　唐崔信明有「楓落吳江冷」之句，為時人所稱道。

【語　譯】孤獨的鴻雁渺茫難尋，影子來到窗邊，開門追趕，明月照人胸懷，花枝散亂，高聲吟誦「楓落吳江冷」的詩句，令人感到淒涼之極。

【研　析】此條通過描寫月夜淒清幽寂的景色，抒發了孤高自許情懷。月夜的鴻雁是孤獨的，漫無目的地到處飛翔，最後來到窗前，也許室內熒熒燈火使牠在寒夜中感到一絲溫暖。室內的人也是孤獨的，長夜難眠，看到映在窗上鴻雁的影子，迫不及待地開門追趕，希望與鴻雁為伴。室外萬籟俱寂，只有清冷的月光和在風中搖擺不定的花枝，令人感到多麼淒涼和寂寞。蘇軾〈卜算子〉詞云：「缺月掛疏桐，漏斷人初靜。誰見幽人獨往來？縹緲孤鴻影。驚起卻回頭，有恨無人省。揀盡寒枝不肯棲，寂寞沙洲冷。」此條描寫的意境與蘇詞有異曲同工之妙。

十・八三　雲破月窺花好處，夜深花睡月明中。

【語　譯】月亮透過雲彩的縫隙偷窺花的美麗，夜晚已深花兒睡在明月映照的地方。

【研　析】此二句出自唐寅〈花月吟〉，描寫月夜花影，用擬人的手法，寫出月色朦朧，夜深花靜的景象，寫得十分靈動有趣。

十・八四　三春花鳥猶堪賞，千古文章只自知。文章自是堪千古，花鳥三春只幾時。

【語　譯】春天的花鳥可供欣賞，流傳千古的文章只有自己能理解。文章自然可以千古流傳，春天的花鳥能有多少時間。

【研　析】「三春花鳥猶堪賞，千古文章只自知」，出自明袁宏道〈狂言・讀卓吾南池詩〉，意為春天的花和鳥能供眾人欣賞，而好的文章只有自己才能理解。杜甫〈偶題〉云：「文章千古事，得失寸心知。」文章是流傳千古的事情，但其中的好壞只有作者自己知道。此條後兩句將意思翻了一層，提出花鳥雖然為眾人所欣賞，但只是短時間的風光，春去花落，冬來鳥遷，那時候又有誰想起曾欣賞過的花鳥呢？文章雖然難以被人理解，卻能流傳千古。這段文字警示人們，不要追求一時的風光，而是要踏踏實實做一些有意義的事情。

十・八五　**士大夫胸中無三斗墨❶，何以運管城❷？然恐醞釀宿陳❸，出之無光澤耳。**

【注釋】❶胸中無三斗墨　謂讀書少，沒有學識。❷管城　毛筆。❸宿陳　隔夜未消化的食物，此處指讀書生吞活剝，不能融會貫通。

【語譯】士大夫胸中沒有三斗墨，怎麼能運筆寫文章？然而只怕讀書不能消化，寫出來的文章也就沒有光澤。

【研析】寫文章須厚積薄發，書讀多了，知識積累得深厚了，寫出的文章才有充實的內容和深刻的見解。然而，讀書不可生吞活剝，需要加以消化理解，如果只知抄襲書本，寫文章也只能拾人牙慧，毫無見識。明代中後期，文壇受前後七子復古派的影響，寫詩作文模擬抄襲古人，猶如泥塑木雕的傀儡，毫無生氣，受到許多有識之士的批評。此條文字當也有感而發。

十・八六　**攫金於市者，見金而不見人❶；剖身藏珠者，愛珠而忘自愛❷；與夫決性命以饕❸富貴，縱嗜欲以戕生者何異？**

【注　釋】❶攫金於市者二句　《列子・說符》：「昔齊人有欲金者，清旦衣冠而之市，適鬻金者之所，因攫其金而去。吏捕得之，問曰：『人皆在焉，子攫人之金何？』對曰：『取金時，不見人，徒見金。』」❷剖身藏珠者二句　《資治通鑑》：「(唐太宗)謂侍臣曰：『吾聞西域賈胡得美珠，剖身以藏之，有諸？』侍臣曰：『有之。』上曰：『人皆知彼之愛珠而不愛其身也。』」❸饕　貪婪。

【語　譯】在市場上掠取金子的人，只看到金子而看不到人；剖開身體藏珍珠的人，愛護珍珠而忘記了愛護自己。這與那些貪圖富貴而犧牲性命，放縱嗜欲而危害生命的人有什麼區別？

【研　析】此條批評世上人為追逐富貴而爭權奪利，猶如飛蛾撲火，全然不愛惜生命。世上人的生命最可貴，一切見物不見人的做法都是錯誤的。

十・八七　說不盡山水好景，但付沉吟；當不起世態炎涼，惟有閉戶。

【語　譯】說不盡山水的好景色，只得沉吟回味；經受不起世態炎涼，只有關門獨處。

【研　析】山水的優美景色，不是用文字語言能表達的，只能通過沉吟回味細細領略其中的妙處。在文藝理論中，有兩種說法，一是認為文藝是對現實生活的模仿，只能表現現實生活的形相，而難以窮盡現實生活內在的神韻；一是認為文藝可以通過典型化的方法，將現實生活的美表現得更集中更強烈。從整體上說，文藝不能窮盡現實生活，但從局部而言，文藝可以將現實生活典型化，從而達到超越現實生活的藝術境界。世態炎涼，人情反覆，正直的人難以應付，只能閉門不出，獨善其身。貫雲石〈抒懷〉曲云：「競功名有如車下坡，驚險誰參破？昨日玉堂臣，今日遭慘禍。爭如我避風波走在安樂窩。」

十・八八　殺得人者，方能生人。有恩者，必然有怨。若使不陰不陽，隨世波靡❶，肉菩薩❷出世，於世何補，此生何用。

【注釋】❶隨世波靡　謂依附世俗，隨波逐流。❷肉菩薩　肉身菩薩，以世俗普通人顯身的菩薩。

【語譯】能殺人的人，才能救人。對某些人有恩，必然會得罪另外一些人。如果不陰不陽，隨波逐流，即使修成了菩薩的道行，對世道有什麼好處，這一生又有什麼用處。

【研析】《商君書・畫策》云：「故以戰去戰，雖戰可也。以殺去殺，雖殺可也。」「以殺去殺」，即以嚴峻的刑罰禁止人犯法。只有嚴懲犯罪分子，才能保護廣大民眾的生命安全。因此，在法制社會中，以法懲惡是維護社會穩定和平的保障。人分不同的階層和團體，他們之間往往發生利益衝突，對某些人有恩，就會得罪另一些人。那些八面玲瓏，左右逢源的人，是做不成什麼事情的。

十・八九　李太白云：「天生我才必有用，黃金散盡還復來❶。」又云：「一生性僻耽佳句，語不驚人死不休❷。」豪傑不可不解此語。

【注　釋】❶天生我才必有用二句　出自李白〈將進酒〉。❷一生性僻耽佳句二句　出自杜甫〈江上值水如海勢聊短述〉。性僻，性情喜好。僻，同「癖」。耽，喜好；專心。

【語　譯】李太白說：「上天賜予我的才能必然會發揮作用，黃金用完了還會來的。」杜甫又說：「一生就喜歡潛心思考好的詩句，寫出的詩句不能讓人震驚就絕不罷休。」豪傑不能不理解這些話。

【研　析】一個人既要有遠大的志向和堅定的自信，又要有執著的精神和踏實的態度，兩者結合，便能成大事。李白和杜甫的詩句各代表了一個方面。

十・九〇　天下固有父兄不能囿❶之豪傑，必無師友不可化之愚蒙❷。

【注　釋】❶囿　拘泥；局限，此處作束縛解。❷愚蒙　愚昧不明事理。

【語　譯】天下固然有父兄不能約束的豪傑，肯定沒有師友不能教化的愚昧者。

【研　析】古代講究孝悌，子女應該無條件的服從父母，弟弟應該無條件地服從兄長。然而豪傑的見識為世人所不及，做事也不受世俗人情的約束，即使父兄也不能限制他們的行動。孔子說：「惟上智與下愚不移。」他認為，人的性情是可以改變的，只有上等的聰明人和下等的愚昧者，其性情難以改變。人的天賦對一個人的成長有很大的影響，但並不是絕對的，後天的學習有更重要的意義。天資聰明，如不努力學習，天賦就會被掩沒；天資愚鈍，通過學習可以變得聰明起來。而在學習的過程中，老師的教育、朋友的薰陶有很大的影響。現代科學證明，一般人在天資上的差別其實並不大。

十·九一　諧友於天倫之外，元章呼石為兄❶；奔走於世途之中，莊生喻塵以馬❷。

【注　釋】❶元章呼石為兄　宋代書畫家米芾呼石為兄，參卷八第三三條。米芾，字元章。❷莊生喻塵以馬　《莊子·逍遙遊》：「野馬也，塵埃也，生物之以息相吹也。」

【語　譯】在父兄親屬之外的好朋友，元章把石頭稱為兄；奔走在世途之中，於是莊子把塵埃比喻為野馬。

【研　析】米芾行止違世脫俗，倜儻不羈，世稱「米顛」，呼石為兄即其痴顛表現之一。世人奔走於名利途中，如野馬奔騰沒有停息的時候，如塵埃飄浮身不由己，所以莊子喻塵為馬。

十·九二　詞人❶半肩行李❷，收拾❸秋水春雲；深宮一世梳妝，惱亂❹晚花新柳。

【注　釋】❶詞人　同「詩人」。擅長寫詩作詞的人。❷半肩行李　形容行李之少。肩，量詞，類似於一擔。❸收拾　領略；玩賞。❹惱亂　煩擾；打擾。

【語　譯】詞人挑著半擔行李，領略秋天的水春天的雲；在深宮裡梳妝了一世，打擾了夜晚的花新抽條的柳。

【研　析】詩人在自然風光中更能激發詩興，陸機〈文賦〉云：「遵四時以嘆逝，瞻萬物而思紛。悲落葉於勁秋，喜柔條於芳春，心懍懍以懷霜，志眇眇而臨雲。」深宮一世梳妝，言宮女久在深宮，不得君王寵幸，只能與晚花新柳作伴。

十・九三　得意不必人知，興來書自聖；縱口何關世議，醉後語猶顛。

【語　譯】得意不必人知，興致來時寫的字自然出神入化；信口開河何必顧及世間的議論，喝醉酒語言更加癲狂。

【研　析】此條語出高適〈醉後贈張旭〉：「世上謾相識，此翁殊不然。興來書自聖，醉後語猶顛。白髮老閒事，青雲在目前。床頭一壺酒，能更幾回眠。」張旭是唐代著名的書法家，尤擅長草書，被奉為「草聖」。為人狂放不羈，性嗜酒，常大醉後呼叫狂走，然後提筆落墨，一揮而就，因此有「張顛」之稱。杜甫〈飲中八仙歌〉云：「張旭三杯草聖傳，脫帽露頂王公前，揮毫落紙如雲煙。」

十·九四　英雄尚不肯以一身受天公之顛倒❶，吾輩奈何以一身受世人之提掇❷。是堪指髮❸，未可低眉。

【注釋】❶顛倒　此處作「擺布」解。❷提掇　操縱。❸指髮　同「髮指」。髮上指冠，形容極度憤怒。

【語譯】英雄尚且不肯讓一身受上天的擺布，我們為何要讓一身受世人的操縱。應該憤怒的時候，不可以低眉順從。

【研析】英雄敢與命運抗爭，不願聽任上天的擺布，行為遺世獨立，不隨波逐流，附和世俗。

十·九五　能為世必不可少之人，能為人必不可及之事，則庶幾此生不虛。

【語譯】能夠做世上必不可少的人，能夠做別人做不到的事情，那麼就不虛此生了。

【研析】能夠對社會做出獨特的貢獻，才是世上必不可少之人；只有才能卓越超群，才能為人必不可及之事。這樣的人當然不虛度此生，然而世上又有幾個這樣的人？這個世界，缺了誰，地球照樣轉動。

十·九六　兒女情英雄氣，並行不悖；或柔腸或俠骨，總是吾徒。

【語　譯】兒女情和英雄氣，同存而不矛盾；或情意纏綿或英武剛強，都是我們這些人。

【研　析】俗話說：「兒女情長，英雄氣短。」意為一個人若沉湎於男女私情，就會意氣消沉，喪失遠大的志向。在「紅顏禍水」傳統觀念影響下，歷史記載或小說戲曲中的英雄都是不近女色的，《水滸傳》中梁山一百零八條好漢，只有王英這個舞臺上的丑角貪戀女色，小說中最理想的英雄武松就是不講兒女私情的典範。明代後期，「尊情」成為普遍的社會思潮，許多文人認為「情」，包括兒女之情是生活最基本的要素，是社會得以存在的基礎，每個人都逃不脫一個「情」字，英雄豪傑也是如此。

李贄說人人都有私心，聖賢也不例外，他所說的私心，指人的欲念，即好貨好色之心。陳子龍是明末著名文人，又是抗清復明的義士，他與柳如是就有過一段旖旎的情史。「無情未必真豪傑」，兒女情與英雄氣並不矛盾。通常用「俠骨柔腸」來形容一個外剛內柔的人。俠骨，也稱俠氣、俠性，是對人的氣質、品格的一種描述，主要表現為言必信，行必果，己諾必誠；濟貧扶困，捨身救人，做好事不張揚，不求回報。柔腸是指多情，待人接物重感情講義氣。豪俠之所以能濟貧扶困，捨己救人，就因為具有悲天憫人的慈悲之心。無情之人只知有己，不知有人，絕不會捨棄自己的利益去幫助別人。因此，「無情未必真豪傑」，豪傑一定是多情的。

十・九七　上馬橫槊，下馬作賦，自是英雄本色❶；熟讀〈離騷〉，痛飲濁酒，果然名士風流❷。

【注　釋】❶上馬橫槊三句　《南齊書・垣榮祖傳》：「昔曹操、曹丕上馬橫槊，下馬談論，此於天下可不負飲食矣。」槊，古代的兵器。❷熟讀離騷三句　用王孝伯典故，參本卷第七八條。

【語　譯】上馬橫槊能打仗，下馬提筆能作賦，自然是英雄本色；熟讀〈離騷〉，痛飲濁酒，果然是名士的風流行為。

【研　析】上馬能打仗，下馬能作賦，能文能武，方是真英雄。若只會打仗，僅為一介武夫；若只會作賦，只是柔弱書生，都算不得英雄。

十・九八　詩狂空古今，酒狂空天地。

【語　譯】詩寫得狂放就目空古今，酒喝得狂放就目空天地。

【研　析】陸機〈文賦〉描述了詩人創作過程中形象思維和心理活動的特徵：「耽思旁訊，精騖八極，心遊萬仞。」「觀古今於須臾，撫四海於一瞬。」詩人的想像可以穿越時空，任意翱翔。因此在詩歌中可以包容古今，目空一切。喝醉酒的精神狀態，和文學創作相似，所以古代文人喜歡喝酒，也喜歡在酒後創作，李白「斗酒詩百篇」就是最好的例子。

十·九九 處世當於熱地思冷，出世當於冷地求熱。

【語譯】身處世間名利場，應當在熱鬧的地方想到冷清；歸隱避世的時候，應當在冷清的地方尋求熱鬧。

【研析】一個人在積極入世，為建立功業而奮鬥時，要能收煞得住，為自己留一退路，這就是熱地思冷。一個人在隱居避世的時候，要在冷落的環境下尋求生活的樂趣，這就是冷地求熱。

十·一〇〇 我輩腹中之氣❶，亦不可少，要不必用耳。若蜜口❷，真婦人事哉。

【注釋】❶腹中之氣 此處指感情的衝動，相當於意氣。❷蜜口 甜言蜜語。

【語譯】我們這些人，感情的衝動也不可少，關鍵在於不必意氣用事。如果甜言蜜語，真是婦人所做的事情。

【研析】此條言處世之道。人要有氣節，雖然不能意氣用事，但也不能逢迎世俗，喪失原則。

十·一〇一 辦大事者，匪獨以意氣❶勝，蓋亦其智略絕也。故負氣❷雄行，力足以折公侯，出奇制算❸，事足以駭耳目。如此人者，俱千古❹矣。嗟嗟，今世徒虛語耳。

【注釋】❶意氣　此處指志向和氣概。❷負氣　憑恃意氣行事。❸出奇制算　即出奇制勝。❹千古　此處作去世解。

【語譯】辦大事的人，不僅僅因為志向和氣概勝過別人，他的智慧謀略也是獨特的。因此他憑著意氣做出英雄的行為，力量足以折服公侯，出奇制勝，事情足以駭人耳目。這樣的人，都已經去世了。哎呀，現在的人只是徒有虛名罷了。

【研析】此條意思同上，真英雄要講氣節，也要講謀略。

十・一〇二　說劍談兵❶，今生恨少封侯骨❷；登高對酒，此日休吟烈士歌❸。

【注釋】❶說劍談兵　指領兵征戰之事。❷封侯骨　封侯的骨相。古代迷信，一個人的窮通貴賤取決於骨相的好壞。❸烈士歌　指抒發慷慨豪俠之氣的詩詞歌曲。烈士，指有氣節壯志的人。

【語譯】說劍談兵，恨今生沒有封侯的命運；登高對酒，這一天不要吟唱烈士歌。

【研析】此條言英雄懷才不遇，壯志未酬。說劍談兵、登高對酒，即前面所言「上馬橫槊，下馬作賦」之意。

十·一〇三 身許為知己死，一劍夷門❶，到今俠骨香仍古；腰不為督郵折，五斗彭澤❷，從古高風清至今。

【注釋】❶身許為知己死二句 《史記·魏公子列傳》載：侯嬴年七十，為夷門監者（看守城門的小吏）。信陵君知其賢，折節迎為上賓。秦兵圍趙，侯嬴獻計解趙國之危，並自殺以堅定信陵君抗秦的決心。夷門，戰國時魏國都城大梁的東門。侯嬴為夷門監者，人稱夷門侯生。此處夷門即指侯嬴。❷腰不為督郵折二句 指陶淵明不願為五斗米折腰，辭官歸隱的事。督郵，古代官名，代表太守視察縣鄉，宣達教令，並負責刑獄之事。彭澤，縣名。陶淵明曾任彭澤縣令，因以彭澤借指陶淵明。

【語譯】此身為知己而死，夷門侯生一劍自刎，到今日豪俠的美名仍和古時一樣為人稱頌；不願向督郵折腰，辭去五斗米俸祿的陶淵明，高風亮節的清名從古流傳至今。

【研析】韓非說：「儒以文亂法，俠以武犯禁。」認為儒家講究以禮儀治國，擾亂了正常的法律程序；俠士違反法令自行其是，破壞了社會的安定。自漢代以後，儒家成為中華民族的主流文化，在發展過程中除了容納佛、道兩家的思想，還吸取了俠義文化的精髓。「殺身成仁」、「士為知己者死」，本是俠義精神，也成為儒家講究氣節的重要內容，亦儒亦俠成為許多文人的崇尚。唐代是俠義之風盛行的時代，許多著名的詩人，如李白、王昌齡、王翰、岑參，都是文人具俠氣者。像王維這樣以平淡沖和著稱的「詩佛」，年輕時也是豪氣勃發，嚮往著「幽并遊俠兒」的生活。直至清代，此風猶然未改，龔自珍詩中常以簫劍並舉，如「來何洶湧須揮劍，去尚纏綿可付簫」，「氣寒西北何人劍，聲滿東南幾處簫」，「一簫一劍平生意，負盡狂名十五年」。在龔自珍詩歌中，劍代表了俠義精神，簫是儒家傳統文化的象徵。幾千年來，俠義精神隨著儒家主流文化的傳承延續至今。

《晉書・陶潛傳》載：陶淵明任彭澤縣令，「郡遣督郵至縣，吏白應束帶見之，潛嘆曰：『吾不能為五斗米折腰，拳拳事鄉里小人邪！』義熙二年，解印去縣，乃賦〈歸去來兮辭〉。」陶淵明不願為五斗米折腰，表現出他清高有骨氣，成為後代文人仿效的榜樣，李白詩云：「何日到彭澤，長歌陶令前。」杜甫詩云：「焉得思如陶謝手，令渠述作與同遊。」辛棄疾〈水龍吟〉詞云：「須信此翁（陶淵明）未死，到如今凜然生氣，吾儕心事，古今長在。」陶淵明的「不為五斗米折腰」成了中國士大夫的精神堡壘，他虛構的世外桃源成了中國士大夫的精神歸宿。

十・一〇四　劍擊秋風，四壁❶如聞鬼嘯；琴彈夜月，空山引動猿號。

【注釋】❶四壁　此處意為四面。

【語譯】在秋風中舞劍，如聽到四面的鬼嘯；在夜月下彈琴，引動空曠的山中猿猴號叫。

【研析】此條言秋夜的淒清冷寂。琴劍皆為古代文人隨身攜帶之物，寓剛柔相濟之意。

十・一〇五　壯志❶憤懣難消，高人情深一往。

【注釋】❶壯志　疑為「壯士」之誤。

【語譯】壯士憤懣難消，高人一往情深。

【研析】壯士憤懣難消，行俠仗義；高人一往情深，兒女情長。此即俠骨柔腸。

十·一〇六　先達❶笑彈冠❷，休向侯門輕曳裾❸；相知猶按劍，莫從世路暗投珠❹。

【注釋】❶先達　有學問和德行的前輩。❷彈冠　出仕做官。❸曳裾　拖著衣襟，指依附達官權貴。在王侯門下做食客，稱為「曳裾王（侯）門」。❹相知猶按劍二句　《史記·魯仲連鄒陽列傳》：「臣聞明月之珠，夜光之璧，以暗投人於道路，人無不按劍相眄者，何則？無因而至前也。」意為在夜間將明珠玉璧扔在路上，等人去撿，必然引起別人的猜疑，會拔劍戒備，以防不測。後以「明珠暗投」比喻才能得不到賞識。世路，宦途。

【語譯】有學問德行的前輩笑那些出仕的人，不要輕易去依附王侯之門。相知的人尚且要按劍戒備，不要將明珠投到黑暗的宦途上。

【研析】古代文人以陶淵明為榜樣，不願為五斗米折腰，以遠離官場，歸隱田園為清高，恥於依附權貴顯要。世道黑暗，不要輕易顯露自己的才華，以免明珠暗投，招來他人的嫉妒和戒備。

卷十一　法

十一・一　自方袍幅巾❶之態遍滿天下，而超脫穎絕❷之士，遂以同污合流矯之，而世道不古矣。夫迂腐者既泥於法，而超脫者又越於法，然則士君子亦不偏不倚，期無所泥越❸則已矣，何必方袍幅巾，作此迂態耶？集法第十一。

【注釋】❶方袍幅巾　此處指宋明以來道學家的打扮。方袍，原指僧人所穿的袈裟，因平攤為方形，故稱。幅巾，古代男子束髮的頭巾。❷穎絕　聰穎；聰明靈敏。❸泥越　拘泥超越。

【語譯】自從穿方袍戴幅巾的道學風氣充斥天下，超脫聰穎的人就以順應世俗來矯正這種風氣，於是世道就不古了。迂腐的人拘泥於法度，而超脫的人又超越法度，然而有道德學問的人也就是不偏不倚，希望既不拘泥也不超越法度而已，何必方袍幅巾，作如此迂腐相呢？集法第十一。

【研析】此卷言法度。「法」是行為的原則，而原則最重要的就是掌握一個「度」。「過猶不及」，儒家強調的就是「不偏不倚」的中庸之道。明代中後期，理學盛行，理學家們死守儒家教條，行為言論迂腐不堪；還有一些文人厭倦理學，他們衝破儒家教條的束縛，提倡自由的思想和狂放的生活方式。本書的作者認為，這兩種人都不可取，提出最合適的行為準則是既不泥於法，又不越於法。作者最後說：「何必方袍幅巾，作此迂態耶？」可見他批評的重點是那些迂腐守舊的理學家。

十一・二　世無乏才之世，以通天達地之精神，而輔之以拔十得五之法眼❶，一心可以交萬友，二心不可以交一友。

【注釋】❶法眼　指敏銳精深的眼力。

【語譯】世上沒有缺乏人才的時代，以通達天地的精神，加上能從十個人中選拔到五個人的眼光，一心可以交一萬個朋友，二心交不上一個朋友。

【研析】「千里馬常有，而伯樂難尋」，任何一個時代，都是人才輩出，關鍵是要有選拔人才的精神和眼光。人才不會突然出現在你面前，需要你用心去尋找。選拔人才如同交友，一心一意才可交到眾多的朋友，三心二意則一個朋友也交不上。

十一・三　凡事，留不盡之意❶則機圓❷；凡物，留不盡之意則用裕；凡情，留不盡之意則味深；凡言，留不盡之意則致遠；凡興，留不盡之意則趣多；凡才，留不盡之意則神滿。

【注釋】❶留不盡之意　指做事留有餘地。❷機圓　指行事的時機靈活。

【語譯】凡做事情，留有餘地就時機靈活；凡使用物品，留有餘地就用起來富裕；凡表達感情，留有餘地就味道深厚；凡說話發言，留有餘地就意旨深遠；凡興致來時，留有餘地就趣味豐富；凡施展才華，留有餘地就神氣飽滿。

【研析】做任何事情，都要留有餘地，事情做絕了，就沒有回頭的機會。使用物品，包括自然資源，也要留有餘地，不能竭澤而漁。當今社會，人們無窮盡地開發資源，不注意環保和能源的節約，總有一天會受到大自然的懲罰。抒發感情、發表言論，要含蓄蘊藉，不能一瀉無餘、聲嘶力竭，同樣是留有餘地。中國的詩論歷來強調感情的表達要深沉雋永，提倡「不著一字，盡得風流」，「含不盡之意見於言外」。作詩如此，繪畫也如此。中國的繪畫書法重視筆外之韻，講究尺幅之內有千里之勢，在布局上不能填滿畫幅，留有餘地。凡事留有餘地，既是生活的哲理，也是生活的技巧。

十一·四 有世法❶，有世緣❷，有世情❸。緣非情，則易斷；情非法，則易流。

【注釋】❶世法　世俗遵循的習慣、法度。❷世緣　世俗的緣分。❸世情　世俗的感情。

【語譯】有世俗的法度，有世俗的緣分，有世俗的情感。緣分不合情理，就容易斷絕；感情不符合法度，就容易氾濫。

【研析】此條言法、緣、情三者的關係。緣是因緣、機緣，緣分是人與人之間的無形連接，是某種必然存在的相遇的機會和可能。緣分如天上的風雲，可遇而不可求。因此，有人將緣分與命運聯繫在一起。緣分有某種偶然性，但偶然性中包含著必然性。這種必然性就是「情理」。人與人相交，講究緣分，但這種緣分要維繫下去，就一定要符合情理。法指法度，行為的準則。儒家講天理人情，強調人的感情一定要符合天理，感情必須控制在道德許可的範圍內。他們認為，人的感情如不加以限制，就會產生嚴重的後果。宋明以來的理想家宣揚「存天理，滅人欲」，也就是要用天理來限制人的感情和欲望。

十一·五 世多理所難必之事，莫執宋人道學；世多情所難通之事，莫說晉人風流。

【語　譯】世上多有從理上來講必然沒有的事情，不要執著於宋人的道學；世上多有從人情上難以理解的事情，不要批評晉人的風流。

【研　析】此條言理和情的關係，體現了晚明「尊情反理」的思潮。情理是宋明理學的核心論題，也是明代中後期長期爭論不休的熱門話題。宋明理學認為「理」，即「天理」——主要指封建的倫理道德，是先天的善，而「情」，即「人情」——包括人的感情和欲望，是後天形成的「惡」，他們主張用「天理」去限制和改造「人情」，消除不合理的感情和欲望，這就是「存天理，滅人欲」。晚明啟蒙思潮充分肯定人的情欲，提出衝破封建教條的束縛，去追求情欲的滿足，提倡率性任情的生活方式，在當時形成了「尊情」的風氣。他們提倡的「尊情」，與「天理」發生了矛盾衝突，故湯顯祖提出：「情有者理必無」。

十一・六　與其以衣冠❶誤國，不若以布衣關世；與其以林下❷而矜❸冠裳❹，不若以廊廟❺而標泉石❻。

【注　釋】❶衣冠　指古代士以上的服裝，此處指官服，也代指做官。❷林下　指山林田野退隱之處。❸矜　炫耀；誇耀。❹冠裳　官員的服飾。❺廊廟　朝廷。❻標泉石　高舉隱逸之風。標，標舉，顯示；標明。泉石，指隱逸。

【語　譯】與其作為官員誤國，不如作為平民干預世事；與其隱居林下卻炫耀做官的排場，不如在朝廷而標榜隱逸的風氣。

【研　析】權勢越大，若誤國危害就越大。老百姓關心時事，也能有補於世道人心。「國家興亡，匹夫有責」，不能忽視民眾的力量。能否擺脫世俗的牽纏，在於心境是否澄淨，並非由環境所決定。若心境不澄淨，在山林泉石間，依然有名利之念；若心境澄淨，在朝廷官場，也會有出世之想。

十一·七　眼界愈大，心眼愈小；地位愈高，舉止愈卑。

【語　譯】眼界越大，心眼就越小；地位越高，行為就越卑下。

【研　析】眼界越大，見識越多，處理事務考慮得越周詳，心眼也就越細。地位越高，行為越卑劣，官場就如染缸，汙人清白。

十一·八　少年人要心忙，忙則攝浮氣❶；老年人要心閒，閒則樂餘年。晉人清談，宋人理學，以晉人遺俗，以宋人禔躬❷，合之雙美，分之兩傷也。

【注　釋】❶攝浮氣　收斂浮躁之氣。❷禔躬　安身。

【語　譯】少年人要勤於思考，勤於思考就能收斂浮躁之氣。老年人要心閒，閒了就能安度晚年。

晉人崇尚清談，宋人崇尚理學，以晉人的清談去除俗氣，以宋人的理學安身立命，兩者結合就兩全其美，兩者分離就兩敗俱傷。

【研　析】少年人心煩氣躁，遇事容易衝動，若勤於思考，加強修養，就會去除浮躁的脾氣。老年人心神疲憊，精力衰竭，保持良好的心態，能夠健康長壽。宋人崇尚理學，行為舉止都要符合規矩；晉人崇尚清談，追求高遠淡雅的生活方式。以晉人之高遠救理學迂腐之弊，以宋人之規矩救晉人不拘禮儀之弊，始能兩全其美。

十一·九　莫行心上過不去事，莫存事上行不去心。

【語　譯】不要做心上過不去的事情，不要有無法實現的念頭。

【研　析】做事應該有自己的判斷，決定哪些事情該做，哪些事情不該做，不能違背心願，勉強為之。然而，在現實中，人們迫於環境和生存的需要，想做的事情做不了，不想做的事情不得不做，但其中有個道德底線。如果是不道德的事情，就絕不能做，這就是「莫行心上過不去事」。做事情要量力而行，不能一時衝動，「明知不可為而為之」，這就是「莫存事上行不去心」。

十一·一〇　忙處事為，常向閒中先檢點；動時念想，預從靜裡密操持；青天白日處節義，自暗室屋漏❶中培來；旋乾轉坤的經綸❷，自臨深履薄❸處操出。

【注　釋】❶暗室屋漏　指黑暗隱蔽之處。暗室，黑暗的房間，特指人看不到的地方。《南史・梁本紀下》：「立身行道，終始若一，風雨如晦，雞鳴不已，弗欺暗室，豈況三光。」屋漏，古代室內安放神主，為人看不到的地方稱屋漏。古人常把暗室和屋漏並稱，宋黃倫《尚書精義》：「作德者以誠為恭儉也，雖暗室屋漏之中，常若在青天白日之下。」❷經綸　治理國家的抱負和才能。❸臨深履薄　形容處境的危急。《詩經・小雅・小旻》：「戰戰兢兢，如臨深淵，如履薄冰。」

【語　譯】在繁忙的時候做事，要經常在空閒的時候先檢查打點；在行動時候的種種設想，要預先在安靜的時候不斷醞釀；在青天白日之下表現出來的節義，是從別人看不到的暗室屋漏中培養出來的；扭轉乾坤的抱負和才能，是在如臨深淵如履薄冰的危急狀況下鍛煉出來的。

【研　析】俗話說：「宜未雨而綢繆，毋臨渴而掘井。」有了充分的準備，遇事才不會忙亂。平時的努力，是成功的保證，著名演員在舞臺上精彩的表演，就是以平日的刻苦練功為基礎的，因此有「臺上一分鐘，臺下十年功」的說法。

一個人的道德修養是出於自身的需要，而不是做給人看的，應該在人們不注意的細小處培養起。遠大的抱負和才能，並不是天生的，而是經過各種磨難鍛鍊出來的。

十一・二一 以積貨財之心積學問，以求功名之念求道德，以愛子之心愛父母，以保爵位之策保國家。

【語譯】以積累財物的心積累學問，以求取功名的念頭求取道德，以愛子之心愛父母，以保護官位的計策保護國家。

【研析】孔子說：「吾未見好德如好色者也。」好色是人的本性需求，如果人們對道德追求如對情欲的追求那樣迫切，那麼人們的道德水準就會極大的提高。此條的邏輯推理與孔子的話相同。人們都希望獲利致富，如果以這樣的心情去獲取積累學問，學問就大有長進。人們追求功利的願望很迫切，如果用同樣的心情從事道德修養，人們的道德水準就會迅速提高。儒家提倡「父慈子孝」，用愛子之心去孝順父母，就是個孝子。古人說：「養兒方知報娘恩。」，自己有了孩子，才知道父母養育自己是多麼不容易，才明白為人子女應該孝順父母的道理。然而，在現實生活中，對自己子女寵愛有加，對父母不聞不問的情況時有發生，這樣的人應該反思。人有了功名地位，往往把國計民生置之腦後，只知道維護自己的既得利益。如果能把國家利益置於私人利益之上，就是一個忠臣。

十一・二二 才智英敏❶者，宜以學問攝其躁；氣節激昂者，當以德性❷融其偏。

【注釋】❶英敏　聰慧而有卓識。❷德性　符合道德規範的品行。

【語譯】才能智慧卓越不凡的人，應當以學問收斂他的浮躁；注重氣節慷慨激烈的人，應當以德性融化他的偏激。

【研析】此條也見於《菜根譚》。天資聰穎的人，覺得憑自己的聰明才智可以解決一切問題，因此遇到事情不願詳加思考，往往表現得心浮氣躁。天資聰穎的人自以為什麼都懂，因此缺乏刻苦學習的精神，容易變得志大才疏。曾國藩說：「才智英敏者，宜加深厚學問。」只有通過努力學習，積累學問，才能糾正這種弊病。俗話說：「學而知不足。」學問深厚了，就通達人情世故，知道世上的事情並沒有那麼簡單，遇到問題會認真思考，做起事來踏實穩妥。

注重氣節的人，是非分明，疾惡如仇，因此容易偏激。注重氣節的人往往思想僵化、行為過激，為了維護正義而不計較後果。明末東林黨人，以清流自居，大講氣節忠義，對曾失足投靠魏忠賢閹黨的人，一律採取打壓政策，把許多有悔改之意的人拒之門外，從而造成了政局更大的混亂。清初曾有人認為，明朝亡於黨爭，亡於東林。重氣節而陷於偏激的人，應該加強道德修養，對人要有寬容的態度，做事要講究策略，糾正自己偏激的性格。

十一・一三　何以下達❶，惟有飾非；何以上達，無如改過。

【注釋】❶下達　《論語・憲問》：「君子上達，小人下達。」《論語正義》曰：「此章言君子小人所曉達不同也。本為上，謂德義也；末為下，謂財利也。言君子達於德義，小人達於財利。」達，通曉；明白。

【語　譯】怎麼樣才能使普通人明白道理，只有花言巧語用利益去打動他們；怎麼樣才能使君子明白道理，只有用道義促使他們改正錯誤。

【研　析】孔子說：「君子喻於義，小人喻於利。」君子有較高的文化修養，可以通過學習道義明白事理；普通人不懂大道理，就只能用利益去打動他們。孔子針對不同的人群，提出了不同的教育方法，並沒有用「義」反對「利」的意思。孔子的思想，重「義」而不否定「利」。到了宋明理學，才將「義」和「利」對立起來，認為孔子的意思是「其所喻者義而已，不知利之為利故也」《四書集注》。然而，重義輕利卻是儒家的一貫思想。世上的事情，都逃不出一個「理」字，不是一個「利」字所能說清楚的。只用「利」打動人，往往會背離道義，文過飾非。宋明理學提出人的修養就是「存天理，滅人欲」，只有不斷克制欲望，改正自己的錯誤，才能體認天理，達到道德修養的最高境界。

十一・一四　一點不忍的念頭❶，是生民生物之根芽；一段不為的氣象❷，是撐天撐地之柱石。

【注　釋】❶不忍的念頭　指仁慈的思想。❷不為的氣象　清淨無為的氣度。

【語　譯】一點仁慈的念頭，是生育萬民萬物的根芽；一段清淨無為的氣度，是支撐天地的柱石。

【研　析】「仁」是儒家的核心理論，是最高的道德原則和行為準則。對於「仁」的解釋有很多種，有一種認為仁字由一人兩橫組成。橫指土，為薄土，較貧瘠；兩橫指中土，不厚不薄，正可融生萬物；若為三橫，則為厚土，厚土埋下，萬物無活。所以，仁就是人要有中土一樣可融萬物之汙、可生萬物之命、可養萬物之靈的美德。還有人認為，果核稱為「仁」，因為它是植物生長的根芽，用之於人類社會，「仁」是養育萬民的根本。明代李夢陽在〈論學〉中，就以花生仁為例，說明「仁」之養育萬物功用。

「不為」即「無為」，是道家的基本思想。「無為」指凡事要「順天之時，隨地之性，因人之心」，即一切順應自然，不要違拗事情的本性，單憑主觀願望和想像行事。道家認為，「無為」是達到自然與社會和諧的唯一方法。

十一・一五　**君子對青天而懼，聞雷霆而不驚，履平地而恐，涉風波而不疑。**

【語　譯】君子對青天感到懼怕，聽到雷霆並不驚恐，走在平地上小心翼翼，跋涉風波毫不猶豫。

【研　析】此條出自明代理學家薛瑄語錄，講人的道德修養，需要在平時處處小心謹慎，才能在危難時刻從容應對。古話說：「舉頭三尺有神明，湛湛青天不可欺。」人的一言一行，都有神靈在上天監視，「對青天而懼」，就是要時時檢點自己，不要做虧心事，這樣就不會懼怕上天會懲罰自己。傳說上天懲罰惡人，有雷霆示警。「履平地」兩句意思相同。

十一・一六 不可乘喜而輕諾，不可因醉而生嗔❶，不可乘快而多事，不可因倦而鮮終❷。

【注　釋】❶生嗔　生氣；發怒。❷鮮終　指做事情沒有結束，不能善始善終。《尚書》云：「靡不有初，鮮克有終。」

【語　譯】不可乘著高興輕易許諾，不可借著醉酒發脾氣，不可憑著痛快去多事，不可因為疲倦做事有頭無尾。

【研　析】此條也見於《菜根譚》。乘著高興輕易許諾，很少能夠兌現，故《老子》說：「輕諾必寡信。」君子一諾千金，不是隨口亂說的。人醉了就失去控制，會意氣用事，從而招致禍害。《史記・魏其武安侯列傳》載：灌夫赴丞相田蚡的宴會，因田蚡傲慢心懷不滿，在行酒時大罵臨汝侯灌賢，以此發洩對田蚡的不滿，田蚡遂以使酒罵座的罪名彈劾灌夫。「不可乘快而多事」，「不可因倦而鮮終」，道理淺顯明白，但要真正做到卻不容易。

十一・一七 意防慮如撥❶，口防言如遏，身防染如奪❷，行防過如割。

【注釋】❶撥　治理；整頓。❷奪　喪失；失去。

【語譯】防止思想過慮就像整理亂絲，防止口頭亂說就像遏制洪水，防止身受汙染就像失去光彩，防止行動過度就像割去贅疣。

【研析】思慮過度使人意煩心亂，需要加以整理。禍從口出，防止過分的言論應該像遏制洪水氾濫。古代將民間輿論比作洪水，《國語・周語上》云：「防民之口，甚于防川。川壅而潰，傷人必多，民亦如此。」防止受世俗的汙染，就應該潔身自好。行為應該恰如其分，過分的行動猶如贅疣，是多餘的。

十一・一八　白沙在泥，與之俱黑❶，漸染之習久矣；他山之石，可以攻玉❷，切磋之力大焉。

【注釋】❶白沙在泥二句　《荀子・勸學》云：「蓬生麻中，不扶自直；白沙在泥，與之俱黑。」《太平御覽》將此語歸於曾子。❷他山之石二句　語出《詩經・鶴鳴》。意謂其他山上的石頭，也可以用作礪石，來琢磨自己的玉器。

【語譯】白沙在泥裡，就與泥一起變黑，浸染的時間長了就成這樣了；其他山上的石頭，可以用來琢磨我手中的玉器，切磋的作用是很大的。

【研析】上句言人容易受到環境的影響，應該潔身自好，不受汙染；下句言人與好友互相切磋，收益無窮。

十一・一九 後生輩胸中，落❶意氣❷兩字，有以趣❸勝者，有以味❹勝者，然寧饒於味，而無饒於趣。

【注釋】❶落 留下。❷意氣 指意氣用事，感情衝動，缺乏理智。❸趣 風致；情調。❹味 意味；意趣。

【語譯】年輕人的胸中，存有「意氣」兩個字，有的以趣勝人，有的以味勝人，然而寧可多些意味，而不要多些情趣。

【研析】此條本自陳繼儒《安得長者言》：「後生輩胸中落『意氣』兩字，則交遊定不得力；落『騷雅』兩字，則讀書定不深心。」「人之交友，不出趣味兩字。有以趣勝者，有以味勝者，有趣味俱乏者，有趣味俱全者。然寧饒於味，而無寧饒於趣。」這兩條意思是，年輕人容易感情衝動，交友不牢靠，讀書不能像欣賞詩詞歌賦那樣從興趣出發，而應沉下心來仔細推敲。交友講究趣味相投，而味比趣重要。趣側重於物質享受中體現的情調，而味側重於精神生活中的品味。

十一・二〇 芳樹❶不用買，韶光❷貧可支❸。

【注釋】❶芳樹　泛指花木。❷韶光　春光。❸支　領取。

【語譯】花木不用錢買，貧窮的人也能享受春光。

【研析】李白詩云：「清風明月不用一錢買。」蘇軾〈赤壁賦〉云：「惟江上之清風，與山間之明月，耳得之而為聲，目遇之而成色，取之無禁，用之不竭，是造物者之無盡藏也。」大自然的恩澤惠及每一個人，不論貧富貴賤，在大自然面前都是平等的。

十一・二二　寡思慮以養神，剪慾色❶以養精，靖❷言語以養氣。

【注釋】❶慾色　即色欲，性欲。❷靖　平定；安靜。

【語譯】寡思少慮以養精神，剪除色欲以養精力，平穩語言以養元氣。

【研析】此條言養生之道。精、氣、神為人身三寶，長壽之本。欲駐顏長壽者，當須省思慮以養心神，神全則精氣自充；節嗜欲以養腎精，精充則化氣生神；少言語以養氣，氣足則神全精生。清尤乘《壽世青編》亦云：「寡言語以養氣，寡思慮以養神，寡嗜欲以養精。」

十一・二三　立身高一步方超達，處世退一步方安樂。

【語　譯】安身立命高一步才能超脫曠達，與人相處退一步才能安樂自在。

【研　析】此條語本《菜根譚》：「立身不高一步立，如塵裡振衣，泥中濯足，如何超達？處事不退一步處，如飛蛾投火，羝羊觸藩，如何安樂？」這段話的意思為：立身如果不能站在更高的境界，就如同在灰塵中抖衣服，在泥水中洗腳一樣，怎麼能夠做到超凡脫俗呢？為人處事如果不退一步著想，就像飛蛾投入燭火中、公羊用角去抵藩籬一樣，怎麼會有安樂呢？一個人若有遠大的志向，就能不為瑣碎的事情所困擾，超越環境帶來的局限。一個人在與人交往的過程中，如果爭名逐利，處處爭先，就會身心疲憊，得不到安樂。若能退讓一步，就會省卻許多煩惱。

十一・二三　救既敗之事者，如馭臨崖之馬，休輕策一鞭；圖垂成❶之功者，如挽上灘❷之舟，莫少停一棹。

【注　釋】❶垂成　即將完成或成功。❷灘　江中水淺石多的急流。

【語　譯】挽救已經敗壞的事情，好像駕馭懸崖邊的馬，不能輕輕地加上一鞭；謀取即將成功的勝利，好像拉著船在急流中行駛，不能稍為停一下船槳。

【研　析】此條也見於《菜根譚》，言做壞了事情，應該懸崖勒馬，不能繼續犯錯誤；事情即將成功時，要善始善終，不能放棄努力，以致功虧一簣。

十一・二四 是非邪正之交❶，少遷就則失從違之正❷；利害得失之會❸，太分明則起趨避❹之嫌。

【注釋】❶交 交錯；錯雜。❷失從違之正 失去服從正義反對邪惡的原則。❸會 交會，會合；聚集。❹趨避 指趨利避害。

【語譯】是非邪正互相錯雜，稍為遷就就失去順正違邪的原則；利害得失互相交會，區別得太分明就有趨利避害的嫌疑。

【研析】此條也見於《菜根譚》，言人際應酬，在是非面前，一定要堅持原則；在有利害關係的時候，不能斤斤計較。

十一・二五 事係幽隱❶，要思回護他，著不得一點攻訐❷的念頭；人屬寒微❸，要思矜禮❹他，著不得一毫傲睨❺的氣象。

【注釋】❶幽隱 隱私。❷攻訐 檢舉揭發他人的隱私。❸寒微 出身貧賤，家世低微。❹矜禮 體恤禮待。❺傲睨 傲視。

【語譯】事情關係到隱私，要想袒護他，就不能有一點揭發的念頭。一個人出身貧賤，要想體恤優待他，就不能有一毫傲視他的跡象。

【研　析】此條言待人之道，不要揭發他人的隱私，這樣會傷害他人，應該尊重每個人的隱私權。不要輕視出身低微貧賤的人，人的家庭出身、社會地位有高低之分，但每個人在人格上是平等的。何況「帝王將相寧有種乎」，有許多成功人士，出身於貧賤家庭。從某種程度上講，出身貧賤、處境艱難也是寶貴的財富，能激勵人們奮發向上，能鍛煉人的才幹，而那些出身豪門的紈絝子弟，玩物喪志，無一技之長，只能成為社會的寄生蟲。

十一・二六　毋以小嫌❶而疏至戚❷，勿以新怨而忘舊恩。

【注　釋】❶嫌　嫌隙，因猜疑或不滿產生的隔閡和仇怨。❷至戚　最親近的親屬。

【語　譯】不要因為小小的誤會和不滿，疏遠了最親近的親屬，不要因為新結下的仇怨，忘記了過去的恩德。

【研　析】人們在日常生活中，總會與周圍的人發生一些矛盾和衝突，包括自己最親近的家屬。若遇到這樣的情況，不能過於計較，以免傷害親情。世上親情是最寶貴的，若為小事傷害親情，是最大的損失。中國人講究恩怨分明，「滴水之恩，當湧泉相報」，不能因為對某人的不滿而忘記他過去的好處。「勿以新怨而忘舊恩」，還有這樣的意思：對一個人要有客觀公正的評價，不能以後來的錯誤否定他以前的功績。嚴嵩是歷史有名的奸相，他在擔任內閣首輔其間，擅權專政，排斥異己，受到許多正人君子的反對，死後也落個萬古罵名。然而，嚴嵩在任內閣首輔之前，能夠善待下士，勤於職守，有很好的名聲。他進內閣後，在整頓邊防、抗擊倭寇等方面，都有所貢獻。現在人們只知道嚴嵩是個十惡不赦的奸臣，卻不知道他曾對明王朝做出的貢獻，這對嚴嵩是不公正的。

十一·二七 禮義廉恥，可以律己，不可以繩人❶。律己則寡過，繩人則寡合❷。

【注釋】❶繩人 要求、約束別人。❷寡合 謂難以與人相處。

【語譯】禮義廉恥，可以用來約束自己，不可用來要求別人。約束自己就少過錯，要求別人就難以與人投合。

【研析】此條言嚴於律己、寬於待人的道理。

十一·二八 凡事韜晦❶，不獨益己，抑且❷益人；凡事表暴❸，不獨損人，抑且損己。

【注釋】❶韜晦 指收斂光芒、深藏不露。❷抑且 況且；而且。❸表暴 暴露在表面，此處意為鋒芒畢露。

【語　譯】不論什麼事情，深藏不露，不但對自己有益，也對別人有益；不論什麼事情，鋒芒畢露，不但傷害別人，也傷害到自己。

【研　析】韜光養晦、守拙示弱，是道家推崇的行為準則。鋒芒畢露，容易傷害他人，自己也會樹敵過多，遭人嫉恨。

十一・二九　覺人之詐，不形於言；受人之侮，不動於色。此中有無窮意味，亦有無窮受用。

【語　譯】覺察到別人的狡詐，不用語言說出來；受到別人的侮辱，不在表情上顯露出來。這裡面有無窮的意味，也有無窮的好處。

【研　析】此條也見於《菜根譚》，說人應該寬容大度。不揭發別人的陰險狡詐，只是做到心中有數，既是明哲保身的方法，也是後發制人的策略。受到別人的侮辱，不形於色，就在一個「忍」字。能忍者方能成大事。

十一・三〇　爵位不宜太盛，太盛則危；能事不宜盡畢，盡畢則衰。

【語譯】官位不能太顯赫，太顯赫就危險了；才能不宜發揮盡，發揮盡就衰竭了。

【研析】此條也見於《菜根譚》，講盛極必衰、物極必反的道理，告誡人們凡事都要留有餘地。

十一·三二　遇故舊之交❶，意氣❷要愈新；處隱微之事，心跡宜愈顯；待衰朽之人，恩禮❸要愈隆。

【注釋】❶故舊之交　老朋友。❷意氣　此處指情誼。❸恩禮　禮遇；優待。

【語譯】遇到老朋友，情意要不斷更新；處理私密的事情，心跡要更加坦蕩；對待年老衰弱的人，禮節要更加尊重。

【研析】此條也見於《菜根譚》，講交友處事的原則。感情是維繫人際關係的紐帶，需要不斷地更新。老朋友間如此，夫妻間也是這樣。許多人結婚後，失去了戀愛階段的激情，夫妻之間的感情越來越淡薄，這是愛情缺乏更新的結果。如果給婚後生活不斷添加一些浪漫的內容，就會使愛情越久越新。老朋友之間也是如此，儘管平時不大來往，隔一段時間打個電話問候一下，或舉辦一次聚會，就會使相互的關係更加親近。處理私密的事情，雖然別人都不知道，但自己要心地坦蕩，這樣才心安理得。尊老是中華民族的優秀傳統，《孟子》就講：「老吾老，以及人之老。」古代還有鄉飲之禮，每年正月十五和十月初一，各縣都要舉辦盛大的宴會，宴請德高望重的老人，禮節十分隆重。在現代社會，尊老依然是人們必須遵循的道德。

十一・三二　用人不宜刻❶，刻則思效者去；交友不宜濫，濫則貢諛❷者來。

【注釋】❶刻　苛刻；刻薄。❷貢諛　阿諛奉承。

【語譯】用人不宜苛刻，苛刻了準備效力的人就會離去；交友不宜太多，太多了阿諛奉承的人就來了。

【研析】此條也見於《菜根譚》。用人不能苛刻，首先要寬容別人。每個人都有缺點，都會犯錯誤。如果為了一點小過失而嚴責對方，對方就會感到委屈，心情不痛快。其次要善待別人，要盡量滿足對方合理的需求，這樣才能讓對方盡心盡力地為你辦事。第三是要尊重別人，讓對方有成就感。美國哲學家杜威說：人類本質裡最深遠的驅動力就是「希望具有重要性」，這是領導用人之術。交友要嚴加選擇，交友過濫，難免良莠不齊，有人為了私利刻意奉承朋友，使朋友逐漸喪失明辨是非的能力，這樣的人是很可怕的。

十一・三三　憂勤❶是美德，太苦則無以適性怡情❷；澹泊是高風，太枯❸則無以濟人利物❹。

【注　釋】❶憂勤　憂慮勤勞，絞盡腦汁、竭盡全力去做事。❷適性怡情　順應個性，怡悅心情。❸枯　枯寂。❹濟人利物　救助別人，對世事有益。

【語　譯】憂慮勤勞是美德，但太刻苦就不能順應個性怡悅心情；澹泊是高尚的志節，太枯寂了就不能救助別人有益世事。

【研　析】做事必須認真，要盡心盡力地把事情做好，但太刻苦就使自己失去生活的樂趣。淡泊名利是高尚的品質，但過於清靜無為，就不能對社會有所貢獻。這裡還是講個「度」，過分追求道德的自我完善，有時會走向事情的反面。

十一・三四　作人要脫俗，不可存一矯俗之心；應世要隨時，不可起一趨時之念。

【語　譯】做人要脫離俗氣，但不可存有一個矯正世俗的心思；應付世事要順從時勢，但不可起趨從時俗的念頭。

【研　析】此條也見於《菜根譚》，宣揚隨緣順時而又超脫世俗的觀念。做人不可俗氣，但這種脫俗是出自內心的自然行為，而不是故意處處與世俗相對抗。若有故意矯正世俗的心思，那就是矯情，行為往往不合人之常情。《晉書・謝安傳》載：謝安與客人下棋，接到淝水之戰的捷報，心中大喜，卻絲毫不動聲色，繼續把棋下完。待下完棋，謝安才興奮地回到內室，因為跑得太快，把鞋底的齒折斷也不知道。人遇到喜事高興，是正常的反應，無須掩飾，硬要裝出若無其事的樣子，顯示自己的高超，反而顯得不真實，甚至是虛偽。隨時應世是指根據客觀形勢，作出相應的對策，這與趨時附勢不同。隨時應世需要冷靜的頭腦、敏銳的目光，對事情作出正確的回應，態度是積極主動的；趨時附勢是隨波逐流，不思進取，態度是消極被動的。

十一・三五　富貴之家，常有窮親戚往來，便是忠厚。

【語譯】富貴的家庭，經常有窮親戚往來，就是忠厚。

【研析】《紅樓夢》中，劉姥姥初進大觀園，鳳姐對她說：「朝廷還有三門子窮親呢。」富貴之家，有窮親戚往來，不以權勢金錢傲人，也算得宅心忠厚。《紅樓夢》寫賈母款待劉姥姥，就是要突出賈母的忠厚。然而，富貴之家與窮親戚往來並不難，有些富貴之家也樂意救濟窮親戚，但真正要平等待人，卻不是都能做到的。鳳姐和那些大小姐們，拿劉姥姥來逗樂取笑，就算不上宅心忠厚了。此條與卷一重出。

十一・三六　從師延❶名士，鮮垂教❷之實益；為徒攀高第❸，少受誨之真心。

【注釋】❶延　延請；聘請。❷垂教　賜教，此處為親自教誨的意思。❸高第　這裡指有名望地位的老師。第，作門第解。

【語　譯】選擇老師一定要請名士，很少能獲得名士親自教誨的實際收益；做學生只知道攀附有名望的老師，就很少有接受教誨的真心。

【研　析】俗話說「名師出高徒」，實際情況並非都是如此。有的名士雖然有名，卻並無真才實學；有的名士雖然有真才實學，但並不善於因材施教。因此，並不是所有的名師都能帶出高徒。做學生的一心攀附名人為師，看重的是老師的名望而不是學問，其目的也不是學習老師傳授的知識，只是借老師的名望抬高自己的身價。此種情況，至今也不罕見。

十一・三七　男子有德便是才，女子無才便是德。

【語　譯】男子有道德就是有才華，女子沒有才華就是有道德。

【研　析】此條也見於陳繼儒《安得長者言》。這兩句話概括了中國傳統的德才觀。中國傳統觀念重德不重才，對於男性，總是主張要以「德」為本，當德與才發生矛盾時，寧捨才而求德。中國傳統觀念還認為一切才能都以德為基礎，有德便自然有才，因此說「男子有德便有才」。中國封建社會歷來有重男輕女的思想，認為女子只是在家操勞家務，不需要有才能，只是強調她們要守「婦德」。明代後期，出現了一大批有才華的女子作家，她們熱衷於創作詩詞歌賦，在當時具有一定的影響。有些封建衛道士認為舞文弄墨會使婦女「心邪」，敗壞操守，因此提出「女子無才便是德」。這句話在封建社會流傳久遠，影響深遠，《紅樓夢》中薛寶釵就用這句話教訓了黛玉一番。

十一・三八　病中之趣味，不可不嘗；窮途之景界，不可不歷。

【語　譯】生病的趣味，不可不嘗一下；窮途末路的境界，不可不親身經歷過。

【研　析】經歷過病痛窮途，才能真正體會到人生的滋味。一個人只有經受過苦難的磨練，才能成熟。梅花香自苦寒來，寶劍鋒從磨礪出，經歷過風雨，才能見彩虹。

十一・三九　才人❶國士❷，既負不群之才，定負不羈之行，是以才稍壓眾則忌心生，行稍違時則側目❸至。死後聲名，空譽墓中之骸骨；窮途潦倒，誰憐宮外之蛾眉❹。

【注　釋】❶才人　有才能的人。❷國士　一國中最優秀的人物。❸側目　斜著眼睛看人，形容憤怒。❹宮外之蛾眉　指不在朝廷的文人學士。屈原〈離騷〉：「眾女嫉余之蛾眉兮，謠諑謂余以善淫。」古代文人常以美女芳草自喻。

【語　譯】有才能的人和國家的優秀人士，既然具有不同於眾的才能，就一定具有豪放不羈的行為，因此才能稍微壓倒眾人就會招致嫉妒心，行為稍微不合時宜就引來忌恨的目光。死後的名聲，白白地讚譽著墳墓中的骸骨；窮途潦倒，誰來可憐不為朝廷所用的文人學士。

【研　析】有才能的人，胸懷大志，特立獨行，與時俗相背離，因不能為常人理解而受嫉妒忌恨。封建統治者用人的原則是重德輕才，他們所謂的「德」，首先是順從君主，做君主的馴服工具。真正具有才能的人，都有鮮明的個性和很強的獨立性，他們並不能得到君主的賞識。有才能的人處在專制統治之下和世俗的包圍之中，難以施展自己的抱負和才能，只能感歎懷才不遇壯志難酬。龔自珍在他的〈乙丙之際著議〉等文章中，對封建專制制度扼殺人才的罪惡作了深刻的揭露和批判。

十一・四〇　貴人之交貧士也，驕色易露；貧士之交貴人也，傲骨當存。君子處身，寧人負己，己無負人；小人處事，寧己負人，無人負己。

【語　譯】顯貴的人結交貧賤的人，容易露出驕傲的神色；貧賤的人結交顯貴的人，應當保持高傲不屈的性格。君子立身處世，寧可別人辜負自己，不要自己辜負別人；小人立身處世，寧可自己辜負別人，不要別人辜負自己。

【研　析】貴人與貧士相交，自覺高人一等，往往擺出一副盛氣凌人的樣子；貧士與貴人相交，自覺低人一等，往往擺出一副阿諛奉承的諂媚相。貴人不以富貴驕人，貧士不喪失自尊，都是難能可貴的品格。

君子無私，「以天下為己任」，「先天下之憂而憂，後天下之樂而樂」，只求利民，不圖私利。

小人利己，為達目的不擇手段，曹操一句「寧可我負天下人，不可天下人負我」，道盡小人自私的本質。

十一·四一　硯神曰淬妃，墨神曰回氐❶，紙神曰尚卿，筆神曰昌化，又曰佩阿。

【注釋】❶回氐　《小窗幽記》作「回氏」，據元陶宗儀《說郛》引《致虛雜俎》改。回氐，來回轉動，墨在硯中來回轉動，故雅稱「回氐」。氐有頭下垂之意。

【語譯】硯神叫淬妃，墨神叫回氐，紙神叫尚卿，筆神叫昌化，又叫佩阿。

【研析】此節文字見於元陶宗儀《說郛》所引《致虛雜俎》。淬有淬礪、磨礪之意，硯用以磨墨，故雅稱「淬妃」。乾隆題趙孟頫澄泥斧硯云：「王孫松雪齋久積，遺蹟空傳翰墨香。只有淬妃猶好在，芸惟時晤十三行。」乾隆〈李廷珪古墨歌〉云：「回氐有靈佑佳瑞，炎劉韋誕徒傳名。」漢代尚書郎以起草文書為職，故稱紙為「尚卿」，乾隆〈紙〉詩云：「竹不便行馳，擣麻代簡馳。尚卿神號炳，雲母玉光披。」筆神曰「昌化」、「佩阿」，不知義從何出。

十一·四二　要治世，半部《論語》❶；要出世，一卷《南華》❷。

【注釋】❶要治世二句　宋羅大經《鶴林玉露》載：人言趙普所讀者僅《論語》一書，宋太宗問趙普，趙普答曰：「臣平生所知，誠不出此。昔以其半輔太祖定天下，今欲以其半輔陛下致太平。」後遂以「半部《論語》治天下」為典故。❷南華　即《南華經》，《莊子》之別稱。

【語　譯】要治世，靠半部《論語》；要出世，靠一卷《南華經》。

【研　析】趙普說他以半部《論語》輔助太祖定天下，以半部《論語》輔助太宗平天下，是說他學問不深，只熟讀《論語》一書而已的自謙之辭，後以「半部《論語》治天下」為典故，強調學習儒家經典的重要性。儒家思想是中國古代社會的主流思想，歷代政權皆以儒家經典作為安邦治國的指導思想，並以此制定方針大略。以「三綱五常」倫理思想為基礎形成的古代社會的君權、族權、夫權，以及嚴格的等級觀念，成為維護政權穩定的支柱；以禮樂推廣教化，對人民大眾實施思想教育和管制的文化教育制度，以農為本的各種經濟政策，無不滲透著儒家精神。因此，古人認為，安邦治國平天下，離不開儒家的聖賢經傳。

儒家積極入世，道家則避世自保。《莊子》是道家宣揚出世思想的經典。《莊子》認為生命之奧妙無法把握，一切都由命運支配。只有順應自然，聽天由命，「安時而處順」才能保護生命，保全天性。順應自然，聽天由命，須通過「心齋」「坐忘」等修養方法，以此來泯滅物我的界線，超脫利害關係，跨越生死的障礙，做到「物物而不為物所物」，即支配外物而不為外物所支配，不受任何現實關係的規定、束縛、限制，從而獲得絕對的人格獨立和精神自由。為追求絕對的精神自由，莊子反對一切禮法的束縛，主張返歸自然樸素的上古社會。

莊子思想與儒家思想對立互補，對中華民族的文化心理結構產生了重要的影響。儒家倡導對現實生活採取積極進取的態度，莊子則崇尚自然，超越世俗，對生命的意義和價值作形而上的思考和探尋。儒家嚮往於「以天下為己任」的人格擴張，莊子自足於「彷徨乎塵垢之外，逍遙乎無為之鄉」的內心反省，為兩千多年來士大夫和知識分子階層，奠定了兩條互相補充且適時協調的人生路向，並由此鑄造了中華民族獨特的世界觀、人生觀、價值觀和審美趣味。

十一・四三　禍莫大於縱己之欲，惡莫大於言人之非。

【語譯】禍害沒有大過放縱自己的欲望，罪惡沒有大過說別人的是非。

【研析】此二句為明代蔡清之語，見於高濂《遵生八牋》和劉宗周《人類譜記》。欲望人人皆有，放縱欲望即為貪念。貪是萬惡之首，有了貪念，就利欲薰心，什麼壞事都能幹出來。「惡莫大於言人之非」，此言並不恰當。若故意詆毀誹謗他人，是不道德的，若對他人的缺點錯誤提出善意的批評，是善而非惡。

十一・四四　求見知於人世易，求真知於自己難；求粉飾於耳目❶易，求無愧於隱微❷難。

【注釋】❶粉飾於耳目　意為遮人耳目。❷隱微　隱祕細小處，此處指內心。

【語譯】要被世人瞭解容易，要真正瞭解自己難；要遮人耳目容易，要心中無愧難。

【研析】一個人受到主觀意識的局限，並不能真正瞭解自己。站在客觀的立場，對他人的評價會更正確、公允。

十一·四五　聖人之言，須常將來眼頭過，口頭轉，心頭運。

【語譯】聖人的言論，須要經常拿過來眼睛看，嘴上念，心裡想。

【研析】此條講讀書的方法，出自朱熹《朱子語類》。讀書不僅要用眼看，還要誦讀記熟，並用心理解。

十一·四六　與其巧持❶於末，不若拙戒❷於初。

【注釋】❶巧持　即持巧，賣弄聰明。❷拙戒　小心謹慎。

【語譯】與其在事情結束的時候賣弄聰明，不如在事情開始時小心謹慎。

【研析】此條出自宋呂本中《官箴》所引司馬子微語。萬事開頭難，好的開頭就成功了一半。如果開頭不好，就會失之毫釐差以千里，糾正過來要花大力氣。

十一・四七　君子有三惜：此生不學，一可惜；此日閒過，二可惜；此身一敗，三可惜。

【語　譯】君子有三件可惜的事情：這一輩子不學習，一可惜；這一天白白地過去，二可惜；為人一敗塗地，三可惜。

【研　析】此為明夏寅語，見《明儒言行錄》。「此生不學，一可惜」，言學習的重要性。人的知識、生活技能，都要通過學習才能獲得。人生有盡，知識無涯，只有不斷學習，才能不斷進步，跟上時代發展的步伐。黃庭堅說，三日不讀書，便覺面目可憎。「此日閒過，二可惜」，意為要刻苦勤奮，不可浪費光陰。古人說：「一寸光陰一寸金，寸金難買寸光陰。」「少壯不努力，老大徒傷悲。」都是勉勵人們要珍惜光陰，努力學習和工作。「此身一敗，三可惜」，是要人們潔身自好，慎言謹行，避免「一失足成千古恨」的悲劇。

十一・四八　晝觀之妻子，夜卜諸夢寐。兩者無愧，始可言學。

【語　譯】白天看妻子和兒女對自己的評價，夜晚以所做的夢來考察。如果兩者都無愧於心，才可以談學問。

【研　析】此條出自《宋史・沈煥傳》。妻子兒女是最親近的人，在妻兒面前無須裝腔作勢，妻兒對自己的為人瞭解得最清楚。如果妻子兒女都覺得自己沒有什麼錯誤過失，那就無愧於人了。睡夢中的念頭無人知曉，如果沒有絲毫邪念，那就無愧於心了。無愧於人、無愧於心，才談得上做學問。

十一・四九　士大夫三日不讀書，則禮儀不交，便覺面目可憎，語言無味。

【語　譯】士大夫三天不讀書，就不能以禮儀與人結交，便覺得面目可憎，語言無味。

【研　析】這幾句話講讀書對人修養之重要，古籍中經常引用，皆無「則禮儀不交」一句，疑為衍文。「面目可憎，語言無味」一語，出自韓愈〈送窮文〉。

十一・五〇　與其密面交❶，不若親諒友❷；與其施新恩，不若還舊債。

【注　釋】❶面交　表面上的朋友，不是真心相交的朋友。❷諒友　誠信的朋友。

【語　譯】與其和表面上的朋友關係密切，不如與誠信的朋友親近；與其對別人施加新的恩惠，不如還清舊債。

【研　析】此條言交友之道。孔子說：「益者三友，損者三友：友直、友諒、友多聞，益矣；友便辟、友善柔、友便佞，損矣。」直為正直，諒為誠信，多聞為見多識廣。便辟為諂媚逢迎，善柔為表面柔順，便佞為誇誇其談，三者與人相交，都不是真心朋友。

十一・五一　士人當使王公聞名多而識面少，寧使王公訝其不來，毋使王公厭其不去。

【語　譯】讀書人應當讓王公多聽到他的名聲而少見面，寧可使王公驚訝他不來，不要使王公討厭他不離去。

【研　析】此條出自宋李廌《師友談記》：「李文正（昉）嘗言：『士人當使王公聞名多而識面少。』此最名言。蓋寧使王公訝其不來，無使王公訝其不去。」原意是士人應該保持氣節，不能趨炎附勢，奔走於權貴門下。

十一・五二　見人有得意事，便當生忻喜心，見人有失意事，便當生憐憫心，皆自己真實受用處。忌成樂敗，徒自壞心術耳。

【語譯】看到別人有得意的事情，就應該感到高興；看到別人有失意的事情，就應該產生憐憫心，這都是自己真實有所收益的地方。妒忌別人的成功，為別人的失敗而高興，只是白白地壞了自己的心術。

【研析】人應該宅心忠厚，為他人的成功而高興，對他人的不幸表示同情。若嫉妒他人的成就，對他人的痛苦幸災樂禍，就是心術不正。自己以忠厚待人，別人也會以忠厚對待自己，自己以刻薄心待人，別人也會以刻薄心對待自己。種瓜得瓜，種豆得豆，有因即有果。

十一．五三　恩重難酬，名高難稱。

【語譯】恩德重了難以報償，聲名高了難以相稱。

【研析】中國人講究有恩必報，若接受他人的恩惠過重，就難以回報。「盛名之下，其實難副」，世上多有徒有虛名的人。許多人不顧一切地追求名聲，因為名聲可以給人帶來實惠，可是也會招致禍患，故有俗話說：「圖虛名而招實禍。」

十一・五四　待客之禮當存古意，止一雞一黍，酒數行❶，食飯而罷。以此為法。

【注　釋】❶酒數行　即酒數巡。酒席上依次喝酒，輪流一次為一巡。

【語　譯】招待客人的禮數應當學習古代，只用一隻雞一碗黃米飯。喝過幾杯酒，吃過飯就結束了。現在也應該遵循這樣的規矩。

【研　析】此條出自明章懋《楓山語錄》：「先生謂董遵曰：待客之禮當存古意。今人多以酒食相尚，非也。聞薛文清公在家，官客往來，只一雞一黍，以瓦器盛之，酒三行，就食飯而罷。」明代中後期，社會風尚趨於奢靡，接待客人的規模也越來越大，小說《金瓶梅詞話》多次描寫到西門慶設宴接待官員的排場，真實地反映了當時的社會現狀。章懋提出待客之禮當存古意，就是要糾正當時的奢靡之風。

十一・五五　處心不可著，著則偏；作事不可盡，盡則窮。

【語　譯】用心思不可執著，執著就會偏激；做事情不可全做完，做完了就到了絕路。

【研　析】此條說考慮問題不能固執不化，要靈活圓通。世上的事情是複雜的，只有從各個方位、各個層面加以全面的考察，才能認識事情的本質。也因為世上的事情是複雜的，從不同立場和角度觀察事情，就會有不同的認識，所以不能固執己見。俗話說「偏聽則暗，兼聽則明」，李贄說「此也一是非，彼也一是非」，善於傾聽不同的意見，從不同的立場作換位思考，才能使認識客觀全面。

世上事情，不可做盡做絕，總要留有餘地。月滿則虧，水滿則溢，盛極必衰，物極必反，是事物發展的規律。事情做盡，往往適得其反；鼎盛之時，要留有退路。宋釋曉瑩《羅湖野錄》載世演和尚語：「大凡應世，為子陳其四端，雖世俗常談，在力行何如耳。一福不可受盡，福盡則必致禍殃；二勢不可使盡，勢盡則定遭欺侮；三語言不可說盡，說盡則機不密；四規矩不可行盡，行盡則眾難住。其詞質而理優，足以救過遠惡，亦猶藥不在精粗，愈病者為良耳。」

十一·五六　**士人所貴，節行為大。軒冕❶失之，有時而復來；節行失之，終身不可得矣。**

【注釋】❶軒冕　古代大夫以上官員乘坐的車輛和所穿的服飾，借指官爵祿位。

【語譯】讀書人所珍貴的東西，以節行最為要緊。官爵祿位失去了，有時候還會回來；節行丟失了，終身再也得不到了。

【研析】中國傳統觀念崇尚氣節，把氣節看得比生命還重要，更不用說官位爵祿了。在歷史上，出現了許多「富貴不能淫，威武不能屈」，捨生取義的忠臣烈士，成了中華民族自尊自立的脊梁骨。

十一・五七 勢不可倚盡，言不可道盡，福不可享盡，事不可處盡，意味偏長。

【語　譯】權勢不可倚仗到底，話不可說完，福不可享盡，事情不可做絕，這幾句話意味深長。

【研　析】這四句話是當時的諺語，馮夢龍《警世通言》卷三〈王安石三難蘇學士〉入話道：「俗諺又有四不可盡的話，那四不可盡？勢不可使盡，福不可享盡，便宜不可占盡，聰明不可用盡。」兩者所言不盡相同，但基本意思是一致的。「四不可盡」包含著盛極必衰，物極必反的深刻道理，告誡人們凡事都要留有餘地。此處「不可」有兩層意思：一是不要，一是不能。權勢和財富都不是永恆的，而是不停地變化流動的，故孟子說：「君子之澤，五世而斬。」俗話也說：「富不過三代。」《紅樓夢》描寫了一個鐘鳴鼎食的大家族衰落的過程，原先「烈火烹油、鮮花著錦」的賈府最後只落得「白茫茫大地真乾淨」。「言不可道盡」、「事不可處盡」是講說話做事都要留有餘地。類似的話在本書中反覆出現，說明作者對此深有體會。

十一・五八 靜坐然後知平日之氣浮，守默❶然後知平日之言躁，省事然後知平日之貴閒❷，閉戶然後知平日之交濫，寡欲然後知平日之病多，近情然後知平日之念刻❸。

【注　釋】❶守默　保持沉默。❷貴閒　以悠閒為貴，即難得悠閒。❸刻　刻薄。

【語　譯】靜坐然後知道平日心氣浮動，沉默不語然後知道平日言語急躁，減省事情然後知道平日難得悠閒，關門獨處然後知道平日結交太濫，克制欲望然後知道平日毛病很多，親近人情然後知道平日想法刻薄。

【研　析】此條也見於陳繼儒《安得長者言》。清人金勝蘭《格言聯璧》也有此條，文字略有不同：「靜坐然後知平日之氣浮，守默然後知平日之言躁，省事然後知平日之心忙，閉戶然後知平日之交濫，寡欲然後知平日之病多，近情然後知平日之念刻。」這是講克服日常弊病的修養功夫。靜坐是儒家受佛道影響而提倡的修養方法，是要排除雜念，讓心情平靜下來。宋代理學家程頤說：「靜後見萬物，自然皆有春意。」明代理學家吳與弼說：「淡入秋水貧中味，和似春風靜後功。」靜坐能歷練人的氣質，能使人克服心躁氣浮的毛病，變得淡泊寧靜，處亂不驚。

「守默」出自《老子》：「知其白，守其黑，為天下式。」原意是保持玄寂，此處是保持沉默的意思。俗話說「沉默是金」，「言多必失」，守默並不是不說話，而是不要急著說話，在說話前要深思熟慮，這樣說出來的話才有分量。省事也不是不做事情，而是不做那些繁瑣無意義的事情。有的人辦事抓不住重點，眉毛鬍子一把抓，整日忙忙碌碌，卻辦不成事情。交友要有選擇，不是越多越好，交友太濫，不僅浪費精力，而且會帶來許多麻煩。閉門獨處，就會發現有些人是不必來往的。古人認為縱欲傷身，清心寡欲是養生的基本方法，這是有科學道理的。酒色過度，會耗損元氣精神，帶來很多疾病。親近人情，指遇事要為對方著想，將心比心，這樣才能寬容大度，體諒別人。

十一・五九　喜時之言多失信，怒時之言多失體。

【語譯】高興的時候說話多不可信，發怒的時候說話多不得體。

【研析】此條出自明錢琦《錢公良測語・規世》。人在高興或發怒的時候，情緒往往失控，做出一些出格的事情。高興的時候，會格外慷慨大方，輕易許諾，冷靜下來發現有些許諾損害了自己的利益，有些許諾超出了自己能力的範圍，於是反悔，失信於人。發怒的時候，總是遷怒於人，無故對人發脾氣，言語多不得體。鑑於此，人在高興的時候不要隨意許諾，在發怒的時候要控制自己的言行。

十一・六〇　泛交則多費，多費則多營，多營則多求，多求則多辱。

【語譯】交友多了費用就多，費用多了就要多經營，多經營就要多求人，求人多就要多受欺辱。

【研析】此條言交友太多的害處。交友固然有負擔，但也有收益，良師益友是人生成長過程中必不可少的伴侶。問題不在朋友的多少，而在質量的好壞。如果是益友，則多多益善。

十一·六一　一字不可輕與人，一言不可輕語人，一笑不可輕假人。

【語譯】不可輕易給人一個字，不可輕易給人說一句話，不可輕易給人一個笑臉。

【研析】此條出自明薛瑄《薛文清公讀書錄》，言為人處世要慎重。他還說：「輕與必濫取，易信必易疑。」輕易給人，必然要更多地從別人處索取，如得不到相應的回報，就會產生怨恨之心。

十一·六二　正以處心，廉以律己，忠以事君，恭以事長，信以接物，寬以待下，敬以洽事❶，此居官之七要也。

【注釋】❶洽事　使事情和諧圓滿。

【語譯】以正直指導自己的思想，以清廉約束自己，以忠誠侍奉君王，以恭謹孝順尊長，以誠信待人接物，以寬厚對待部下，以嚴謹辦好事情，這是做官的七個要領。

【研析】此條出自薛瑄《薛文清公從政錄》，「正以處心」為總綱，只有心術正，方能做到後面六條。此為做官要領，在今天依然有借鑑作用。

十一·六三　聖人成大事業者，從戰戰兢兢之小心來。

【語　譯】聖人成就大事業的，都是從小心謹慎開始的。

【研　析】荀子〈勸學〉說：「不積跬步，無以至千里；不積小流，無以成江海。」一切偉大的事業，都是從平凡的小事開始的。只有做好眼前的每一件小事，才能成就大事業。有些人志存高遠，對手頭的工作卻漫不經心，結果一事無成，只落得個「志大才疏」的評語。

十一・六四　酒入舌出，舌出言失，言失身棄❶。余以為棄身不如棄酒。

【注　釋】❶身棄　同「棄身」。不顧自己的名聲。

【語　譯】酒入肚腸舌頭變長話就多，話多了一定會有失誤，言語失誤就會損害自己的名聲。我以為與其損害自己的名聲不如棄酒不喝。

【研　析】此條出自漢劉向《說苑》：「臣聞酒入舌出，舌出者言失，言失者棄身，臣計棄身不如棄酒。」言喝酒誤事喪身。漢代大將軍灌夫性情剛直，愛喝酒使性。安武侯田蚡娶燕王的女兒，魏其侯竇嬰和灌夫奉王太后之命前去祝賀，灌夫給田蚡敬酒，田蚡和他的手下不理不睬，灌夫仗著酒興，大罵田蚡和他的賓客，結果被田蚡彈劾罵坐不敬，將灌夫抓起來殺了。這就是喝酒喪身的例子。

十一·六五 青天白日，和風慶雲❶，不特人多喜色，即烏鵲且有好音。若暴風怒雨，疾雷幽電❷，鳥亦投林，人皆閉戶。故君子以太和元氣❸為主。

【注釋】❶慶雲 五色祥雲，古人認為喜慶、吉祥的雲彩。❷幽電 時隱時顯的電光。❸太和元氣 天地間淡泊平和的真氣、元氣。

【語譯】青天白日，和風祥雲，不僅人們多有喜慶的臉色，就是烏鵲也會發出動聽的叫聲。如果是狂風暴雨，電閃雷鳴，鳥也飛入樹林，人都關上房門。所以君子以天地間淡泊平和的元氣為主。

【研析】此條也見於陳繼儒《安得長者言》。古人講究天人合一，認為天主宰人類的命運，賦予人吉凶禍福。天可以與人發生感應，自然現象是對人類社會的警示。自然現象的祥和象徵人類社會的繁榮昌盛；自然現象的變異預示災禍的發生。人應該順應自然，達到人與自然的和諧。

十一·六六 胸中落「意氣」❶兩字，則交遊定不得力；落「騷雅」❷二字，則讀書定不深心。

【注釋】❶意氣 指感情的衝動。❷騷雅 騷指《楚辭》，雅指《詩經》，泛指詩賦文學。

【語譯】胸中留有「意氣」兩字，那麼交遊一定得不到幫助；留有「騷雅」兩字，那麼讀書一定不會有深刻的理解。

【研　析】詳本卷第一九條。

十一・六七　交友之先宜察，交友之後宜信。

【語　譯】交友之前應該先加以考察，交友之後應該互相信任。

【研　析】此條講交友之道。選擇朋友要謹慎，要考察對方的志向和人品，是否與自己志同道合，值得信賴。若交友不慎，會使自己受到傷害。既然交了朋友，就要對朋友給予充分的信任，不能無端猜疑，不然不僅做不成朋友，還會反目成仇。

十一・六八　唯儉可以助廉，唯恕可以成德。

【語　譯】只有節儉可以助長廉潔，只有寬恕可以成就道德。

【研　析】此條出自《宋史・范純仁傳》。只有節儉才能使人廉潔奉公，節儉的人沒有貪念，想不到用非法的手段去攫取金錢財物。有人提出「以俸養廉」，認為增加官員的薪水，滿足他們的生活欲望，就可以避免腐敗的發生。然而人的欲望是無止境的，如果不加以克制，再多的薪水也不能滿足那些人的物質欲望，腐敗現象照樣發生。

在儒家思想中，恕與仁是聯繫在一起的。「仁」是儒家思想的核心，「仁者愛人」。怎樣才能做到愛人呢？就是一個「恕」字。《論語》載：「子貢問曰：『有一言可以終身行之者乎？』子曰：『其恕乎？己所不欲，勿施於人。』」「恕」就是推己及人，仁愛待物，這是道德的基礎。

十一・六九 唯書不問貴賤、貧富、老少，觀書一卷，則有一卷之益，觀書一日，則有一日之益。

【語譯】只有書籍不問貴賤貧富老少，讀一卷書，就有一卷的收益，讀一天書，就有一天的收益。

【研析】此為南宋倪思語，見明吳應箕《讀書止觀錄》，全文為：「天下之事，利害常相半，有全利而無少害者，惟書。不問貴賤、貧富、老少，觀書一卷則有一卷之益，觀書一日則有一日之益。故有全利而無少害也。」此條言讀書的好處，有利而無害。然而讀書不當，不僅無益，而且有害。現在有些書，傳播錯誤的思想和知識，讀了誤人子弟，更嚴重的害人性命。比如現今暢銷的養生書籍，有的毫無科學根據，按照書中傳授的方法，反而損害健康。讀書要有選擇，要有自己的判斷，「盡信書不如無書」。

十一・七〇 坦易其心胸，率真其笑語，疏野其禮數，簡少其交遊。

【語 譯】心胸要坦蕩，笑語要真誠，禮數要寬鬆，交遊要精簡。

【研 析】此條言為人處世的方法。「坦易其心胸」意為心胸要坦蕩，心胸坦蕩的人心底無私，做事光明磊落，仰俯不愧天地。心胸坦蕩的人不計較個人得失，在遭遇坎坷、波折時處之泰然，經得起人生的風雨和苦難。心胸坦蕩的人能包容萬物，寬厚待人，以他人之喜而喜，以他人之憂而憂，不為一己之私利與他人紛爭，不因受到他人的傷害而記恨在心，蒙受冤屈時堅信「清者自清，濁者自濁」。心胸坦蕩的人，以平常心對待名利，不會患得患失而心煩意亂；以平等心對待別人，既不趨炎附勢，也不欺凌弱小；以平靜心對待自己，得意時不輕狂，失意時不頹廢。「率真其笑語」意為做人要真誠，言談笑語皆發自內心真實感情，是真性情的流露。《莊子・漁父》曰：「真者，精誠之至也。不精不誠，不能動人，故強哭者雖悲不哀，強怒者雖嚴不威，強親者雖笑不和。真悲無聲而哀，真怒未發而威，真親未笑而和。真在內者神動于外，是所以貴真也。」只有真誠的感情才能感動人，只有真誠的人才能贏得別人的信任，真誠是立身之本，是必不可少的道德修養。

「疏野其禮數」並非不要禮數，而是反對不必要的繁文縟節。中國歷來以禮治國，《左傳》云：「禮，王之大經也。」「禮，經國家，定社稷，序人民，利後嗣也。」孔子提出「道之以政，齊之以刑，民免而無恥；道之以德，齊之以禮，有恥且格」。荀子認為禮是治國安民之本，「人無禮不生，事無禮不成，國無禮不寧」。歷代統治者制定了繁複的禮儀規範，以此「明分、別異、序等」，協調人際關係，維護中央集權統治的穩定。隨著時代的推移，禮數日益繁複，嚴重束縛了人們行為的自由，並由此衍生出許多弊病，已失去先聖當初制定禮儀的本意，因此有人主張回復到先秦時代簡明易行的禮儀制度，放棄那些不切實際，並無實效的繁瑣禮節。「交友要精簡」意為交友要慎重，朋友在精不在多，濫交朋友，要花很多精力去應酬，若所交非人，還會深受其害。

十一·七一 **好醜不可太明，議論不可務盡❶，情勢❷不可殫竭❸，好惡❹不可驟施。**

【注釋】❶務盡 徹底；乾淨。此處指把話說絕。❷情勢 情況和趨勢，此處指事物的情形。❸殫竭 窮盡。❹好惡 指愛憎之心。

【語譯】美醜不可太分明，議論不可把話說絕，事物的情形不可窮盡，好惡不可突然顯示出來。

【研析】此條見於明范立本《明心寶鑑》引先儒之言。《菜根譚》云：「好醜心太明，則物不契。」意為區別好醜之心太認真，就不能找到適意的事物，不容易與環境融和。「議論不可務盡」，即不能把話說絕，要留有餘地。世上的事物紛繁複雜，變幻無窮，任何人都不可能完全掌握大千世界的情形和變化。每個人都有愛憎，當你對某人或某事表明愛憎態度時，一定要經過慎重的思考，不能匆忙表態。因為人們對事物的認識有個不斷深化的過程，第一感覺往往並不可靠。

十一・七二 不風之波，開眼之夢，皆能增進道心❶。

【注釋】❶道心　佛教語，指悟道之心。

【語譯】沒有風的波浪，睜開眼做的夢，都能增進悟道之心。

【研析】無風起浪，風不動水動，是水自動。禪宗有一樁公案，《壇經》載：風吹幡動，兩個和尚在爭論，一說是風動，一說是幡動，六祖惠能說：「風不動，旛不動，是仁者心動。」懂得無風起浪的道理，就明白萬物不動，皆是心動的佛理。開眼做夢，就是將一切都視作夢幻。佛教認為世事皆虛空不實，人生猶如夢幻，轉眼即逝。能開眼做夢，就是領悟了佛理。

十一・七三 開口譏誚人，是輕薄第一件，不惟喪德，亦足喪身。

【語譯】開口譏刺嘲諷人，是第一件輕薄的事，不僅喪失道德，也足以喪失生命。

【研析】此條被收入清石成金《傳家寶》。中國傳統道德講究仁恕寬厚，反對隨便議論別人。言論的力量是巨大的，「良言一句三冬暖，惡語傷人六月寒」，用言語傷人，會給對方留下巨大的心理創傷。俗話說：「眾口鑠金。」如果對一個人橫加非議，很可能置對方於死地。隨意譏諷別人，會引起對方的反感，甚至報復。禍從口出，言語一定要謹慎。三國時禰衡嘲罵曹操，結果被曹操用借刀殺人之計除掉，這就是因言喪身的例子。

十一・七四 人之恩可念不可忘，人之仇可忘不可念。

【語　譯】別人的恩德應該記住不能忘掉，別人的仇恨應該忘卻不能記住。

【研　析】「知恩圖報」是美德。每個人自呱呱墜地之後，承受著父母養育之恩、師長教誨之恩、親友相助之恩，因此每個人都應該有感恩思想，回報父母、師長、朋友施加於己的恩惠。「滴水之恩，當湧泉相報」，對賦予自己生命的父母、培養自己成長的師長、幫助解決危難的朋友，更加不能忘恩。只有感恩，才能孝順父母、尊重師長、忠誠於朋友。

「冤家宜解不宜結」，對於別人加於自己的傷害，不要耿耿於懷，要以寬容的心去原諒別人的過失。如果睚眥之仇必報，冤冤相報何時了？相逢一笑泯恩仇，才能使社會和諧平和。

十一・七五 不能受言者，不可輕與一言，此是善交法。

【語　譯】不能接受別人意見的人，不可輕易地向他進一言，這是善於交友的方法。

【研　析】此條言交友之道。有的人自尊心過強，或思想偏激固執，不太能接受別人的批評。對於這些人，說話要更加當心。

十一・七六 君子於人，當於有過中求無過，不當於無過中求有過。

【語　譯】君子對待別人，應當在他的過錯中尋找沒有過錯的地方，不應當在沒有過錯的地方去尋找過錯。

【研　析】此條言待人要寬厚。有過中求無過，或為對方開脫責任，或從過失中發現對方可取之處，不作全盤否定。無過中求有過，則是吹毛求疵。

十一・七七 我能容人，人在我範圍❶，報之在我，不報在我；人若容我，我在人範圍，不報不知，報之不知。自重者然後人重，人輕者由我自輕。

【注　釋】❶範圍　限制，此處作控制解。

【語　譯】我能容忍別人，別人就在我控制之下，我要報復他在於我，不報復他也在於我；如果別人容忍我，我在別人控制下，他不報復我我不知道，報復我也不知道。只有自尊才能得到別人的尊重，別人輕視我是由於自己不自重。

【研　析】此條言在與人交往中，寬容別人就掌握了主動權，被人寬容就欠了一筆人情債，會很被動。

十一·七八 高明❶性多疏脫❷，須學精嚴；狷介❸常苦迂拘❹，當思圓轉❺。

【注釋】❶高明 指性格高亢爽朗。❷疏脫 疏闊不羈。❸狷介 孤傲耿直。❹迂拘 迂腐拘執。❺圓轉 靈活圓通。

【語譯】爽朗豪放的人大多疏闊不羈，應該學會精細嚴謹；孤傲耿直的人經常苦於迂腐拘執，應該想到靈活圓通。

【研析】每個人的性格都有片面性，豪爽的人不夠精細，耿直的人不懂變通。只有不斷發揚性格中的優點，克服性格中的缺點，才能有所進步，逐步完善。然而，世上沒有一個完美無缺的人，若性格中具備了各方面的優點，而沒有一點缺陷，也就失去了個性。

十一·七九 欲做精金美玉的人品，定從烈火鍛來；思立揭天掀地的事功，須向薄冰履過。

【語譯】要培養純金美玉一般的人品，一定要經過烈火的鍛煉；要建立驚天動地的事業，就一定要小心翼翼如履薄冰。

【研析】高尚的人品是從各種磨難中鍛煉出來的，偉大的事業都是從平凡的小事開始的。前面講到「聖人成大事業者，從戰戰兢兢之小心來」，與此條後兩句同一意思。

十一・八〇 性不可縱，怒不可留，語不可激，飲不可過。

【語譯】性情不可放縱，憤怒不可積聚，語言不可偏激，飲酒不可過量。

【研析】此條言為人處世之道。人處於社會之中，必然要受到各種法律和規矩的束縛，不可順著性子胡來。俗話說，氣大傷身，憤怒積壓在心頭，對健康不利，而且容易使自己失去理智，做出不明智的舉動。語言偏激容易得罪人，古人說「知人不必言盡，留些口德；責人不必苛盡，留些肚量」，做人應該寬容些。喝酒過量，不僅傷身，而且會誤事。

十一・八一 能輕富貴，不能輕一輕富貴之心；能重名義❶，又復重一重名義之念。是事境❷之塵氛未掃，而心境❸之芥蒂❹未忘。此處拔除不盡，恐石去而草復生矣。

【注釋】❶名義 名聲和道義。❷事境 指客觀世界，外部的環境。❸心境 指人的內心世界，精神境界。

❹芥蒂 指心中的憤恨和不滿。

【語譯】能輕視富貴，卻不能忘卻一顆輕視富貴的心；能重視名義，卻又有一種珍惜名義的念頭。這是外部環境的灰塵沒掃乾淨，內心的疙瘩也沒有忘卻。心中的雜念不清除，恐怕石頭搬走後野草還要復生。

【研析】此條也見於《菜根譚》。能輕視富貴，卻不能忘卻輕視富貴之心，輕視富貴的行為就不是出自真心的自然舉動，而是有意為之，或為博取輕視富貴的名聲，或為遵循道德而克制自己的富貴之心。這樣的人雖有輕視富貴的舉動，卻依然有追求富貴的心思。「能重名義，又復重一重名義之念」的意思也是如此。李贄提出，要「行仁義，非由仁義行」，意為人的仁義行為應當是出自真心的自覺行為，而不是遵循仁義的道德教條去行事，倫理道德應順應人情，成為人們內心的需求，而不是外在的束縛。

十一·八二　紛擾固溺志之場，而枯寂亦槁心之地，故學者當棲心玄默❶，以寧吾真體❷；亦當適志❸恬愉❹，以養吾圓機❺。

【注釋】❶玄默　清淨無為。❷真體　真實的本體，此處即指人的身體。❸適志　順應志趣。❹恬愉　快樂。❺圓機　指圓通的靈感、靈機。

【語譯】熱鬧紛擾固然是消磨意志的場所，孤獨寂寞也是讓人心靈枯槁的地方，所以學者應當將心靈寄託於清淨無為的境地，以此使我的身體得到安寧；也應當順應自己的志趣快樂自得，以此來培養自己圓通的靈機。

【研　析】此條也見於《菜根譚》。人固然不能太追求繁華熱鬧，那樣就得不到安寧。人也不能過於追求冷清孤寂，那樣會使精神受到壓抑。

十一·八三　昨日之非不可留，留之則根燼復萌❶，而塵情❷終累乎理趣；今日之是不可執❸，執之則渣滓未化❹，而理趣❺反轉為欲根。

【注　釋】❶根燼復萌　燒成灰的草根重新萌發，即「野火燒不盡，春風吹又生」的意思。根，指草根。燼，物體燃燒後剩下的灰燼。葛洪《抱朴子》：「凡草燒之即燼。」❷塵情　世俗的情感。❸理趣　理中之趣，隱藏在義理中的情趣。❹執　固執；堅持。❺渣滓未化　渣滓未消解。渣滓，指雜質和糟粕。事物中存有渣滓則不純淨。❻慾根　情欲之根。

【語　譯】昨日的錯誤不可留下，留下就會死灰復燃，世俗的情感終將影響到隱藏在義理中的情趣；今天是正確的，但不可固執，固執了思想就不純淨，隱藏在義理中的情趣會轉變為欲望的根源。

【研　析】此條與卷一第二二〇條重出。

十一・八四

待小人不難於嚴，而難於不惡；待君子不難於恭，而難於有禮。

【語　譯】對待小人不難於嚴厲，而難在嚴厲了不流於兇惡；對待君子不難於恭敬，而難在符合禮儀。

【研　析】此條言處世為人之道，也見於《菜根譚》。對待小人不難於嚴厲，但嚴厲並不等於兇惡。正確的態度是「防小人宜嚴，待小人宜寬」，即使對待罪犯，也應有寬容之心，要給他們改正錯誤，重新做人的機會。對待君子不難於恭敬，難在行為得體，應做到恭敬而不諂媚。

十一・八五

市私恩❶，不如扶公議；結新知，不如敦❷舊好；立榮名❸，不如種隱德；尚奇節❹，不如謹庸行❺。

【注　釋】❶市私恩　用私人的恩惠討好別人。❷敦　親密；和睦。❸榮名　美名。❹奇節　奇特的節操，指與一般人不同的行為舉止。❺庸行　平常的行為。

【語　譯】用私人的恩惠去討好別人，不如扶持公眾的輿論；結識新的朋友，不如與老朋友維持好關係；建立好的名聲，不如暗中積累德行；崇尚奇特的節操，不如當心平常的行為。

【研　析】此條也見於《菜根譚》。用小恩小惠拉攏人，只能贏得個別人的稱譽，若為社會做好事，能得到公眾輿論的讚揚。交友不在多，人生得一知己足矣。友情要經歷時間的考驗，老朋友才能成為真正的知己。不求虛名，但求實效，追求虛名，不如踏踏實實做幾件好事。做人要低調，用奇特的行為去吸引人們的注意，不如在平時小心自己的言行。

十一・八六 **有一念之犯鬼神之忌，一言而傷天地之和，一事而釀子孫之禍者，最宜切戒。**

【語譯】有一個念頭觸犯鬼神之禁忌的，有一句話傷害天地之和氣的，有一件事情釀成子孫之禍害的，這些最應該嚴加防範。

【研析】古人認為人的一言一行，甚至一個念頭，都有神明在冥冥之中監視，所謂「舉頭三尺有神明，天理昭昭不容欺」，因此要求人們正心誠意，即使深夜獨自一人，也不可有邪念，因此有「不愧屋漏」、「不欺暗室」之說。《剪燈新話》記載了這樣一個故事，古代有個叫元自實的人，曾借給繆千戶三百兩銀子，後來遭盜賊家庭破落，日子難以為繼，就向繆千戶索討借出的銀兩。繆千戶答應歸還，可等到除夕，還不見動靜。元自實越想越氣，拿了刀要去與繆千戶拼命。他經過一個道觀，觀裡的道長發現有個男子低頭而行，身後跟了一幫惡鬼。過一會兒，道長發現那個男子又回來了，身後簇擁著一幫福神。道長感到奇怪，就問元自實方才幹什麼去了，元自實說，他本來要去殺繆千戶，走到他家門口，想到繆千戶有母親妻子，如果殺了他，他的家人就會遭遇不幸，自己不忍心，就回來了。道長說，你出門時惡鬼相隨，回來時福神相隨，一念之惡，惡鬼便至，一念之善，福神便臨，如影隨影，分毫不爽。鬼神之說，當然是迷信，但隨時檢點自己的思想，防止邪念的產生，卻是必要的修養功夫。俗話說「一念之差，便鑄成大錯」，這樣的事情是很多的。

古人認為人與自然是相互作用的，人與鬼神也可以交流，因此有「天人感應」之說。《禮記．樂記》說：「樂者，天地之和也。」意為音樂可以使世間萬物和諧，而音樂也是一種語言。人們往往用語言祈求上天的保佑，佛教通過誦經祈求菩薩降福，道教通過青詞將願望上達天庭。而語言不當，觸犯神靈，也可招致災禍。語言不能改變自然規律，但可以改善人際關係，語言得當，可以使人們和諧相處，也可以說「天地之和」。

釀子孫之禍的事情很多，如不善于經營，使家庭敗落，是遺禍子孫；行為不當，被社會所遺棄，是遺禍子孫，而家庭教育不善，培養出不成才的子孫，是遺禍子孫最主要的原因。

十一．八七　不實心，不成事；不虛心，不知事。

【語　譯】不是真心實意，就做不成事情；不是虛心好學，就不能知道事理。

【研　析】此條言做事要踏實，學習要虛心。做任何事情，只有專心致志，認真負責地去做，才能獲得成功。沒有辛勤的耕耘，卻希望豐碩的收穫，只能是天方夜譚。俗話說：「謙受益，滿招損。」只有虛心學習，認真讀書，吸取別人的經驗和長處，才能增長知識和閱歷，更深入地領會人情事理。莊子說：「吾生也有涯，而知也無涯。」一個人的生命是有限的，而知識是無窮盡的，學而知不足，只有淺薄的人才會驕傲自滿，不思進取。

十一・八八　老成人受病❶，在作意步趨❷；少年人受病，在假意超脫。

【注釋】❶受病　遭受批評指責。❷步趨　即亦步亦趨，墨守常規。

【語譯】老年人遭受批評，在於刻意墨守常規；少年人遭受批評，在於假裝超脫不羈。

【研析】老年人保守，失去了創新精神，習慣於墨守成規。少年人不知世事，以輕狂放蕩為超脫，做事不守規矩。因此老年人要保持年輕的心態，與時俱進，才能保持生命之樹常青；年輕人要在世事中磨練，逐漸成熟起來。

十一・八九　為善有表裡始終之異，不過假好人；為惡無表裡始終之異，倒是硬漢子。

【語譯】做好事有表裡始終的不同，不過是個假好人；做惡事沒有表裡始終的不同，倒是個硬漢子。

【研析】此條言為人應表裡如一、始終如一。有的人做好事是給人看的，其實內心很自私，有的人做好事不能堅持到底，往往半途而廢，都不是真正的善人。

十一・九〇 入心處咫尺玄門❶，得意時千古快事❷。

【注釋】❶入心處咫尺玄門 語出《世說新語・言語》，意為如果心中能夠領會，那麼離很高深的境界就近在咫尺了。入心，即會心。玄門，指精妙高深的境界。❷快事 令人感到痛快的事情，大快人心的事情。

【語譯】會心處離高深玄妙的境界近在咫尺；得意的時候彷彿遇到千古以來大快人心的事情。

【研析】《世說新語・言語》載：「劉尹與桓宣武共聽講《禮記》，桓云：『時有入心處，便覺咫尺玄門。』」對於任何道理，只要心領神會，就能達到很高的境界。

十一・九一 《水滸傳》無所不有，卻無破老❶一事，非關缺陷，恰是酒肉漢本色，知此益知作者之妙。

【注釋】❶破老 毀壞老成人。《逸周書・武稱》：「美女破舌，美男破老。」言向敵人進獻美人，使敵人聽不進手下人的進諫；向敵人進獻美童，使敵人不再信任老成人的忠告。

【語　譯】《水滸傳》中無所不有，卻沒有利用美男子實施反間計的事情，這不是書中的缺陷，而恰恰是那些大碗喝酒大塊吃肉梁山好漢的本色，知道這個道理就更能理解作者用心的妙處。

【研　析】《水滸》寫梁山起義，多征戰之事，梁山好漢，多為忠義壯烈之士，所以沒有利用男色的計謀。然而，宋江帶燕青往東京為招安尋找門路，燕青利用自己的機智伶俐博得李師師的歡心，讓李師師在宋徽宗面前為梁山英雄求情，最後得到皇帝招安的旨意，這似乎可以算利用男色。

十一·九二　**世間會討便宜人，必是吃過虧者。**

【語　譯】世上會討便宜的人，一定是吃過虧的人。

【研　析】俗話說：「吃一塹長一智。」經歷過失敗，總結了經驗，就變得聰明起來。人都是在不斷地吃虧和失敗中成長起來的。俗話又說「吃虧就是便宜」、「吃虧是福」。人生一世，有得有失，不能占盡所有便宜。有時候，眼前吃點小虧，日後卻占了大便宜。行兵打仗如此，經商做買賣如此，人際交往也是如此。打仗要有戰略眼光，用小損失換取大勝利，有時候撤退是為日後的進攻作準備。剛開始做買賣，總是虧本的，但「賠本賺吆喝」，當你用低廉的價格和優質的服務贏得顧客信任後，賺錢的機會就來了。在與人交往的時候，氣量要大，肚量要寬，不要斤斤計較，這樣才能贏得別人的尊重。樂於吃虧是一種品德和修養，也是人生的態度和處世的方法。

十一・九三 書是同人，每讀一遍，自覺寢食有味；佛為老友，但窺半偈，轉思前境真空。

【語譯】書就像志同道合的朋友，每讀一遍，自然覺得睡覺吃飯都有滋味；佛就像老朋友，只要看到半篇偈文，就會轉念想到以前的境遇都是虛幻不實的。

【研析】書是良師益友，讓人懂得生活的道理和知識。只有讀書知理，才能體會生活的真諦和意義。與老友在一起，喜歡回憶往事，感歎時光一去不復返，猶如虛幻的夢境，無法留住。

十一・九四 衣垢不湔❶，器缺不補，對人猶有慚色；行垢不湔，德缺不補，對天豈無愧心？

【注釋】❶湔 洗滌。

【語譯】衣服髒了不洗，器具缺損了不修補，對人還面有愧色；行為骯髒不清洗，道德缺陷不修補，對天難道就沒有羞愧之心？

【研析】人們對生活都有一定的追求，對道德的追求尤其如此。衣服髒了不洗，器具壞了不補，最多是丟臉。錯誤的行為不糾正，道德的缺陷不彌補，那是丟人。

十一・九五　天地俱不醒，落得昏沉醉夢；洪濛❶率是客，枉尋寥廓❷主人。

【注釋】❶洪濛　即鴻蒙，宇宙形成前的混沌世界。❷寥廓　遼闊的天空，此處指天地自然。

【語譯】天地都沒有醒來，落得一個沉醉昏睡；混沌的宇宙中都是過客，徒勞地去尋找自然的主人。

【研析】此條語本李白〈春夜宴從弟桃花園序〉云：「天地者萬物之逆旅，光陰者百代之過客。」感慨生命短暫，人生若夢。

十一・九六　老成人必典必則❶，半步可規❷；氣悶人❸不吐不茹❹，一時難對。

【注釋】❶必典必則　謂逢事必遵循規矩。❷半步可規　即亦步亦趨，嚴守規矩。❸氣悶人　指內向的人。❹不吐不茹　指既不發表自己的意見，也不聽取別人的建議。

【語譯】老年人逢事謹守規矩，亦步亦趨；內向的人既不發表意見，也不接納別人的建議，一時難以應對。

【研析】老年人精力日漸衰退，閱歷日漸豐富。在長期生活中形成了難以改變的思維模式，因此不容易接受新生事物，思想和行為比較保守。在人生過程中經歷過的風浪和挫折，使他們更加小心謹慎。這是就一般情況而言，也有些老年人「人老心不老」，保持著敏捷的思維，善於吸取新的思想和知識，依然保持著蓬勃的朝氣。性格內向的人，既不輕易表露自己的思想感情，也不接納別人的建議，其內心世界是封閉的，因此別人很難與他交流。

十一·九七 重友者，交時極難，看得難，以故轉重；輕友者，交時極易，看得易，以故轉輕。

【語譯】看重朋友的人，在結交朋友時覺得非常艱難，正因為看得艱難，所以變得很重視；輕視朋友的人，在結交朋友時覺得非常容易，正因為看得容易，所以變得很不重視。

【研析】此條言交友之道。結交朋友要慎重，本卷第六七條言「交友之先宜察」，只有經過的考察，才能知道對方的人品和志向，決定是否值得交往。正因為結交朋友不易，就更珍視友情。有些人喜歡交朋友，是個「見面熟」，正因為結交朋友容易，朋友又多，就不把友情當回事。「人生得一知己足矣」，真正知心的朋友難尋，朋友在精而不在多。

十一·九八 近以靜事而約己，遠以惜福而延生。

【語譯】從眼前來講，寧靜少事約束自己，從長遠來講，珍惜福分延長生命。

【研　析】寧靜少事可以省卻許多麻煩，珍惜福分才能延年益壽。古人認為，一個人有多少福分是命定的。如果珍惜福分，那麼享受福分的時間就長；如果浪費福分，享受福分的時間就短，因此說惜福延壽，祿盡人亡。譬如有八十年的福分，結果五十年就享受完了，那就只有五十年的壽命。有五十年的福分，因為珍惜可以享受八十年，那就有八十年的壽命。這樣的說法當然是迷信，但寓有勸誡人們珍惜生命的意思。縱欲者傷身，淡泊者長壽，是有一定科學道理的。

十一·九九　掩戶焚香，清福已具。如無福者，定生他想，更有福者，輔以讀書。

【語　譯】關門燒香，已經具備了享受清福的條件。如果是沒有福分的人，一定會產生其他的念頭，希望更加有福分的人，就會以讀書輔助。

【研　析】心有雜念的人，斤斤計較一得一失，永無清淨之時，也就沒用清福。掩戶焚香固然清淨，在淨室中讀幾本好書，更是一種享受。

十一·一〇〇　國家用人，猶農家積粟。粟積於豐年，乃可濟饑；才儲於平時，乃可濟用。

【語　譯】國家用人，就像農民積儲糧食。在豐收的年成積儲了糧食，才可以救濟饑饉的荒年；在平時儲蓄了人才，才可以在需要的時候派上用場。

【研　析】此條講人才的培養和使用。人才的培養和使用不能急功近利，要有長遠的眼光和全局的考慮。有些人才一時並不能發揮作用，但在特定情況下，就成了不可或缺的關鍵人物。戰國時孟嘗君好客，門下食客三千，其中有雞鳴狗盜之徒。平原君門客毛遂平時一無所用，但在危急的時候脫穎而出。這些都是「才儲於平時，乃可濟用」的例子。

十一・一〇一　考人品，要在五倫❶上見。此處得，則小過不足疵❷；此處失，則眾長不足錄。

【注　釋】❶五倫　指君臣、父子、兄弟、夫婦、朋友五種倫理關係。❷疵　挑剔；非議。

【語　譯】考察一個人的人品，要看他在五倫上的表現。如果在這方面做得成功，那麼有些小過失也不足以受到非難；如果在這方面做得失敗，那麼有很多的長處也不足以肯定。

【研　析】看人要看大節，不計較小過。「人非聖賢，孰能無過」，若大節無虧，有小過錯也不失為君子。

十一・一〇二 國家尊名節，獎恬退❶，雖一時未見其效，然當患難倉卒之際，終賴其用。如祿山之亂❷，河北二十四郡皆望風奔潰，而抗節不撓者，止一顏真卿❸，明皇初不識其人。則所謂名節者，亦未嘗不自恬退中得來也。故獎恬退者，乃所以勵名節。

【注　釋】❶恬退　恬淡退讓。❷祿山之亂　指唐朝的安祿山叛亂。唐天寶十四載，范陽、平盧、河東節度使安祿山發動叛亂，次年攻占長安、洛陽，河北諸郡望風披靡。這場叛亂延續了九年才得平定，歷史上稱為「安史之亂」。❸顏真卿　字清臣，開元年間進士，著名的書法家。安祿山發動叛亂，時任平原太守的顏真卿據城抵抗，附近十七郡起而響應，顏真卿被推為盟主。唐明皇聞知，說：「朕不識顏真卿形態如何，所為得如此！」

【語　譯】國家尊重崇尚名節的人，獎勵甘於淡泊的人，雖然一時看不到成效，然而在患難危急的時刻，最終還是要依靠他們的作用。如安祿山叛亂，河北二十四郡都望風披靡，而堅持節操不屈服的人，只有顏真卿一個，唐明皇起初並不認識他。那麼所謂崇尚名節的人，也未嘗不是從甘於淡泊的人中出來的。因此獎勵甘於淡泊的人，也是以此來鼓勵人們崇尚名節。

【研　析】「疾風知勁草，板蕩識忠臣」，在太平盛世，那些巧言令色，善於逢迎的人往往身居高位，志節高尚的人不屑追逐名利，甘於恬退，往往不能得到重用。當國家處於危難時刻，卻是志節高尚、甘於恬退的人挺身而出，拯救國家和民族於水火之中。

十一·一〇三 志不可一日墜，心不可一日放。

【語　譯】志氣一日不可墮落，心靈一日不可放縱。

【研　析】「心不可一日放」，意為檢點自己的思想，克制心中的欲望。明代王守仁創立「心學」，提出「致良知」、「收放心」。他認為，良知是與生俱來的道德倫理，人們在生活中受到私欲的蒙蔽，逐漸失去了良知。「收放心」就是收攏放縱的心靈，把失去的良知再找回來。

十一·一〇四 辯不如訥，語不如默，動不如靜，忙不如閒。

【語　譯】善辯不如木訥，說話不如沉默，行動不如安靜，忙碌不如悠閒。

【研　析】此條宣揚的是老子提倡的以無為用、以退為進、以靜制動、以柔克剛的思想。《老子》說：「大音希聲。」最美妙的音樂是沒有聲音的。誇誇其談而沒有實際的本領，還不如不說話。俗話說：「沉默是金。」沉默是能量的積聚，等待著爆發，「三年不鳴，一鳴驚人」。魯莽的行動不如等待時機，猶如搏鬥時後發制人，一擊必中。老子的哲學看似消極，然其中隱含著深奧的道理。

十一・一〇五　以無累之神，合有道之器❶，宮商❷暫離，不可得已。

【注釋】❶合有道之器　指彈琴。琴能彈奏出體現道的音樂，故稱有道之器。❷宮商　古代音樂有宮、商、角、徵、羽，常以宮商代指音樂或音律。

【語譯】以專注的精神，配合能彈奏出有道之音的樂器，要想使樂曲稍微不合音律，也是不可能的。

【研析】此四句出自《南史・褚彥回傳》：「（彥回）嘗聚袁粲舍，初秋涼夕，風月甚美。彥回援琴奏別鵠之曲，宮商既調，風神諧暢。王彧、謝莊并在粲坐，撫節而嘆曰：『以無累之神，合有道之器，宮商暫離，不可得已。』」「無累之神」指對音樂的嫻熟於心，如庖丁解牛，全神貫注，游刃有餘。彈琴不僅靠技巧，而且用心去演奏，自然合拍合節，不差分毫。

十一・一〇六　精神清旺，境境都有會心；志氣昏愚，到處俱成夢幻。

【語譯】精神清醒旺盛，無論什麼境況都能有所領悟；志氣昏沉愚蒙，到處都成了夢幻。

【研析】中國古代美學一方面強調「天人合一」，人與自然的和諧統一，一方面講究「以心攝景」，重視審美主體在審美過程中的主導作用。人們在審美觀照時，總是把自己的感情投入到審美對象之中，在愉悅的時候，看到的景物都是祥和美麗的，在痛苦的時候，看到的景物都是暗淡無光的。

杜甫〈春望〉詩云：「感時花濺淚，恨別鳥驚心。」當詩人為時世艱難而憂心時，看到的花也含著傷心的淚水；當詩人為離別而痛苦時，看到的鳥也惶恐不安。

十一・一〇七 酒能亂性，佛家戒之；酒能養氣，仙家飲之。余於無酒時學佛，有酒時學仙。

【語譯】酒能迷亂性情，因此佛教戒酒；酒能保養元氣，因此仙人喝酒。我在沒有酒的時候學佛，有酒的時候學仙。

【研析】清代鄭板橋也說過同樣的話。適當喝些酒，有益於健康，但喝多了會喪失理智。明代三教合一思想盛行，許多文人既信佛持戒，又學道修長生，「無酒時學佛，有酒時學仙」，反映了當時文人的普遍心態。

十一・一〇八 烈士不餒❶正氣以飽其腹；清士❷不寒❸青史以暖其躬；義士不死天君❹以生其骸。總之手懸胸中之日月，以任世上之風波。

【注釋】❶餒 喪失。❷清士 清廉正直的人士。❸寒 此處作玷汙解。❹天君 古代認為心是負責思維，支配人身其他器官的主宰，故稱為天君。此處指公道人心。

【語　譯】壯烈之士不為吃飽肚子而喪失正氣；清正之士不為暖和身體而玷汙歷史；俠義之士不為保全形骸而丟棄公道。總之憑著心中光明正大的志節，來經受世間的風波。

【研　析】人要有精神追求，不能為了物質利益喪失人格氣節。這就是儒家強調的「舍生取義」。

十一·一〇九　孟郊❶有句云：「青山碾為塵，白日無閒人❷。」于鄴❸云：「白日若不落，紅塵應更深❹。」又云：「如逢幽隱處，似遇獨醒人❺。」王維云：「行到水窮處，坐看雲起時❻。」又云：「明月松間照，清泉石上流❼。」皎然❽云：「少時不見山，便覺無奇趣❾。」每一諷吟，逸思❿翩翩⓫。

【注　釋】❶孟郊　字東野，唐代詩人。❷青山碾為塵二句　出自《霏雪錄》所引孟郊〈送行詩〉，詩云白天沒有一個閒人，人們都在為名利而奔走，青山被踏成塵土。❸于鄴　字武陵，唐代詩人。❹白日若不落二句　出自于鄴詩〈東門路〉，此二句詩也是嘲諷人們為名利而忙碌。❺如逢幽隱處二句　《全唐詩》未收此詩，出處不詳。❻行到水窮處二句　出自王維詩〈終南別業〉。❼明月松間照二句　出自王維詩〈山居秋暝〉。❽皎然　字清晝，唐代著名詩僧。❾少時不見山二句　出自皎然詩〈出遊〉。❿逸思　超逸的思想。⓫翩翩　接連不斷。

【語 譯】孟郊有詩句說：「白天沒有閒人，青山被踏為塵土。」于鄴詩說：「太陽若不下山，路上的紅塵就會更深。」又說：「如果碰到幽深安靜的地方，就像遇到一個獨自清醒的人。」王維詩說：「走到水的盡頭，坐著看雲升起。」又說：「明月照亮了松林，清澈的泉水在山石上流淌。」皎然詩說：「一會兒見不到山，就覺得沒有奇特的趣味。」每當朗讀吟誦到這些詩句，超逸的思緒就會接連不斷地湧現。

【研 析】此條集錄唐詩，或嘲諷人們熱衷於名利，或抒寫幽情逸志。「青山碾為塵，白日無閒人」，是倒裝句式，意為人們都忙於追名逐利，沒有一個閒著的人，他們步履匆匆，把青山都踏為塵土了。此詩用誇張的手法，嘲諷人們追求名利的急切。「白日若不落，紅塵應更深」意與前詩同，意為人們白天都忙於追逐名利，這個紛亂噪雜的世界，只有到了夜晚才安靜下來。「如逢幽隱處，似遇獨醒人」，只有在遠離塵囂的幽靜偏僻處，才能遇到不受名利誘惑，頭腦清醒的人，此二句寓有「舉世皆濁，唯我獨清」的意思。王維的兩首詩，都是通過幽清的環境襯托作者遠離濁世的幽獨情懷。「行到水窮處」，即是極遙遠荒僻的地方，坐看雲起時，藉悠悠白雲表現自己閒適的心情。「明月松間照，清泉石上流」，是很著名的兩句詩，明月、青松、清泉、白石都是堅貞高潔的象徵，它們組合在一起，構成了極為純淨的景象，並由此抒發了作者高尚的情操。青山在詩中常作為文人寄託情懷的物象出現，陶淵明詩云「採菊東籬下，悠然見南山」，李白詩云「眾鳥高飛盡，孤雲獨去閒。相看兩不厭，只有敬亭山」，青山超然物外，巍然屹立的形象，使詩人得到精神的寄託和慰藉。「少時不見山，便覺無奇趣」與陶、李兩詩意趣相同，只是說得更直白些。

卷十二　倩

十二・一　倩❶不可多得，美人有其韻，名花有其致，青山綠水有其丰標❷。外則山癯❸韻士❹，當情景相會之時，偶出一語，亦莫不盡其韻，極其致，領略其丰標，可以啟名花之笑，可以佐美人之歌，可以發山水之清音，而又何可多得。集倩第十二。

【注釋】❶倩　形容姿容美好，此處作嫵媚、美妙解。❷丰標　俊美的風度儀態。❸山癯　指隱居山林的人士。癯，清瘦。❹韻士　風雅之士。

【語譯】美妙是不可多得的，美人有她的風韻，名花有它的情致，青山綠水有它的俊秀。此外則有隱居的山人和風雅的文士，每當情景交會的時候，偶爾說出一句話，也都能窮盡美人的風韻，窮究名花的情致，領略山水的俊秀，可以開啟名花的笑容，可以輔助美人的歌喉，可以引發山水的清音，又怎麼能多得。集倩第十二。

【研析】陸機〈文賦〉云：「遵四時以歎逝，瞻萬物而思紛。悲落葉於勁秋，喜柔條於芳春，心懍懍以懷霜，志眇眇而臨雲。詠世德之駿烈，誦先人之清芬。遊文章之林府，嘉麗藻之彬彬。慨投篇而援筆，聊宣之乎斯文。」中國古代文論強調情景交融，表現客觀景物的風韻神態。此卷即選錄了一些描述風花雪月的佳句妙語，表現了編選者淡泊清雅的審美意趣。

十二・二 會心處，自有濠濮間想，然可親人魚鳥❶；偃臥時，便是羲皇上人，何必秋月涼風❷。

【注釋】❶會心處三句 《世說新語・言語》：「簡文入華林園，顧謂左右曰：『會心處不必在遠，翳然林木，便自有濠濮間想也，覺鳥獸禽魚自來親人。』」濠濮間想，謂逍遙閒居、清淡無為的思緒。典出《莊子》載莊子曾與惠施遊於濠上及莊子垂釣濮水之事。然可，應允；同意。❷偃臥時三句 陶淵明〈與子儼等疏〉：「五六月中，北窗下臥，遇涼風暫至，自謂是羲皇上人。」偃臥，安臥。羲皇上人，羲皇以前的人。羲皇，即伏羲氏，傳說中上古的帝王。相傳上古時代的人民恬靜閒適，故隱逸之士常自稱為羲皇上人。

【語譯】到了心領神會的地方，自然有清淡無為的思緒，就會覺得魚鳥與人親近；安臥時，就是古代閒適的隱士，何必要等秋月涼風到來。

【研析】劉禹錫〈陋室銘〉云：「山不在高，有仙則名；水不在深，有龍則靈。」有一副審美的眼光，到處可以發現自然山水之美，不一定要去名山大川。有了淡泊的胸懷，就能隨遇而安，不一定要等待秋月涼風。

十二·三 一軒明月，花影參差，席地便宜小酌；十里青山，鳥聲斷續，尋春幾度長吟。

【語　譯】一窗明月，花影參差錯落，席地而坐隨意小酌；十里青山，鳥聲斷斷續續，幾聲長吟尋覓春意。

【研　析】此條化用前人詩句成對。上聯用李白〈月下獨酌〉詩意：「花間一壺酒，獨酌無相親。舉杯邀明月，對影成三人。」下聯取宋陳著〈次韻四明孫常州〉：「危世清風誰一面，青山啼鳥自相聞。」

十二·四 入山採藥，臨水捕魚，綠樹陰中鳥道；掃石彈琴，捲簾看鶴，白雲深處人家。

【語　譯】進入山中採藥，在水邊捕魚，綠樹蔭中有一條彎曲險峻的小道；掃淨石頭坐在上面彈琴，捲起簾子看鶴，白雲深處坐落著一戶人家。

【研　析】入山採藥，臨水捕魚，是隱士生涯；掃石彈琴，捲簾看鶴，是文人雅趣。

十二・五　沙村❶竹色，明月如霜，攜幽人❷杖藜❸散步；石屋松陰，白雲似雪，對孤鶴掃榻高眠。

【注　釋】❶沙村　沙灘邊或沙洲上的村落。❷幽人　幽居之人；隱士。❸杖藜　拄著藜條做的拐杖。杖，動詞。藜，植物名，枝條柔韌結實，可以做手杖，稱為藜杖。此處即指藜杖。

【語　譯】沙灘邊上的村落，籠罩在竹子的翠色之中，明亮的月色好似寒冷的霜，帶著隱逸之士拄著手杖散步；石頭蓋的房子四周是松樹的樹蔭，白雲好似雪一般皎潔，對著孤獨的鶴掃淨床榻安睡。

【研　析】此條寫隱士的幽雅。沙村竹色，明月如霜，清幽的景色與隱士淡泊的胸襟互相映襯。

十二・六　焚香看書❶，人事❷都盡。隔簾花落，松梢月上。鐘聲忽度，推窗仰視，河漢❸流雲，大勝晝時。非有洗心滌慮❹，得意爻象之表❺者，不可獨契❻此語。

【注　釋】❶看書　原文作「看樹」，據文意改。❷人事　指人間世俗之事。❸河漢　銀河。❹洗心滌慮　洗滌心胸，澄清思慮。❺爻象之表　指卦象所顯示的吉凶。《周易》：「爻象動乎內，吉凶見乎外。」爻象，《周易》中六爻相交成卦所表示的形象。❻契　體會領悟。

【語　譯】焚香看書，人間世俗之事都置之度外。簾外花兒落，月上松樹梢。忽然傳來鐘聲，推開窗戶仰望，銀河璀璨流雲飛舞，景色遠勝於白天。如果不能洗滌心胸澄清思慮，領會爻象所顯示的吉凶，就不能深刻領會這些話。

【研　析】此條寫景極幽雅，隔簾花落、松梢月上，令人有出塵之想。在極冷清的景色中，忽然插入「鐘聲忽度」，動靜相生，更覺意味深遠。後三句言非心胸澄淨者，無法領略其中意趣，正符合現代美學關於審美欣賞與功利無關的理論。

十二・七　紙窗竹屋，夏葛❶冬裘，飯後黑甜❷，日中白醉❸，足矣！

【注　釋】❶葛　草本植物，根莖可以做成葛布。此處指用葛布做的衣服。❷黑甜　指酣睡。❸白醉　喝醉酒。古代將飲酒稱為浮白，白醉即浮白而醉。

【語　譯】紙糊的窗竹子蓋的房，夏天穿葛衣冬天穿皮衣，飯後睡一覺，中午喝醉酒，那就足夠了！

【研　析】此條言文人閒適的生活。「紙窗竹屋」，形容居室的簡樸，蘇軾〈與毛維瞻〉云：「歲行盡矣，風雨淒然。紙窗竹屋，燈青熒熒，時於此間得少佳趣。」「夏葛冬裘」，言順應季節的變化，夏天穿葛衣，冬天穿裘皮。《二程遺書》云：「饑食渴飲、冬裘夏葛，若致些私吝心在，便是廢天職。」《朱子語類》云：「曾點之學，有以見乎日用之間，莫非天理流行之妙，日用之間皆人所共。曾點見之莫是，於饑食渴飲、冬裘夏葛，以至男女居室之類，在曾點見則莫非天理，在他人則以濟其嗜慾。」在程朱理學看來，夏穿葛衣、冬穿裘皮，與餓了吃飯、渴了飲水一樣，是符合自然規律的本能需求，夏葛冬裘代表了順應本性的自在生活。人吃飽了容易瞌睡，飯後一覺身心舒暢，蘇軾〈發廣州〉詩云：「三杯軟飽後，一枕黑甜餘。」喝酒的好處，古人多有論述，此書也多處涉及，不贅。

十二·八

收碣石❶之宿霧❷，斂蒼梧❸之夕雲。八月靈槎❹，泛寒光❺而靜去；三山❻神闕❼，湛❽清影以遙連。

【注釋】❶碣石　山名，在今河北省。❷宿霧　夜霧。❸蒼梧　即九嶷山，在今湖南省。❹八月靈槎　晉張華《博物志》載：有人住在海邊，每年八月乘木筏到銀河，見到牛郎織女。靈槎，指神仙乘坐的木筏，也泛指船隻。❺寒光　此處指清冷的月光。❻三山　指方丈、蓬萊、瀛洲三座東海上的神山。❼神闕　神仙居住的宮闕。❽湛　沉沒；沉浸。

【語譯】收起碣石山的夜霧，藏住蒼梧山的夕雲。八月的木筏，駕著清冷的月光靜靜地離去；三座神山上的宮殿，沉浸在清影中，在遙遠的地方連成一片。

【研　析】此節文字出自宋阮昌齡〈海不揚波賦〉。宋王銍《四六話》載：「阮思道子昌齡，醜陋吃訥，聰明絕人，年十七八，海州試〈海不揚波賦〉，即席一筆而成，文不加點，其警句云：『收碣石之宿霧，斂蒼梧之夕雲。八月靈槎，返寒光而靜去；三山神闕，湛清影以遙連。』」〈海不揚波賦〉全賦已佚，僅存此數句。此數句描寫月夜海景，想像豐富，景象開闊。「收碣石之宿霧，斂蒼梧之夕雲」寫大海之遼闊，碣石與蒼梧相距甚遠，但碣石之霧、蒼梧之雲盡收海中，顯示出大海氣吞宇宙的浩瀚氣勢。「八月靈槎」、「三山神闕」二句，借用兩個神話，寫出月光下大海清寒渺茫的景色，給平靜的海面蒙上一層神祕色彩。

十二・九　空三楚❶之暮天，樓中歷歷❷；滿六朝之故地，草際悠悠❸。

【注　釋】❶三楚　戰國時楚地分為西楚、東楚、南楚，合稱三楚。後來詩文中習慣將長江中游以南，今湖北、湖南一帶稱為三楚。❷歷歷　清晰的樣子。❸悠悠　遼闊無際。

【語　譯】秋色使三楚傍晚的天空更加明朗遼闊，秋天的風光在高樓中盡收眼底；秋色布滿了六朝舊都，在草原上顯得那麼連綿悠長。

【研　析】此節文字出自唐黃滔〈秋色賦〉，取其對仗工整。「三楚之暮天」，極言空間之遼闊；「六朝之故地」，極言世間之久遠。

十二・一〇 秋水岸移新釣舫，藕花洲拂舊荷裳。心深❶不滅三年字❷，病淺❸難銷寸步香❹。

【注　釋】❶心深　指心中深刻的思念。❷三年字　成老相《墨經》：「墨染紙三年，字不能昏暗者上。」詩文中常以「三年字」表示對親友思念的文字。〈古詩十九首・孟冬寒氣至〉：「置書懷袖中，三年字不滅。」唐羊士諤：「雙金未比三年字，負弩空慚知者難。」❸病淺　指病初起之時。邵雍〈病淺吟〉：「病淺之時人不疑，病深之後藥難醫。」❹寸步香　當為「十步香」，薰香名。

【語　譯】新來的釣魚船停靠在秋天的水岸，長滿藕花的沙洲上舊的荷葉在風中搖擺。心中的思念不能忘卻，比用筆墨寫的文字還要久遠，病剛來時就難以消受十步香。

【研　析】此四句出自明湯顯祖〈虞淡然在告〉：「璁瓏浮闕定星光，河漢風清有法章。秋水岸移新釣舫，藕花洲拂舊荷裳。心深不滅三年字，病淺難消十步香。剩有閒情堪弄月，西湖竹色未應涼。」此詩寫自己閒居在家的生活，以及對朋友的思念。

十二・一一 趙飛燕❶歌舞自賞，仙風留於縐裙❷；韓昭侯顰笑不輕，儉德昭於敝袴❸。皆以一物著名，局面❹相去甚遠。

【注　釋】❶趙飛燕　初為陽阿公主家婢女，長袖善舞，體態輕盈，故稱飛燕。後被漢成帝召入宮中，數年後立為皇后。❷縐裙　用縐紗做成的裙子。❸韓昭侯兩句　韓昭侯是戰國時韓國國君，西元前三五八—前三三三年在位。史載韓昭侯褲子穿舊了，收藏起來捨不得扔掉，侍者問他為什麼不把褲子賞給臣下。韓昭侯說：「做君主的一笑一顰都不能隨便給人，何況是一條褲子。日後我要把它賞給有功之臣。」❹局面　規模格局，此處作境界解。

【語　譯】趙飛燕以歌舞自賞，她的舞裙保留著美妙的風姿；韓昭侯不輕易皺眉或嬉笑，以一條舊褲子顯示出他節儉的品德。這兩個人都因為一件物品而著名，但境界相差很遠。

【研　析】趙飛燕以能歌善舞聞名，她的舞裙迷倒了漢成帝。韓昭侯以簡樸著稱，一條舊褲子成了流傳後世的佳話。人的出名有各種原因，其境界也各不相同，因此有人流芳百世，有人遺臭萬年。此條未對趙飛燕和韓昭侯作出評判，但古代文人對趙飛燕頗多微詞。

十二·二　翠微❶僧至，衲衣皆染松雲❷；斗室殘經，石磬半沉蕉雨❸。

【注　釋】❶翠微　指青翠幽靜的深山。❷松雲　青松白雲。❸蕉雨　雨打芭蕉發出的聲響。

【語　譯】僧人從青翠的深山中走來，衲衣上沾染著青松白雲的氣息；斗室中讀殘經書，石磬的聲音有一半被芭蕉雨的聲音所淹沒。

【研　析】此條寫山寺中僧人清幽的生活。「衲衣皆染松雲」，刻畫形象生動，富有意趣。

十二・一三 黃鳥情多，常向夢中呼醉客；白雲意懶，偏來僻處媚幽人。

【語　譯】黃鶯多情，常把醉客從夢中叫醒；白雲意態慵倦，偏到僻靜處討好隱士。

【研　析】黃鶯啼叫，將醉客從夢中驚醒，不是黃鶯情多，而是醉客多情。唐金昌緒〈春怨〉詩云：「打起黃鶯兒，莫教枝上啼。啼時驚妾夢，不得到遼西。」白雲悠悠，「意懶」兩字寫出白雲隨風舒卷的狀態。是幽人喜愛白雲的自在，「去留無意，閒看雲舒雲卷」，卻說白雲媚幽人。此條用擬人的手法，把人物的心理和情趣刻畫得十分生動蘊藉。

十二・一四 樂意相關禽對語，生香不斷樹交花❶，是無彼無此真機❷；野色更無山隔斷，天光常與水相連❸，此徹上徹下真境❹。

【注　釋】❶樂意相關禽對語二句　出自宋石延年〈金鄉張氏園亭〉詩。樂意相關，意氣相投。❷真機　玄妙的道理。❸野色更無山隔斷二句　出自宋鄭獬〈月波樓〉。❹真境　質樸的原始境界。

【語　譯】樹上禽鳥相向歡快啼鳴，枝頭繁花交織香飄不斷，這裡有事物本無彼此界限的玄妙道理。原野的風光沒有高山阻隔，天光與水色連成一片，這完全是一種質樸真實的境界。

【研　析】樹上鳥兒相對而鳴，本來無意，詩人卻用「樂意」兩字形容，既寫出鳥聲的歡樂，又從詩人眼中看到鳥兒的親密。枝頭繁花交織，出於自然，詩人卻從中看到茂盛的生機。詩人移情及物，以物寄情，達到情景交融的境界，將物態和人情融為一體。故從鳥聲中能聽出歡樂，從繁花中能看到生機，就達到了物我兩忘的境地。遼闊的原野一望無垠，天水相接朦朧一片，是沒有人工雕琢的原生態自然景觀。

十二・一五　美女不尚鉛華❶，似疏雲之映淡月；禪師不落空寂，若碧沼❷之吐青蓮❸。

【注　釋】❶鉛華　古代婦女化妝用的鉛粉，也指婦女的梳妝打扮。❷沼　水池。❸青蓮　青色的蓮花。佛教認為蓮花清淨無染，常用以指與佛教有關的事物，如以青蓮借代佛寺、佛經、淨土等。

【語　譯】美女不喜歡修飾打扮，就像輕雲烘托淡月那樣雅致。禪師不脫離空寂虛無的境地，就像碧綠的池水中長出青色的蓮花那樣清澈。

【研　析】美女濃妝塗抹，反而掩蓋了天生麗質，素面朝天，更顯出淡雅的風致。禪師談空論無，超脫塵俗，但並非與世隔絕。先入世後出世，如蓮花出於汙泥而不染，才是得道的高僧。

十二・一六　書者喜談畫，定能以畫法作書；酒人好論茶，定能以茶法飲酒。

【語　譯】書法家喜歡談論繪畫，一定能用繪畫的技法寫字；嗜酒的人喜歡談論飲茶，一定能用飲茶的方法喝酒。

【研　析】書法和繪畫都是講究線條用筆的藝術，在技法上有相通之處，因此許多畫家在書法上都有很高的造詣。喝茶飲酒都要講究韻味，以喝茶的方法飲酒，才能真正領略酒的味道。狂飲濫喝，只是一個酒徒而已。

十二・一七　詩用方言，豈是采風之子❶；談鄰俳語❷，空貽拂塵❸之羞。

【注　釋】❶采風之子　采風的人。古代朝廷派人到各地收集民間詩歌，以瞭解風土人情，稱為采風。❷俳語　滑稽戲謔的話。❸拂塵　古代清除灰塵的器具，此處指清高的人士。

【語　譯】作詩用方言，難道詩人是采風使者；談話接近滑稽戲謔，白白地招致高人雅士的羞辱。

【研　析】此條言使用語言的規範化。明代後期，以公安派為代表的詩人，主張詩歌應該通俗淺顯，愛用方言入詩。他們的詩風曾招致詬病，被批評為淺陋卑下。此條所言，代表了當時一些人的觀點。

十二・一八　肥壤植梅花，茂而其韻不古；沃土種竹枝，盛而其質不堅。竹徑松籬，盡堪娛目，何非一段清閒；園亭池榭，僅可容身，便是半生受用。

【語　譯】肥沃的土壤種植梅花，茂盛而韻味不古樸；肥沃的土地種植竹枝，茂盛而材質不堅固。竹林中的小路松枝編織的籬笆，足夠賞心悅目，哪裡不是一段清閒的景象；園中的亭子池塘邊的臺榭，只要能夠容身，就是半生的享受。

【研　析】梅花苦寒，竹子堅貞，但並不是說梅竹適合種植於貧瘠的土壤。此條所言，有些牽強附會。園林並不是越大越繁華就好，關鍵在布置得體，構造得有韻致。竹徑松籬，自有清雅的意趣，小橋流水，也能賞心悅目。

十二·一九 **南澗科頭❶，可任半簾明月❷；北窗坦腹❸，還須一榻清風❹。**

【注　釋】❶科頭　不戴冠帽，露出髮髻。❷半簾明月　意為一半月光透過簾子照進室內，一半月光被簾子隔斷在外。此處指被輕雲遮蔽的朦朧月光。❸坦腹　仰身高臥，袒胸露腹。❹一榻清風　意為清風吹拂床榻。宋吳芾〈夏日游靈隱東園贈東方道人〉：「道人睡足北窗下，一榻清風直萬金。」

【語　譯】在南澗邊科頭而坐，可以承擔朦朧的月光；在北窗下坦腹而臥，還需要一榻清風。

【研　析】科頭坦腹，形容不拘行跡、放縱自在的生活方式。半簾明月、一榻清風的幽清景致，襯托出人物清高悠閒的情操。

十二·二〇 披帙❶橫風榻❷，邀棋❸坐雨窗。

【注　釋】❶披帙　打開書本，即讀書。帙，裝書籍的布套，也指卷冊。❷風榻　清風吹拂的床榻。❸邀棋　邀人下棋。

【語　譯】躺在清風吹拂的榻上看書，坐在雨滴敲打的窗下弈棋。

【研　析】此條寫文人悠閒的生活。躺在睡榻上讀書是一種享受，所讀也是供消遣的書。若讀經史典籍，當正襟危坐。歐陽脩說他讀書有「三上」，即馬上、床上、廁上。袁宏道說床頭有一部《金瓶梅》，可以醒目。細雨敲窗，更覺寂寞，於是藉下棋消磨時光。宋趙師秀〈約客〉詩云：「黃梅時節家家雨，青草池塘處處蛙。有約不來過夜半，閒敲棋子落燈花。」客人失約未來，一個人下意識地敲著棋子，將雨夜百無聊賴的心情刻畫得相當細膩。「邀棋」則是兩人對弈。

十二·二一 洛陽每遇梨花時，人多攜酒樹下，曰：為梨花洗妝。

【語　譯】洛陽每當梨花盛開時，人們多帶著酒來到樹下，說是為梨花梳洗打扮。

【研　析】此節文字出自唐馮贄《雲仙雜記·為梨花洗妝》，寫春天賞花之盛況。春光駘蕩，花下飲酒，可謂良辰、美景、賞心、樂事四美具備。遊人如雲，杯觥交錯，以酒為梨花洗妝，在熱鬧中顯出雅趣。

十二・二二 綠染林皋❶，紅銷溪水。幾聲好鳥斜陽外，一簇春風小院中。

【注　釋】❶林皋　山林；樹林高皐。

【語　譯】春風染綠了山林，溪水映射陽光的紅色逐漸消退。斜陽外美麗的鳥兒啼叫幾聲，小院中一縷春風輕輕吹拂。

【研　析】此條寫春日傍晚的景色，描寫的場景由遠及近，遠處青山如染，溪水映射的霞光逐漸消退。天空中一抹斜陽，傳來幾聲鳥叫，打破了傍晚的寧靜。聽得到鳥叫，說明鳥兒在近處而不在遠處。描寫的筆觸最後落到作者所處的小院。在短短的四句話中，視角不斷轉換，意象十分豐富。

十二・二三 有客到柴門❶，清尊❷開江上之月；無人剪蒿徑❸，孤榻對雨中之山。

【注　釋】❶柴門　樹枝編成的門，指貧寒之家。❷清尊　酒器，也指清酒。❸蒿徑　長滿野草的小路。

【語　譯】有客人來到寒舍，杯中的清酒映照著江上的明月；沒有人清理長滿野草的小路，獨臥床榻面對雨中的山。

【研　析】此條化用杜甫「花徑不曾緣客掃，蓬門今始為君開」詩意，描寫蕭疏的鄉村生活。

十二・二四 恨留山鳥，啼百卉之春紅❶；愁寄隴雲❷，鎖四天之暮碧。

【注釋】❶春紅 指落花。❷隴雲 隴上之雲。隴上指今甘肅、陝西一帶，古代為邊塞之地。

【語譯】山鳥留下憾恨，為百花凋落而悲鳴；隴雲寄託愁思，遮蔽四周天空青碧的暮色。

【研析】此節文字出自唐黃滔〈館娃宮賦〉。館娃宮為春秋時吳王夫差為西施所建之居室，黃滔賦詠寫古事，此四句言人去樓空的蕭條景象。

十二・二五 澗口有泉常飲鶴，山頭無地不栽花。

【語譯】山谷入口有泉經常有鶴來飲水，山頭沒有一個地方不種花。

【研析】在中國古代詩文中，鶴具有清高的品格，「鶴有不群者，飛飛在田野」，「貞姿自耿介，雜鳥何翩翩」。鶴喜歡棲息在滌盡煩囂的郊野，如深谷、小渚等，所以又是隱逸的象徵。山谷洞穴是古代文學中的自由空間，令人聯想到仙境或半仙境。陶淵明的〈桃花源記〉描寫居住在山洞裡的避世之人，任昉《述異記》也記載：「武陵源在吳中，山無他木，盡生桃李，俗呼為桃李源。源上有石洞，洞中有乳水。世傳秦末喪亂，吳中人于此避難，食桃李實者比得仙。」阮晨、劉肇入天台山，也是在山谷中遇見仙女。居住在洞穴中不是仙人，就是高人隱士。「洞口有泉常飲鶴」，當寫高士隱居之地清淨幽靜。文人喜栽花、賞花，然多在園中庭前栽花，明黃仲昭〈題常思嶺蘭若〉：「門外有山都是竹，庭前無地不栽花。」馮大受〈竹素園詩〉：「連岡皆是竹，無地不栽花。」潘岳任河陽縣令，遍種桃李花，人稱「河陽一縣花」，被傳為風流佳話。然在山頭栽花，山高路險，無人欣賞，當是孤芳自賞的隱逸之士所為。

十二・二六　雙杵茶煙❶，具載陸君❷之灶；半床松月，且窺揚子❸之書。

【注　釋】❶茶煙　煮茶的熱氣。❷陸君　指茶聖陸羽。❸揚子　西漢文學家揚雄。

【語　譯】兩股煮茶的熱氣，都從陸羽的灶頭中冒出；半床松風明月，偷窺揚雄的書籍。

【研　析】唐人陸羽著有《茶經》三卷，詳細論述了茶的種植、採摘、煮茶和飲茶的方法等，是世界上第一部關於茶葉和品茗的專著。陸羽因此有「茶聖」之稱。「雙杵茶煙，具載陸君之灶」，言煮茶如陸羽所言那麼講究。揚雄，漢代著名文人，少時好讀書，博覽多識。漢賦「四大家」之一，並模擬《易經》作《太玄》，模擬《論語》作《法言》，《三字經》將他與老子、莊子、荀子、文中子並列為「五子」。「且窺揚子之書」，言刻苦讀書同揚雄一樣。

十二・二七　尋雪後之梅，幾忙騷客；訪霜前之菊，頗愜幽人。

【語　譯】探尋下雪後的梅花，文人墨客是多麼地繁忙；訪問落霜前的菊花，很使隱士幽客愜意。

【研　析】梅傲菊淡。它們共同的特徵是清華其外，淡泊其中，傲然物外，不作媚世之態，因此成了文人追求的理想品格的化身，生活趣味的象徵，從而成為文人最為喜愛的審美對象。梅花開放在萬花紛謝的冬天，鬥雪凌霜，香清寒絕，淡雅純潔的高標逸韻歷來為文人所歆慕，踏雪尋梅也就成了文人的雅趣。明楊士奇〈劉伯川席上作〉云：「飛雪初停酒未消，溪山深處踏瓊瑤。不嫌寒氣侵入骨，貪看梅花過野橋。」深秋的菊花在風霜中傲然挺立，那淡雅的意趣，不畏寒冷的品性，成為文人品行的寫照，賞菊也就顯示出文人的悠閒。自陶淵明「採菊東籬下，悠然見南山」的詩句後，歷代詠菊者不計其數，著名的如蘇軾〈甘菊〉：「越山春始寒，霜菊晚愈好。」寫出了菊花不畏嚴寒的品格。

十二・二八　帳中蘇合❶，全消雀尾之爐❷；檻外遊絲❸，半織龍鬚之席❹。

【注　釋】❶蘇合　即蘇合香，一種能製造香料的植物，也指用蘇合製成的香。❷雀尾之爐　形狀如雀尾的香爐。❸遊絲　飄蕩的蜘蛛絲。❹龍鬚之席　用龍鬚草織成的席子。

【語　譯】床帳中的蘇合香，在雀尾爐中完全焚燒；門檻外的遊絲，織成半張龍鬚席。

【研　析】此聯講究對仗工整，並無深意。以空中遊絲織席，頗有巧思。

十二・二九　瘦竹如幽人，幽花如處女。

【語　譯】瘦削的竹子好像隱士，幽靜的鮮花好像處女。

【研　析】以竹子的挺拔象徵隱士堅貞的品格，以鮮花的明豔比喻女子的麗質，都是古代詩文中的陳詞濫調。

十二・三〇　晨起推窗，紅雨❶亂飛，閒花笑也；綠樹有聲，閒鳥啼也；煙嵐❷滅沒❸，閒雲度也；藻荇❹可數，閒池靜也；風細簾青，林空月印，閒庭峭❺也。山扉晝扃，而剝啄❻每多閒侶；帖括❼困人❽，而几案每多閒篇。繡佛❾長齋❿，禪心釋諦⓫，而念多閒想，語多閒詞。閒中滋味，洵足樂也。

【注　釋】❶紅雨　落花。❷煙嵐　煙霧山嵐。❸滅沒　隱沒。❹藻荇　水藻荇草，漂浮在水面的植物。❺峭　幽靜淒清。❻剝啄　敲門聲。❼帖括　指科舉時文。❽困人　原文作「因人」，據文意改。❾繡佛　用絲線繡成的佛像。❿長齋　長期吃齋念佛。⓫釋諦　佛教的義理。

【語　譯】清晨起床推開窗戶，落花亂飛，閒花在嬉笑；綠樹叢中發出聲響，是閒鳥在啼叫；煙霧山嵐時隱時沒，閒雲在飛飄；水藻荇草歷歷可數，閒池寧靜清澈；微風輕吹青色的簾櫳，明月照亮林中的空地，閒院冷清寒峭。山門白天緊閉，敲門的人多是清閒的朋友；科舉時文讓人困倦，書桌上往往放著很多閒書。供著絲繡的佛像，長期吃齋念佛，保持清淨寂定的心境，堅守佛家的義理，可是腦子裡多有雜念，語言中多有閒話。閒中的滋味，確實十分快樂。

【研　析】此條圍繞一個「閒」字，寫出清晨寧靜蕭疏的景色，隱士恬淡的生活和閒適的心情。前半段寫景，饒有情趣。

十二・三二　鄙吝一消，白雲亦可贈客；渣滓盡化，明月亦來照人。

【語　譯】鄙吝的念頭一旦消除，白雲也可以拿來贈送客人；心中的私念全部化解，明月也來與人相親。

【研　析】此條也見於吳從先《小窗自紀》，且與本書卷五第三七條重出。

十二・三三　水流雲在❶，想子美❷千載高標❸；月到風來❹，憶堯夫❺一時雅致。何以消天下之清風朗月，酒盞詩筒❻；何以謝人間之覆雨翻雲，閉門高臥。

【注釋】❶水流雲在　杜甫〈江亭〉：「水流心不競，雲在意俱遲。」❷子美　杜甫，字子美。❸高標　清高脫俗的風範。❹月到風來　邵雍〈月到梧桐上吟〉：「月到梧桐上，風來楊柳邊。」❺堯夫　邵雍，字堯夫，北宋理學家。❻詩筒　盛放詩稿以便傳遞的竹筒。

【語譯】「水流」「雲在」的詩句，令人遙想千年前杜子美清高脫俗的風範；「月到」「風來」句，使人追憶當時邵堯夫高雅的意趣。用什麼消受天下的清風明月，只有酒杯和詩筒；用什麼摒棄人間覆雨翻雲的人情世態，只有閉門高臥。

【研析】杜甫以酒盞詩筒流連於清風朗月之間，邵雍閉門高臥遠離塵世，成為後世文人追慕的對象。

十二・三三　高客留連，花木添清疏之致；幽人剝啄，莓苔生淡冶❶之容。雨中連榻，花下飛觴，進艇長波，散髮弄月，紫簫玉笛，颯起中流，白露可餐，天河在袖。

【注釋】❶淡冶　清雅素麗。

【語　譯】高雅的客人流連忘返，花草樹木增添疏朗的風致；隱士敲門拜訪，青苔也有了清雅素麗的容貌。下雨的時候連床聊天，在花下舉杯飲酒。駕船前行激起波浪，披散頭髮悠閒地賞月，紫檀做的簫白玉做的笛，樂聲從水中飄起，白露可食，銀河落在袖中。

【研　析】此節文字出自明宗臣〈報高子明書〉，描寫自己辭官回家的閒適生活。前四句言與高士幽人往來，庭院中的景色也變得更加清麗，「清疏之致」、「淡冶之容」，既寫景又寫人。「雨中連榻」以下數句，寫日常的活動。下雨的時候連榻聊天，在花下飲酒，駕船乘風破浪，披散頭髮賞月，吹奏簫笛，風流而不失豪放，任誕中顯出瀟灑。白露可餐，天河在袖，表示時間的流逝，從清晨直到夜晚。屈原〈離騷〉云：「朝飲木蘭之墜露兮，夕餐秋菊之落英。」白露可餐又喻示品行的高潔。天河在袖一句，氣勢宏大，還令人想到「袖裡乾坤大，壺中日月長」兩句道家語，表現出逍遙灑脫的生活態度。

十二・三四　午夜箕踞❶松下，依依❷皎月，時來親人，亦復快然自適。

【注　釋】❶箕踞　伸開雙腿而坐，是一種不拘禮節，舒適的坐姿。❷依依　輕柔貌。

【語　譯】午夜在松樹下閒坐，輕柔的月光，時常來與人親近，也很悠閒快樂。

【研　析】明月親人，顯示出人和自然的和諧統一。賈島〈宿建德江〉詩云：「野曠天低樹，江清月近人。」當為此條所本。

十二・三五 香宜遠焚，茶宜旋煮，山宜秋登。

【語譯】香適宜在遠處焚燒，茶適宜隨煮隨喝，山適宜秋天登臨。

【研析】遠處飄香，更覺幽雅。茶冷無味，只宜熱飲。秋天風高氣爽，適宜登臨。

十二・三六 中郎❶賞花云：茗賞上也，談賞次也，酒賞下也。若夫內酒越茶❷，及一切庸穢凡俗之語，此花神之深惡痛斥者，寧閉口枯坐，勿遭花惱可也。賞花有地有時，不得其時而漫然命客❸，皆為唐突。寒花❹宜初雪，宜雨霽，宜新月，宜暖房；溫花❺宜晴日，宜輕寒，宜華堂；暑花❻宜雨後，宜快風，宜佳木濃陰，宜竹下，宜水閣；涼花❼宜爽月，宜夕陽，宜空階，宜苔徑，宜古藤巉石邊。若不論風日，不擇佳地，神氣散緩，了不相屬，比於妓舍酒館中花，何異哉！

【注釋】❶中郎　袁宏道，字中郎，明代公安派代表作家，強調詩文抒寫性靈，小品文最為著名。❷內酒越茶　宮廷御酒，越地的茶葉。❸漫然命客　隨意邀請客人。❹寒花　指冬天的花。❺溫花　指春天的花。❻暑

花　指夏天的花。❼涼花　指秋天的花。

【語　譯】袁中郎談賞花說：喝茶賞花最好，清談賞花其次，喝酒賞花最差。至於宮內的酒越地的茶，以及一切庸俗汙穢的語言，都是花神深惡痛絕的，寧可閉嘴靜坐，不要惹花惱怒就行了。賞花有地點和時間，沒有合適的時間，隨意邀請客人，都是唐突的舉動。觀賞冬天的花，適宜在剛下完雪的時候，適宜在雨剛停的時候，適宜在一輪新月下，適宜在暖房裡；觀賞春天的花，適宜在晴天，適宜在微寒的時候，適宜在華麗的廳堂裡；觀賞夏天的花，適宜在下完雨後，適宜在涼爽的風中，適宜在好樹的濃蔭中，適宜在竹子下，適宜在水邊的樓閣裡；觀賞秋天的花，適宜在明月下，適宜在夕陽裡，適宜在空曠的臺階上，適宜在古藤危石邊。假如不考慮天氣好壞，不選擇合適的地點，神氣散漫，人與花互不相關，與妓院酒館中的花相比，有什麼差別呢！

【研　析】此節文字出自明袁宏道《瓶史》。袁宏道是明代公安派的代表作家，也是當時閒適文人的典型。他的《瓶史》既是研究插花藝術的專著，也是優美的小品文。《瓶史》談到如何區別花卉品格的高低、養花的宜忌、插花的造型、品種的搭配、插花與環境的協調、插花水質的優劣、器具的形制大小等具體問題，在當時具有很大的影響，並且流傳到日本，成為插花藝術中的「袁宏道流」。

十二·三七　雲霞爭變，風雨橫天，終日靜坐，清風灑然。

【語 譯】雲霞爭相變幻，風雨彌漫空中，終日靜坐，清風涼爽。

【研 析】面對雲霞爭變、風雨橫天的景象，依然能保持心定氣閒的狀態，大有「閒看庭前花開花落，漫隨天外雲舒雲卷」的意趣。

十二．三八 **妙笛至山水佳處，馬上臨風快作數弄。**

【語 譯】具有高超吹笛技藝的人，到了山水美麗的地方，馬上臨風痛快地吹奏幾曲。

【研 析】此條言自然、心情與藝術之間的關係。自然環境影響人的心情，心情的好壞直接決定藝術活動成敗。

十二．三九 **心中事，眼中景，意中人。**

【語 譯】心中的事情，眼中的景色，意想中的情人。

【研 析】此條言文學作品有表意、達情、狀物的功能，明郎瑛《七修類稿》載：宋張子野詩能道心中事、眼中景、意中人。

十二·四〇 園花按時開放，因即其佳稱待之以客。梅花索笑客，桃花銷恨客，杏花倚雲客，水仙凌波客，牡丹酣酒客，芍藥占春客，萱草忘憂客，蓮花禪社客，葵花丹心客，海棠昌州客，桂花青雲客，菊花招隱客，蘭花幽谷客，酴醾清敘客，臘梅遠寄客。須是身閒，方可稱為主人。

【語譯】園中的花按時開放，因此根據它們的美名當做客人相待。梅花是索笑客，桃花是銷恨客，杏花是倚雲客，水仙是淩波客，牡丹是酣酒客，芍藥是占春客，萱草是忘憂客，蓮花是禪社客，葵花是丹心客，海棠是昌州客，桂花是青雲客，菊花是招隱客，蘭花是幽谷客，酴醾是清敘客，臘梅是遠寄客。必須是悠閒的人，才可以做這些花的主人。

【研析】此條根據各種花卉不同特性及其在古代詩文中所代表的意象，分別冠以佳名。如梅花開放在冬去春來的嚴寒中，被視為迎春的象徵，令人欣喜，故稱為「索笑客」。桃花的花期短，顏色嬌豔，常用來比喻容貌美麗命運坎坷的女子，因此有「桃花薄命」的說法，故稱「銷恨客」。唐高蟾〈下第後上永崇高侍郎〉詩：「天上碧桃和露種，日邊紅杏倚雲栽。芙蓉生在秋江上，不向東風怨未開。」故稱杏花為「依雲客」。水仙花以清水供養，亭亭玉立，婀娜多姿，秀色清雅，香氣幽細，人們將之比作水中仙女，稱之為凌波仙子。宋黃庭堅詠水仙花詩云：「凌波仙子生塵襪，水上輕盈步微月。」故稱之為「凌波客」。……給花取個雅致的名字，也是文人的一種愛好。

十二·四一 馬蹄入樹鳥夢墮，月色滿橋人影來。

【語　譯】馬蹄進入樹林驚醒夢中的鳥兒，月色灑滿木橋有個人影走來。

【研　析】此二句出自宋馬臻〈曉行〉詩，形容凌晨披月行路的情景。馬蹄聲打破清晨的寂靜，驚醒樹林中休眠的鳥兒。「夢墮」一語極新奇，好似鳥兒受到驚嚇，從樹上掉了下來。月光清寒，照得形影孤單的行人更加淒清。

十二·四二 無事當看韻書，有酒當邀韻友。

【語　譯】沒有事情的時候應當看些有趣的書，有酒的時候應當邀請有趣的朋友。

【研　析】「韻」指風雅的情趣。晚明文人十分注重「韻」和「趣」，袁宏道說：「山有色，嵐是也；水有文，波是也；學道有緻，韻是也。山無嵐則枯，水無波則腐，學道無韻則老學究而已。」「世人所難得者唯趣。趣如山上之色，水中之味，花中之光，女中之態，雖善說者，不能下一語。」他們認為，「韻」是人們真性情的自然流露，是生命力的象徵。因此，他們主張讀書要讀切合生活實際的書籍，交友要交富有情趣的朋友。

十二・四三　紅蓼灘頭，青林古岸，西風撲面，風雪打頭，披蓑頂笠，執竿煙水，儼在米芾寒江獨釣圖中。

【語　譯】紅色的蓼草長滿灘頭，碧綠的樹木遍布古老的岸邊，西風撲面而來，風雪打在頭頂，披著蓑衣戴著笠帽，在霧靄迷蒙的水面執竿釣魚，彷彿身處米芾的「寒江獨釣圖」中。

【研　析】此條文字出自宋沈括《洞天遊錄》，描寫垂釣的樂趣。垂釣是一項有益的休閒活動，釣魚的地點多在林泉溪澗之間，湖海江水之畔，垂釣者可以擯棄人間俗務，怡然自得地與大自然融合在一起，因此古代文人又將垂釣與隱逸閒居的生活相聯繫，從中領略到恬淡寧靜的樂趣，或表達遠離塵世的孤高情懷。唐詩人張志和〈漁父歌〉：「西塞山前白鷺飛，桃花流水鱖魚肥。青箬笠，綠蓑衣，斜風細雨不須歸。」流露出悠閒自適的意趣。柳宗元〈江雪〉：「千山鳥飛絕，萬徑人蹤滅。孤舟蓑笠翁，獨釣寒江雪。」則表現了耿介孤高的情懷。

十二・四四　馮惟一❶以杯酒自娛，酒酣即彈琵琶，彈罷賦詩，詩成起舞，時人愛其俊逸。

【注　釋】❶馮惟一　馮吉，字惟一，五代時後晉、後周大臣，官至太常少卿。

【語譯】馮惟一以喝酒自樂，酒喝得盡興了就彈琵琶，彈完琵琶就寫詩，詩寫好了就跳舞，當時人喜歡他的英俊灑脫。

【研析】《宋史・馮吉傳》載：「及為少卿，頗不得意，以杯酒自娛。每朝士宴集，雖不招亦常自至。酒酣即彈琵琶，彈罷賦詩，詩成起舞，時人愛其俊逸，謂之三絕。」

十二・四五　風下松而合曲❶，泉縈❷石而生文❸。

【注釋】❶風下松而合曲　風從松樹間吹過，發出的聲響與樂曲相合。古琴曲有〈風入松〉。❷縈　迴環旋繞。❸文　同「紋」。指波紋。

【語譯】風從松樹間吹過，發出的聲響與樂曲相合。泉水回繞石頭流過，產生出層層波紋。

【研析】此二句出自梁陶弘景〈尋山志〉。《莊子》說世間聲音分為「天籟」、「地籟」和「人籟」三種，「天籟」指自然界發出的聲響，是音樂最高的境界。松風之聲即天籟，其聲音自然合樂。後人以松風之聲為題材創作了古琴曲〈風入松〉，並有同名的詞牌。「泉縈石而生文」，文指波紋。文有紋理、紋路的意思，《易》：「物相雜，故曰文。」文章的本義指錯雜的色彩或花紋。因此「文」與「紋」意思有相通之處。宋濂〈文原〉提出後世之文章，源於天地自然之文，通過體察陰陽奇偶之變領悟到作文之法。因此，「泉縈石而生文」之「文」，也指自然之文，由此可領悟作文迂迴曲折之法。

十二·四六 秋風解纜，極目蘆葦，白露橫江，情景淒絕。孤雁驚飛，秋色遠近，泊舟臥聽，沽酒呼盧❶，一切塵事，都付秋水蘆花。

【注釋】❶呼盧 賭博。盧，古代一種賭博方式，以五子分黑白，黑為牛，白為雉，五子全黑為盧，則勝。

【語譯】在秋風中解開纜繩，極目遠眺蘆葦，江上彌漫著白露，情景極為淒涼。孤雁受驚飛起，遠近一片秋色，停下船臥聽雁聲，買酒賭錢，一切塵世俗事，都交付給秋水蘆花。

【研析】「秋風解纜」用張翰秋風思歸的典故。晉代張翰在洛陽做官，見秋風起，因思吳中蓴菜羹、鱸魚膾，遂辭官回家。「白露橫江」語出蘇軾〈赤壁賦〉，描寫江上寒氣襲人，與「月落烏啼霜滿天」意思相類。大雁春去秋來，孤雁的叫聲更勾引起鄉愁。「一切塵事，都付秋水蘆花」，意為放棄仕途，回家過隱居田園的生活，明黃仲昭〈謝病得請口號四首〉詩云：「逢人若問餘生計，秋水蘆花一釣綸。」在秋水蘆花處垂釣，是歸隱生活的象徵。此條描寫在歸途中所見秋天的景色，由此引發的鄉思，以及對歸隱生活的嚮往。

十二·四七 設禪榻❶二，一自適，一待朋。朋若未至，則懸之。敢曰陳蕃之榻，懸待孺子❷；長史之榻，專設休源❸。亦唯禪榻之側，不容著俗人膝耳。

詩魔酒顛，賴此榻祛酲❹。

【注　釋】❶禪榻　禪床，供打禪用的床榻。此處指一般的床榻。❷陳蕃之榻二句　《後漢書・徐穉傳》載：東漢名士陳蕃曾任豫章太守，不接待來客，只有徐穉來訪，方設一榻留客。徐穉去後，即將此榻懸置。徐穉，字孺子，當時著名隱士。❸長史之榻二句　《梁書・孔休源傳》載：孔休源曾為晉安王長史，深得信任。晉安王在房中特設一榻，云「此是孔長史坐」，別人都不能坐。❹祛酲　原文作「袪酲」，今據文意改。祛，去除；驅散。酲，酒醉後神志不清。

【語　譯】設置兩張禪榻，一個自用，一個招待朋友。如果朋友沒有來，那麼就把一張禪榻掛起來。敢說陳蕃的床榻，掛起來等待徐孺子；長史的床榻，專為休源而設。也只有禪榻之旁，容不下俗人的雙膝。作詩人魔喝酒癲狂，全靠這張榻來清醒。

【研　析】此條言設榻專門接待文人雅士，借清談消解詩魔酒狂，有「談笑有鴻儒，往來無白丁」之意。

十二・四八　留連野水❶之煙，淡蕩❷寒山之月。

【注　釋】❶野水　野外的水流。❷淡蕩　淡散、悠閒。

【語　譯】野外水上彌漫不散的煙霧，寂靜的山上淡散的月色。

【研　析】此條寫淒清的景色，以「留連」形容煙霧繚繞，以「淡蕩」描寫月光流轉清寒，很是生動，可謂「狀難寫之景如在目前」。

十二·四九　春夏之交，散行麥野；秋冬之際，微醉稻場。欣看麥浪之翻銀，稱翠直侵衣帶；快睹稻香之覆地，新醅欲溢尊罍。每來得趣於莊村，寧去置身於草野。

【語　譯】春夏之交，在麥田中散步；秋冬之際，在打稻場上微醉。欣喜地看到麥浪翻滾，翠色直逼衣帶；高興地看到稻香覆蓋大地，新釀的酒溢出酒尊。每次來村莊都能得到樂趣，寧可去置身於草野。

【研　析】此條以欣喜的心情描寫鄉村的景象，流露出閒適的情趣。在喧囂繁雜的城市住久了，就嚮往寧靜悠閒的農家生活，希望到鄉村去親近大自然，放鬆疲憊的心情。陸游〈岳池農家〉詩云：「農家農家樂復樂，不比市朝爭奪惡。」在詩人的筆下，鄉村充滿了詩情畫意，孟浩然〈過故人莊〉云：「故人具雞黍，邀我至田家。綠樹村邊合，青山郭外斜。開軒面場圃，把酒話桑麻。待到重陽日，還來就菊花。」陸游〈遊山西村〉詩云：「莫笑農家臘酒渾，豐年留客足雞豚。山重水複疑無路，柳暗花明又一村。簫鼓追隨春社近，衣冠簡樸古風存。從今若許閒乘月，拄杖無時夜叩門。」此條寫春夏之交麥苗遍野，綠浪翻滾，秋冬稻穀豐收，用新米釀成的酒香氣飄溢，令人欲醉，描繪鮮明生動，筆調愉悅輕鬆。

十二・五〇 羈客❶在雲村，蕉雨點點，如奏笙竽，聲極可愛❷，不減聞〈韶〉❸也。

【注釋】❶羈客 羈留在外的遊客。❷聲極可愛 此句下原有「山人讀易禮，斗後騎鶴以至」二句接「不減聞韶也」，文意無法理解，疑為衍文，逕刪。❸韶 傳說舜時的樂曲。

【語譯】遊客在雲霧繚繞的山村，聽雨打芭蕉聲聲點點，如笙竽奏樂，聲音極其可愛，不亞於聽〈韶〉樂。

【研析】雨打芭蕉，聲音清脆響亮，隨著雨點的時緊時慢，具有節奏的變化，故有人說「芭蕉葉上瀟瀟雨，夢裡猶聞碎玉聲」。芭蕉夜雨，是古代詩詞中經常出現的意象，白居易〈夜雨〉：「隔窗知夜雨，芭蕉先有聲。」徐凝〈宿冽上人房〉：「覺後始知身是夢，更聞寒雨滴芭蕉。」蔣鈞殘句云：「芭蕉葉上無愁雨，自是多情聽腸斷。」芭蕉夜雨，與愁思相聯繫，構成了固定的意象。此條寫羈客聽芭蕉雨，聲極可愛，是對傳統意象的顛覆。

十二・五一 陰❶茂樹，濯寒泉，溯❷冷風，寧不爽然洒然❸。

【注釋】❶陰 通「蔭」。乘涼。❷溯 迎著；向著。❸爽然洒然 神清氣爽的樣子。

【語譯】在茂盛的樹下乘涼，在寒冷泉水中洗滌，寒風凜冽撲面而來，難道不使人神清氣爽嗎。

【研析】此條描寫清涼的境界，在詩文中常用以描寫隱逸之士清高的生活方式。梁潛〈醉吟樓記〉述劉仲良歸隱田園，忘情於山水之間，「撫長松，蔭茂樹，非其交不與之接，非其事不勞于懷，世蓋忘仲良，仲良亦欲相忘于一世」。王安石〈雜詠〉詩云：「投老安能長忍垢，今當歸此濯寒泉。」宋濂〈遊仙篇〉云：「真人契元沖，翩翩冷風俱。」

十二・五二 韻言❶一展卷間，恍坐冰壺❷而觀龍藏❸。

【注釋】❶韻言 有韻趣的文辭。❷冰壺 清涼世界。❸龍藏 佛經。相傳大乘經典藏在龍宮，所以稱龍藏。

【語譯】一打開有韻趣的文辭，彷佛坐在清涼世界讀佛經。

【研析】此條言讀有趣之書，可以忘卻塵世的煩惱紛爭，有助於修身養性。冰壺指遠離紅塵的清涼世界，《珊瑚網》錄崆峒太史題畫詩：「一點紅塵飛不到，清涼世界玉人間。」佛教將塵世視作欲念燃燒的火爐，西方極樂世界則是清涼世界，《五燈會元》說：「火焰上泊不得，卻歸清涼世界也。」坐在清涼世界讀佛經，自然萬念俱寂，心無雜念。冰壺也指月亮或月光，許渾詩：「雲明鏡開匣，月寒冰在壺。」坐冰壺而觀龍藏，也可解釋為坐在月光下獨佛經。以冰壺比喻月光，也是取其清寒之意，與將冰壺解釋為清涼世界意思相近。

十二·五三 春來新筍，細可供茶；雨後奇花，肥堪待客。

【語譯】春天的新筍，細嫩可以供喝茶時品嘗；雨後的奇花，豐滿可以招待客人。

【研析】春天新筍細嫩，喝茶時品嘗味道更佳，蘇軾詩：「茶筍盡禪味，松杉真法音。」「春來新筍」也可以指春茶之芽，陸羽《茶經》：「凡採茶在二月三月四月之間，茶之筍者，生爛石沃土，長四五寸，若薇蕨始抽，凌露採焉。」春茶新芽是茶之上品，其味清香雋永。花肥指花茂盛，李清照詞有「綠肥紅瘦」之句。

十二·五四 賞花須結豪友，觀妓須結淡友，登山須結逸友，泛舟須結曠友，對月須結冷友，待雪須結艷友，捉酒須結韻友。

【語譯】賞花須與豪放的朋友結伴，觀妓須與淡定的朋友結伴，登山須與超逸的朋友結伴，泛舟須與曠達的朋友結伴，看月須與清冷的朋友結伴，待雪須與豔麗的朋友結伴，喝酒須與高雅的朋友結伴。

【研　析】林語堂在〈茶與交友〉一文中說：「賞玩一樣東西時，最要緊的是心境。我們對每一種事物，各有一種不同的心境。不適當的同伴，常會敗壞心境。……氣氛是重要的東西，他們必須有共同享受這種生活的朋友，不同的享受須有不同的朋友。因此，某中國作家曾說過：賞花須結豪友，觀妓須結淡友，登山須結逸友，泛舟須結曠友，對月須結冷友，待雪須結艷友，捉酒須結韻友。」

十二·五五　問客寫藥方，非關多病；閉門聽野史❶，只為偷閒。

【注　釋】❶野史　私人著述的歷史，與「正史」相對。此處指稗官野史，即記錄軼聞逸事的文字。

【語　譯】開藥方請教客人，不是因為自己多病；關上門聽人說野史，只是為偷閒。

【研　析】寫藥方非為治病，究竟何用？《二程遺書》云：「詩書載道之文，《春秋》聖人之用。詩書如藥方，《春秋》如用藥治疾。」可知此處所謂藥方，乃指詩文。「問客寫藥方」，意為與客人探討詩文的創作。稗官野史，非聖人之書，歷來被認為小道，僅供消遣之用。宋代說話藝術盛行，專門有「講史」一門，內容以野史為主。明代後期，文人重趣，反對死讀經書，做學問崇尚博學詳說，稗官野史包括小說戲曲受到重視，李贄、袁宏道、湯顯祖、馮夢龍等人，將稗官野史，主要指小說戲曲，對民眾的教育感化作用與聖賢經傳相提並論，並積極參與小說戲曲和筆記小品的收集整理和創作。「閉門聽野史」成了當時民眾重要的生活內容。

十二·五六

歲行盡矣，風雨淒然，紙窗竹屋，燈火青熒❶，時與此間得小趣。

【注釋】❶青熒　指燈火閃映。

【語譯】一年就要結束了，風雨寒冷，紙窗竹屋，燈火閃映，經常在這樣的場景中獲得小小的樂趣。

【研析】此條出自蘇軾〈與毛維瞻尺牘〉，錢基博《中國文學史》評此文「涉筆成趣，著墨不多，自然韻流」。

十二·五七

山鳥每夜五更喧起五次，謂之報更，蓋山間率真漏❶聲也。

【注釋】❶漏　滴漏，古代的計時器。

【語譯】山鳥每個晚上五個更點要啼叫五次，稱為報更，這是山中自然的滴漏聲。

【研析】此條也見於陳繼儒《太平清話》。山中有鳥，五更即鳴叫，稱之為報更鳥。古人崇尚自然，反對人工機巧，因此覺得山鳥報更之聲比滴漏聲動聽。

十二·五八 分韻題詩，花前酒後；閉門放鶴，主去客來。

【語譯】分配韻腳題詩，在花前酒後；關上門放出鶴，主人去了客人來。

【研析】數人相約賦詩，選擇若干字為韻，各人按拈得之韻作詩，謂之分韻題詩。元末顧瑛在昆山建玉山草堂，經常聚集文人飲酒作詩。有一次他們以杜甫「春水船如天上坐，老年花似霧中看」中平聲字為韻，鄭元佑得春字、李比珪得船字、顧瑛得如字、袁華得天字，范基得年字，釋自恢得花字、錢敏得中字，各人以所拈字韻為詩，如顧瑛詩「為人性僻愛幽居，結得幽居畫舫如。沙嘴曉風開幔入，簷牙晴日落窗虛」，如、虛皆屬魚韻。鶴有君子之德，古人喜養鶴自娛。鶴生性警覺，且叫聲嘹亮，故有養鶴守門者。「閉門放鶴，主去客來」，意為主人外出關門，將鶴放出看守門戶，卻不料客人來了。

十二·五九 插花著瓶中，令俯仰高下，斜正疏密，皆存意態❶，得畫家寫生之趣，方佳。

【注　釋】❶意態　神情姿態。

【語　譯】在瓶中插花，使花俯仰高下，斜正疏密，都具有一種神情姿態，具有畫家寫生的趣味，那才是好的。

【研　析】此條出自明張謙德《瓶花譜》，言插花藝術。插花要講究優美的線條和自然的姿態，在構圖布局上要高低錯落、俯仰呼應，這樣才有立體感，具有流暢簡潔的自然美。

十二・六〇　法飲❶宜舒，放飲宜雅，病飲宜小，愁飲宜醉，春飲宜郊，夏飲宜庭，秋飲宜舟，冬飲宜室，夜飲宜月。

【注　釋】❶法飲　古代朝廷舉行大禮時的酒宴。

【語　譯】在正規的場合喝酒適宜舒緩，放開暢飲時適宜文雅，生病時喝酒適宜少喝，憂愁時喝酒適宜喝醉，春天喝酒適宜在郊外，夏天喝酒適宜在庭院，秋天喝酒適宜在船上，冬天喝酒適宜在室內，夜晚喝酒適宜在月下。

【研　析】喝酒有許多講究，不同的場合、不同的時間、不同的環境，有不同的喝法。這樣才能喝出酒的味道和意趣。這些講究，體現了古代文人的生活方式和情趣。

十二・六一 甘酒以待病客❶，辣酒以待飲客，苦酒以待豪客，淡酒以待清客❷，濁酒以待俗客。

【注釋】❶病客 指旅居在外身心疲憊的人。❷清客 在富貴人家幫閒湊趣的文人。

【語譯】甜酒用來招待旅居在外的客人，辣酒用來招待嗜酒的客人，苦酒用來招待豪放的客人，淡酒用來招待幫閒湊趣的客人，濁酒用來招待世俗的客人。

【研析】用不同的酒招待不同的客人，也體現了文人的生活情趣。與合適的人在一起喝酒，就能喝出酒外的味道。

十二・六二 仙人好樓居，須岧嶢❶軒敞❷，八面玲瓏❸，舒目❹披襟，有物外❺之觀，霞表❻之勝。宜對山，宜臨水，宜待月，宜觀霞，宜夕陽，宜雪月。宜岸幘❼觀書，宜倚欄吹笛，宜焚香靜坐，宜揮麈清談。江干宜帆影，山鬱❽宜煙嵐，院落宜楊柳，寺觀宜松篁❾，溪邊宜漁樵宜鷺鷥，花前宜娉婷❿宜鸚鵡。宜翠霧⓫霏微⓬，宜銀河清淺，宜萬里無雲長空如洗，宜千林雨過疊嶂如新。宜高插江天，宜斜連城郭，宜開窗眺海日，宜露頂臥天風。宜嘯宜詠，宜終日敲棋，宜酒宜詩，宜清宵對榻⓭。

【注　釋】❶岧嶢　高峻的樣子。❷軒敞　寬敞明亮。❸八面玲瓏　亦作「八窗玲瓏」，謂窗戶軒敞，室內通徹明亮。❹舒目　放眼。❺物外　世外，超脫於塵世之外。❻霞表　雲霞之外的高空，亦指脫離塵俗之地。❼岸幘　推起頭巾，露出額頭，形容態度灑脫。❽山鬱　山之幽深處。❾篁　竹。❿娉婷　指佳人。⓫翠霧　蒼鬱的雲氣。⓬霏微　迷蒙。⓭對榻　即連榻，古人多以連榻夜話表示朋友間親密關係。

【語　譯】仙人喜歡住樓房，房子要高峻敞亮，八扇窗戶光線充足，放眼遠眺，敞開衣襟，能看到世外的景觀，雲霞之外高空的雄偉。樓房宜面山臨水，宜賞月觀霞，宜伴夕陽，宜迎雪月。宜推起頭巾看書，宜靠著欄杆吹笛，宜焚香靜坐，宜揮動麈尾清談。江邊宜觀帆影，深山宜觀煙霧山嵐，院落宜種楊柳，寺觀宜植松竹，溪邊宜打漁宜養鷺鷥，花前宜伴美人宜戲鸚鵡。宜翠雲迷蒙，宜銀河清淺，宜萬里無雲長空如洗過般晴朗，宜雨後的樹林更蒼翠重疊的山巒如換了新裝。宜高高地插入江上遼闊的天空，宜與城廓透迤相接，宜開窗遠眺海上的太陽，宜打開屋頂臥在風裡。宜長嘯歌詠，宜整天下棋，宜喝酒作詩，宜在清淨的夜晚連榻聊天。

【研　析】此條言高人雅士對居處的選擇，體現了園林建築與自然景色渾然一體審美理念。

十二・六三　良夜風清，石床獨坐，花香暗度，松影參差。黃鶴樓可以不登❶，張懷民可以不訪❷，〈滿庭芳〉❸可以不歌。

【注　釋】❶黃鶴樓可以不登　黃鶴樓在今武漢武昌，歷代享有盛名。《世說新語・容止》載：「庾太尉（亮）在武昌，秋夜氣佳景清，使吏殷浩、王胡之之徒登南樓。」南樓，在晉武昌郡（今鄂州），與黃鶴樓無關。此句似用庾亮登南樓的典故，黃鶴樓當為南樓之誤。❷張懷民可以不訪　張夢得，字懷民，蘇軾好友。蘇軾有〈記承天寺夜遊〉，提及月夜往承天寺訪張懷民事。❸滿庭芳　指宋張鎡〈滿庭芳・促織兒〉，這首詞寫秋夜月景，享有盛名，鄭文焯評曰：「清雋幽美，實擅詞家能事，有觀止之嘆。」（鄭氏校《白石道人歌曲》）

【語　譯】美好的夜晚清風送爽，獨自坐在石床上，不知從哪裡傳來陣陣花香，松樹的影子錯落有致。有如此良夜美景，黃鶴樓可以不登，張懷民可以不訪，〈滿庭芳〉詞可以不唱。

【研　析】此條描寫月夜獨坐的清幽意境，表現出擯棄世俗的孤獨情懷。月下石床獨坐，無人打擾，只有花香松影作伴，人與自然融為一體，任憑思緒自由飛翔。這就是古代的「神遊」之說。登樓訪客、月下高歌，固然也是一種樂趣，但及不上獨自神遊深沉豐富。

十二・六四　茅屋竹窗，一榻清風邀客；茶爐藥灶，半簾明月窺人。

【語　譯】茅草屋竹子窗，只有一榻清風招待客人；煮茶的爐子煎藥的灶頭，被簾子遮住一半的明月偷窺著屋內的人。

【研 析】茅屋竹窗，言房舍之簡樸，常用於描寫隱逸之士的居處。君子之交淡如水，以清風招待客人，突出主人和賓客的清高脫俗。煮茶燒藥，是古代文人喜愛的雅事。燒藥或為治病，或求長生，或取其香氣，在詩詞中則成為文人悠閒生活的一個象徵。杜甫詩云：「竹齋燒藥灶，花嶼讀書床。」黃庚〈贈通玄觀唐道士竹鄉〉詩云：「雲屋苔封燒藥灶，風林花落煮茶鐺。」李梅亭文云：「竹齋藥灶，尚堪清風明月之分；桂棹蘭舟，已夢秋天長水之共。」

十二・六五 **涓涓❶花露，曉濕芒鞋❷；瑟瑟松風，涼生枕簟❸。**

【注 釋】❶涓涓 明媚的樣子。此處形容露珠的晶瑩。❷芒鞋 草鞋。芒，多年生草本植物，俗稱「芭茅」，其莖可編草鞋。❸枕簟 枕席。簟，竹席。

【語 譯】花上晶瑩的露珠，清晨沾溼了草鞋；寒冷的松風，在枕席中生出涼意。

【研 析】清晨出遊，露珠沾溼了芒鞋。芒鞋為旅遊登山時所穿，白玉蟾詩云：「三尺芒鞋七尺笻，踏破青山綠幾重。」「涼生枕簟」一般用於形容秋夜或雨後的清涼，如王十朋詩：「蚤秋良夜月朦朧，夢覺涼生枕簟中。」林廷玉詩：「一雨連三日，涼生枕簟秋。」

十二·六六 綠葉斜坡，桃葉渡頭❶，一片弄殘秋月；青簾高掛，杏花村❷裡，幾回典卻春衣❸。

【注釋】❶桃葉渡頭 古渡口名，在今南京秦淮河畔。相傳晉王獻之在此送妾桃葉，為之作〈桃葉歌〉，故以桃葉名渡口。❷杏花村 指酒家。杜牧〈清明〉：「借問酒家何處有，牧童遙指杏花村。」❸典卻春衣 相傳杜甫流落長安時，曾典當春衣沽酒。

【語譯】斜坡上長滿綠葉，桃葉渡口，有一輪秋天的殘月；青色的竹簾高掛，杏花村裡，幾次典當了春衣來換酒喝。

【研析】此條前三句寫朝代盛衰的變遷，當年王羲之送別桃葉的繁華渡口，如今只有殘月映照，「一片弄殘秋月」將六朝繁華如水逝去的蕭瑟景象真切畫出。一個「殘」字既寫秋月，又寫秦淮河的景色。後三句寫個人的坎坷遭遇，如今去杏花村喝酒，要像當年杜甫那樣典當春衣換取酒資。

十二·六七 楊花飛入珠簾，脫巾洗硯，詩草❶吟成錦字。燒竹煎茶，良友相聚，或解衣盤礴❷，或分韻❸角險❹，頃之貌出青山❺，吟成麗句，從旁品題之，大是開心事。

【注釋】❶詩草　詩稿；詩作。❷盤礴　即箕踞，伸腿而坐。❸分韻　作詩時選擇若干字為韻，各人分拈，按拈得之韻作詩，稱為分韻。❹角險　鬥險，指作詩時爭相使用險韻。險，險韻，險僻難押的詩韻。❺頃之貌出青山　文義難通，似為衍文。

【語譯】楊花飛入華麗的簾內，脫去頭巾洗淨硯臺，吟成詩作字字錦繡。燒竹子煮茶，好朋友相聚，或解開衣襟伸腿而坐，或分韻鬥險，吟成華麗的詩句，在一旁點評欣賞，是很開心的事情。

【研析】「脫巾洗硯」、「解衣盤礴」，形容不拘行跡，身心處於放鬆的狀態。只有身心放鬆，思維才能活躍，作詩的靈感才能隨之而來。古人喜結詩社，志同道合的朋友定期聚在一起，以作詩為樂。詩社作詩，經常立題分韻，即各人用規定的詩韻作同一題材的詩，有鬥才逞巧、互相競賽的意思。明李東陽《懷麓堂詩話》載：「元季國初，東南士人重詩社，每一有力者為主，聘詩人為考官，隔歲封題于諸郡之能詩者，期以明春集卷，開榜次名，仍刻其優者，略如科舉之法。」元季顧瑛本為儒士，後經商致富，建玉山詩社。每當集會，請有聲望的詩人為閱卷人，將與會者所作詩歌列為一、二、三等，分別予以象徵性獎勵。古人以結社賽詩為雅事，並不在乎輸贏高下，不像今日名目繁多的才藝大賽，成為爭逐名利的角鬥場。

十二·六八　木枕傲❶，石枕冷，瓦枕粗，竹枕鳴。以藤為骨，以漆為膚，其背圓而滑，其額方而通。此蒙莊❷之蝶庵❸，華陽❹之睡几。

【注釋】❶傲　此處作「堅硬」解。❷蒙莊　即莊子，戰國時蒙地人，故稱。❸蝶庵　指莊子夢蝶的居室。莊子夢蝶的典故，參卷二第二七條。❹華陽　南朝陶弘景隱居於句容大茅峰華陽洞，創立道教茅山派，自號華陽隱君。

【語譯】木枕堅硬，石枕冰冷，瓦枕粗糙，竹枕有聲響。（藤枕）用藤做骨架，用漆當皮膚，它的背又圓又滑，它的頂端方正通透。這是莊子夢見蝴蝶的居室，華陽隱君睡覺的几桌。

【研析】此條寫各種枕頭，以藤枕為最佳。木枕價廉質次，為貧窮者所用。《說郛》載「陽城為朝士，家苦貧，常以布衾、木枕質錢」，《外臺祕要方》云：「枕冷物石鐵尤損人，木枕亦損人。」古人居喪守廬，則枕木枕以示悲傷，不敢貪圖享受。文人有用石枕、竹枕者，如皮日休〈三宿神景宮〉詩云：「石枕冷入腦，筍席寒侵肌。」楊萬里〈三衢登舟午睡〉詩云：「午思昏昏不肯醒，倦投竹枕睡難成。」藤枕最佳，《元史》載李謙扈駕至上都，賜以銀壺、藤枕。《明會典》載明洪武年間徵召工匠入京，其中有藤枕匠三十四名，可見藤枕為宮內所用之物，而且皇帝還用以賞賜大臣。朋友間以藤枕相贈者也不乏其例，楊士奇《聖諭錄》載永樂五年，廣東布政使徐奇進京，帶了嶺南土產遍贈京城諸大臣，明成祖朱棣知道後，懷疑徐奇籠絡大臣，有所圖謀，楊士奇說：徐奇所贈土產，不過是藤枕、藤簟、蘇合香丸之類，「皆微物，非重貨也」一些詩歌也記載了以藤枕為禮物的事情，如宋魏野〈謝王耿太傅見惠藤床王虞部見惠藤枕〉、明顧璘〈以藤枕贈魯南尋謝四韻次答〉。枕頭用以睡眠，睡眠則常入夢，古代有許多關於夢中變幻、成仙成佛的傳說，如莊子夢蝶、黃粱夢、南柯夢等，所以說「此蒙莊之蝶庵，華陽之睡几」。

十二·六九 小橋月上，仰盼星光，浮雲往來，掩映於牛渚❶之間，別是一種晚眺。

【注釋】❶牛渚 山名，在今安徽。

【語譯】在小橋上看月亮升起，仰望星光，浮雲往來飄浮，掩映在牛渚山之間，別是一種夜晚眺望的景色。

【研析】人們喜歡在山頂高樓觀賞月亮星辰，李白〈夜宿山寺〉云：「危樓高百尺，手可摘星辰。不敢高聲語，恐驚天上人。」然而，在小橋上觀月賞星，更覺天空遼闊遙遠，星月倒映在水中，另有一番景色。

十二·七〇 醫俗病莫如書，贈酒狂莫如月。

【語譯】醫治庸俗的弊病沒有比書更好的了，送給酒徒的禮物沒有比月亮更好的了。

【研析】「詩書非藥能醫俗，道德無根可樹人」。讀書是精神世界的啟迪和薰陶，能增強人的道德修養，培養高尚的情操，因此古人將讀書作為醫治俗病的最好方法。吳從先《小窗自紀》也引用他人語云：「讀書可以醫俗，作詩可以遣懷。」

月夜使人神思飄逸，酒興令人豪情奔放，古代詩人多將酒與月相聯繫，這在李白的詩中最為突出。「人生得意須盡歡，莫使金樽空對月」，「青天有月來幾時，我今停杯一問之」，「唯願當歌對酒時，月光長照金樽裡」，「花間一壺酒，獨酌無相親。舉杯邀明月，對影成三人」。酒與月的意象組合，可以抒發詩人的各種情感，成為詩人常用的表現方法。

十二·七一 明窗几淨，好香苦茗，有時與高衲談禪；豆棚菜圃，暖日和風，無事聽友人說鬼。

【語　譯】窗明几淨，點上好香喝著苦茶，有時與高僧談論禪理；在豆棚下菜園裡，風和日暖，沒有事情就聽友人說鬼故事。

【研　析】中國古代文人愛和僧人交往，禮佛參禪蔚然成風。佛教自漢代傳入中國，在印度佛教中國化的過程中，文人的接納和參與有著重要的作用。唐代禪宗興起，出現了官僚文人的參禪之風，王維、李翱、張說、白居易、柳宗元、劉禹錫等著名文人，都曾受禪學的熏陶。宋代三教合一思潮流行，理學的興起，吸取了禪宗思想的精髓，官僚士大夫參禪之風更盛，宋僧歸雲〈叢林辨佞篇〉載：「本朝富鄭公弼，問道于投子頤禪師，書尺偈頌凡一十四紙。……楊大年侍郎、李和文都尉見廣慧璉、石門聰并慈明諸大老，激揚酬唱，班班見諸禪書。楊無為之于白雲端、張無盡之于兜率悅，皆叩關擊節，徹證源底，非苟然也。近世張無垢侍郎、李漢老參政、呂居仁學士，皆見妙喜老人，登堂入室，謂之方外道友。」除上述諸人，歐陽脩、蘇軾、王安石、黃庭堅等著名文人，也都熱衷於參禪。明代佛教的傳播更加普及化和市民化，一些崇尚個性自由的文人利用禪宗不受拘縛的思想，為自己追求思想解放和生活享受的行為辯護，形成了一股狂禪之風，李贄、袁宏道、屠隆等是其中的代表。文人參禪，是追求思想的自由和精神的解脫，也從禪宗崇尚自然、順從心性、不落言筌、重在參悟的教義中受到啟發，在詩畫創作中形成抒寫性靈、注重意趣、自然本色、清遠脫俗的流派和風格。

豆棚下菜地邊，是納涼聊天的好地方。清初艾衲居士將他的白話短篇小說集命名為《豆棚閒話》，第一則開篇即寫鄉人種豆搭棚遮蔭納涼，「不半月間，那豆藤在地上長將起來，彎彎曲曲依傍竹木，隨著棚子牽纏滿了，卻比造的涼亭反透氣涼快。那些人家或老或少，或男或女，或拿根凳子，或掇張椅子，或鋪條涼席，隨高逐低坐在下面，搖著扇子，乘著風涼。鄉老們有說朝報的，有說新聞的，有說故事的」。古人喜說鬼，通過講鬼故事，或宣揚因果報應，或諷刺世態人情，並從中獲得驚悚的審美效果。魏晉志怪小說盛行，最著名的《搜神記》中就有許多鬼故事。宋代有一部白話小說，即以《鬼董》命名。作為中國文言短篇小說最後一個高峰的《聊齋誌異》，也是以講鬼故事著稱的。

十二・七二

花事❶乍開乍落，月色乍陰乍晴，興未闌，躊躇❷搔首❸。詩篇半拙半工，酒態半醒半醉，身方健，潦倒❹放懷。

【注釋】❶花事 指花盛衰開落的情況。❷躊躇 猶豫徘徊。❸搔首 表示焦慮或思考。❹潦倒 形容酒醉。

【語譯】花兒一會開一會落，月色一會暗一會亮，興致未盡，徘徊思考。寫出的詩篇一半拙劣一半工巧，喝酒的狀態半醉半醒，身體正健康，喝醉了才能放開胸懷。

【研析】中國古代審美觀念講究含蓄蘊藉，留有餘地。花兒半開半落，比全部盛開更有韻味；月兒半陰半晴，比一輪明月更有朦朧詩意。詩篇半拙半工，有特別的藝術魅力；飲酒半醉半醒，正是恰到好處。

十二・七三 彎月❶宜寒潭，宜絕壁，宜高閣，宜平臺，宜窗紗，宜簾鉤，宜苔階，宜花砌，宜小酌，宜清談，宜長嘯，宜獨往，宜搔首，宜促膝。春月宜尊罍，夏月宜枕簟，秋月宜砧杵❷，冬月宜圖書。樓月宜簫，江月宜笛，寺院月宜笙，書齋月宜琴。閨闈月宜紗櫥，勾欄❸月宜弦索。關山月宜帆檣，沙場月宜刁斗❹。花月宜佳人，松月宜道者，蘿月宜隱逸，桂月宜俊英。山月宜老衲，湖月宜良朋，風月宜楊柳，雪月宜梅花。片月宜花梢，宜樓頭，宜淺水，宜杖藜，宜幽人，宜孤鴻。滿月宜江邊，宜苑內，宜綺筵，宜華燈，宜醉客，宜妙妓❺。

【注釋】❶灣月　彎月。灣，通「彎」。❷砧杵　洗衣用的搗衣石和棒槌。❸勾欄　古代演出戲曲和各種技藝的場所。❹刁斗　古代行軍用的器具，白天用來燒飯，晚間用來敲打巡更。❺妙妓　指容貌豔麗，技藝精湛的歌女。

【語譯】彎彎的月亮，適宜於寒冷的水潭邊觀賞，適宜於絕壁，適宜於高樓，適宜於平臺，適宜於透過窗紗，適宜於隔著簾子，適宜於長著青苔的臺階，適宜於花壇，適宜於小酌一番，適宜於侃侃清談，適宜於高歌長嘯，適宜於獨來獨往，適宜於搔首思考，適宜於促膝談心。春月適宜於舉杯喝酒，夏月適宜於高臥枕簟，秋月適宜於用砧杵搗洗衣服，冬月適宜於借光讀書。樓頭賞月適宜吹簫，江邊賞月適宜吹笛，寺院賞月適宜吹笙，書齋賞月適宜彈琴。閨房賞月適宜隔著紗櫥，勾欄裡賞月適宜彈唱歌舞。跋涉關山賞月適宜在船上，沙場上賞月適宜於刁斗聲。花間月適宜於佳人，松林月適宜於道人，藤蘿叢中月適宜於隱士，桂花叢中月適宜於英俊之士。山上月適宜於老僧，湖中月適宜於好友，風中月適宜於楊柳，雪中月適宜於梅花。弦月適宜於花梢，適宜於樓上，適宜於淺水，適宜於扶杖老人，適宜於隱士，適宜於孤獨的大雁。滿月適宜於江邊，適宜於園林內，適宜於豪華的宴席，適宜於精美的彩燈，適宜於喝醉的人，適宜於技藝高妙的歌女。

【研析】此條專言賞月，分別論述了賞月的不同時間、不同場合和不同的活動。「灣月宜寒潭」至「宜花砌」數句，言賞月合適的地點。寒潭旁賞月，月光與潭水互相輝映；絕壁賞月，山高月明，令人有飛袂高舉，飄然出塵之想；高閣平臺，視線開闊，明月當空，令人神爽。月照窗紗、半簾明月，有朦朧之美；月映苔階花砌，有綽約之姿。

「宜小酌」至「宜促膝」言賞月適合一人獨往，也適合與朋友小聚，既宜靜觀，也宜嘯歌。「春月」至「秋月」四句，言一年四季適合在月夜所做的事情。春天月夜，賞花飲酒是最愜意的事情；夏日賞月，枕簟之上清涼；秋月砧杵，是詩中經常出現的場景，如李白〈子夜歌〉：「長安一片月，萬戶擣衣聲。」冬月宜圖書，是用孫康映雪讀書和江泌月下讀書的典故。

「樓月宜簫」四句，講在月夜適合演奏的音樂，簫聲幽咽，在樓上吹簫更能表達孤懷幽緒；笛聲清亮，在江邊更加悠揚；笙聲莊重，適合寺院演奏；琴聲婉轉，適合在書齋靜靜地欣賞。

紗櫥是閨房家具，勾欄是弦索之地，故曰「閨闈月宜紗櫥，勾欄月宜弦索」。在船上看山月，月隨水行；沙場刁斗之聲不絕，月下更覺淒清。美人如花，故曰「花月宜佳人」；松樹長青，象徵有道者志節，故曰「松月宜道者」；蘿也稱松蘿，在詩文中借指山林，蘇軾〈杜處士傳〉：「古人有三聘而起松蘿者，迫實用也。」故曰「蘿月宜隱逸」；俊英指才學之士，古人謂科舉及第為折桂，故曰「桂月宜俊英」。僧人避世，寺院多建於山上，故曰「山月宜老衲」；朋友相聚，湖邊賞月，與合適的朋友在一起才有趣味，張岱〈西湖七月半〉寫在西湖賞月的情景，說只有與文人雅士一起才是真正賞月，故曰「湖月宜良朋」；「楊柳岸，曉風殘月」，風月下楊柳搖曳多姿，故曰「風月宜楊柳」；古人有踏雪尋梅的佳話，故曰「雪月宜梅花」。片月即殘月，給人以淒涼幽獨的感覺，故適合在寧靜的場合獨賞；滿月給人圓滿幸福的感覺，故適合在熱鬧的場合與眾人同賞。

十二·七四 佛經云：細燒沉水❶，毋令見火。此燒香三昧❷語。

【注釋】❶沉水 指沉水香，即沉香，一種香料的名稱。❷三昧 奧妙；訣竅。

【語譯】佛經說：細心地燒沉水香，不要讓它見到火光。這是燒香的訣竅。

【研析】明智旭《楞嚴經文句》提到做佛事壇中供物：「香爐純燒沉水，無令見火。」燒香而不見火，取其內斂含蓄之義。

十二·七五 石上藤蘿，牆頭薜荔❶，小窗幽致，絕勝深山，加以明月清風，物外之情，盡堪閒適。

【注釋】❶薜荔 緣木而生的香草。

【語譯】石上的藤蘿，牆頭的薜荔，從小窗看出去的幽雅景致，絕對勝過深山，加上清風明月和超脫世俗的情致，盡可悠閒自適。

【研析】此條也見於吳從先《小窗自紀》。居室中如有藤蘿、薜荔裝飾，有清風明月相伴，景色不遜於深山。觀賞景色，須景與心會，若有審美的胸襟和眼光，隨處可以發現景色之美，不一定要去深山中尋找。

十二·七六 出世之法，無如閉關❶。計一園手掌大，草木蒙茸❷，禽魚往來，矮屋臨水，展書匡坐❸，幾於避秦❹，與人世隔。

【注　釋】❶閉關　閉門謝客。❷蒙茸　蔥蘢，形容草木青翠茂盛。❸匡坐　端坐。❹避秦　陶淵明〈桃花源記〉說桃花源中人為避秦亂而入深山。

【語　譯】出世的方法，不如閉門謝客。有一個如手掌般大的園子，其中草木蔥蘢，禽魚往來，矮屋臨水，打開書本端坐，幾乎就成了避秦亂而躲入深山的桃花源中人，與人世相隔絕。

【研　析】此條意與上同。居於小園之中，閉關獨坐，猶如身處桃花源中。

十二·七七 山上須泉，徑中須竹。讀史不可無酒，談禪不可無美人。

【語　譯】山上必須有泉水，小路上必須有竹子。讀史書不能沒有酒，談禪理不能沒有美人。

【研　析】山有泉水則清靈，徑有茂竹則幽雅，讀史以酒助興，唯談禪須美人似覺無理。佛教講戒絕色欲，但又認為普通人只有在沉湎於色欲之後，才能領悟到色欲的虛無空幻。故佛經有觀音化身妓女點化凡人的傳說。錢謙益〈李緇仲詩序〉云：「佛言一切眾生皆以淫欲而正性命。向令阿難不入摩登之席，無垢光不食淫女之咒，則佛與文殊提獎破除亦無從發欲。」

十二·七八　幽居雖非絕世，而一切使令❶、供具、交遊、晤對❷之事，似出世外。花為婢僕，鳥為笑談，溪漱❸澗流代酒肴烹煉❹，書史作師保❺，竹石質❻友朋，雨聲雲影，松風蘿月，為一時豪興之歌舞。情景固濃，然亦清趣。

【注　釋】❶使令　供差遣使喚的人，一般指奴僕婢女。❷晤對　會面交談。❸漱　沖蕩；沖刷。❹烹煉　冶煉，此處指烹調。❺師保　古代輔助帝王和教導王室子弟的官員，有師有保，後成為官員的虛銜。此處泛指老師。❻質　相當。

【語　譯】隱居雖然不是與世隔絕，但一切差遣使喚的人、供應的酒食、結交的朋友、會面交談的對象，好像都來自塵世之外。花是婢女奴僕，鳥是談笑的侍者。溪水沖蕩山澗奔流，代替酒肴烹調。經書典籍是老師，竹子石頭相當於朋友。雨聲雲影、松間風蘿間月，是抒發一時豪興的歌舞。這樣的情景固然濃豔，但也很有雅淡的情趣。

【研　析】此條言隱逸之士崇尚自然的情趣，與花鳥為伍，以竹石為友，聽雨觀雲，浴風賞月，人與自然互相融合，消除了物我之間的隔閡，達到了天人合一的境界。

十二·七九　篷窗❶夜啟，月白於霜，漁火沙汀❷，寒星如聚。忘卻客子作楚，但欣煙水留人。

【注釋】❶篷窗　船窗。❷沙汀　沙灘；沙洲。

【語譯】夜晚推開船窗，月光比霜還白，沙洲上漁船的燈火，如同寒夜的星星聚集在一起。忘記了自己是在楚地作客，只是為煙霧迷蒙的水流留下過客而高興。

【研析】此條也見於《小窗自紀》，描述月夜江景，很具詩意，令人想起唐張繼的〈楓橋夜泊〉：

「月落烏啼霜滿天，江楓漁火對愁眠。」

十二·八〇　無欲者其言清，無累者其言達。口耳巽入❶，靈竅忽啟，故曰不為俗情所染，方能說法度人。

【注釋】❶口耳巽入　口出耳入。巽，同「噀」。從口中噴出。

【語譯】沒有貪欲的人言語淡雅，沒有牽掛的人言語通達。這樣的語言由口出從耳入，心竅忽然開啟，所以說不為庸俗的世情所汙染，才能說佛法度脫人。

【研析】此條也見於《小窗自紀》。言為心聲，沒有私心雜念的人，說出話來才能清雅通達，對聽者有所啟發。

十二·八一 臨流曉坐，欸乃❶忽聞，山川之情，勃然不禁。

【注釋】❶欸乃 行船搖櫓的聲音。

【語譯】清晨臨水而坐，忽然聽到行船搖櫓的聲音，遊歷山川的情致，突然興起難以克制。

【研析】此條也見於《小窗自紀》，聽到搖櫓聲，便好像隨著小船奔波在山川之間，讀此數句，令人聯想到柳宗元的〈漁翁〉：「漁翁夜傍西岩宿，曉汲清湘燃楚竹。煙消日出不見人，欸乃一聲山水綠。回看天際下中流，岩上無心雲相逐。」

十二·八二 舞罷纏頭❶何所贈，折得松釵❷；飲餘酒債莫能償，拾來榆莢❸。

【注釋】❶纏頭 古代歌舞藝人以錦帛纏頭，故客人以錦帛為賞賜，稱為纏頭。後遂以纏頭代指賞賜歌舞藝人的金銀財物。❷松釵 松葉，因其形如釵，故稱。❸榆莢 榆樹的果實，因其形如銅錢，也稱榆錢。

【語譯】妓女舞罷用什麼作纏頭相贈，折來松釵作賞錢；喝完酒付不出酒錢，拾來榆錢抵債。

【研析】以松釵作金釵為纏頭，以榆錢作金錢償酒債，既有文人風流，又有貧士的樂觀放達。松釵在詩詞中常用以描寫幽清寧靜的景色，如陸游〈幽事〉：「日日營幽事，時時有好懷。雨園殘竹粉，風砌落松釵。伴蝶行苔徑，聽蛙傍水涯。窮通了無謂，不必更安排。」，此條將松釵與歌舞聲色相聯繫，倒也別具一格。古人嘆窮，常用杜甫典春衣沽酒的典故，用榆錢還酒債，又進了一層。

十二·八三　午夜無人知處，明月催詩；三春有客來時，香風散酒。

【語　譯】在午夜無人知道的地方，明月助我詩興；三春季節有客人來的時候，香風散發出酒氣。

【研　析】明月令人神思飄逸，浮想聯翩，故能催發詩興。春風醉人，故有「暖風熏得遊人醉，直把杭州作汴州」的詩句。

十二·八四　如何清色界❶，一泓碧水含空；那可斷遊踪，半砌青苔殢❷雨。村花路柳，遊子衣上之塵；山霧江雲，行李擔頭之色。

【注　釋】❶清色界　清純的世界。佛教將世界分為欲界、色界、無色界三界，色界是有精美物質而無男女貪欲的世界。此處色界即指由物質構成的客觀世界。❷殢　迷戀；沉湎。

【語　譯】清澈的世界是怎樣的，就像晴空倒映在一潭碧水之中；哪裡可以停止遊人的行蹤，半邊臺階上被雨水浸潤的青苔。村邊的花路上的柳，是遊子身上的風塵；山中霧江上雲，是落在行李擔子上的風光。

【研　析】此條文字，貌似寫景，實則蘊含著生活的哲理。清淨無為的世界，猶如碧水含空般清澈明淨。而人們總是迷戀於男女之歡。村花路柳、山霧江雲也都暗喻尋歡作樂。

十二·八五 何處得真情？買笑不如買愁；誰人效死力？使功不如使過。

【語　譯】哪裡能得到真情？花錢買笑不如買愁；誰能捨命報效？使用有功的人不如使用有過錯的人。

【研　析】危難見真情，歡樂場中，遊戲人生，難覓真情。有功的人往往居功自傲，而有過之人小心謹慎，更能忠於職守。

十二·八六 芒鞋甫掛，忽想翠微之色，兩足復繞山雲；蘭棹方停，忽聞新漲之波，一葉仍飄煙水。

【語　譯】剛掛起草鞋，忽然想到碧綠的山色，兩腳又被山間雲霧纏繞；剛停下船槳，忽然聽到潮水新漲的波濤聲，一葉扁舟還是在煙水中漂流。

【研　析】此條寫遊興之濃，剛從山上回來，難捨山色翠微，又去登山。芒鞋古人登山所穿。「兩足復繞山雲」，雲在腳下迴旋，可見山勢高峻。小舟方靠岸，聽到波濤聲喧，又藉纜溢舟，出沒煙水之間。一「飄」字寫出水勢湍急，「煙水」形容江面寬闊，霧靄迷濛。

十二·八七　旨❶愈濃而情愈淡者，霜林之紅樹；臭❷愈近而神愈遠者，秋水之白蘋❸。

【注　釋】❶旨　味道。❷臭　香氣。❸白蘋　水中浮萍，花為白色。

【語　譯】味道愈濃而風神愈淡的，是經霜林木中的紅葉楓樹；香氣愈近而神情愈疏遠的，是秋天河流上白色的浮萍。

【研　析】經霜的楓樹，如火焰紅得耀眼，在寒冷中保持著挺拔的姿態。秋水中的浮萍，不僅散發出香氣，還具有幽遠的神情。觀賞景物，不僅要看到表面的色香，更要尋求其內在的神韻。

十二·八八　龍女❶濯冰綃❷，一帶水痕寒不耐；姮娥❸攜寶藥，半囊月魄❹影猶香。

【注　釋】❶龍女　傳說中龍王的女兒。❷冰綃　潔白如冰的細綾。❸姮娥　嫦娥，神話有嫦娥偷吃長生藥而奔月的故事。❹月魄　即指月亮、月光。

【語　譯】龍女洗滌潔白的輕紗，在水中留下一條波痕禁不住寒冷；嫦娥帶著長生藥奔月，半輪明月的影子散發出芬芳。

【研　析】此條上聯寫河水之寒冷，下聯寫片月之清幽。河水如帶，猶如龍女洗滌的冰綃。半囊月魄，當為殘月。月光清寒，本無香氣，由月亮聯想到嫦娥，由嫦娥聯想到她攜帶寶藥的香氣，可謂浮想聯翩。傳說月中有桂，桂香幽雅，古人常以月中桂香形容月光的幽清。

十二·八九　山館❶秋深，野鶴唳殘清夜月；江園春暮，杜鵑啼斷落花風。石洞尋真❷，綠玉嵌烏藤之杖；苔磯❸垂釣，紅翎間白鷺之蓑。晚村人語，遠歸白社❹之煙；曉市花聲，驚破紅樓❺之夢。

【注　釋】❶山館　山中的房舍。❷真　指仙人的蹤跡。❸磯　水邊的岩石。❹白社　指隱士居住的地方。❺紅樓　女子的居室。

【語　譯】深秋的山中房舍，在野鶴的鳴叫聲中清冷的夜月即將墜落；暮春江邊的園林，在杜鵑的啼叫聲中吹落花朵的風逐漸止息。往石洞中尋找仙人的蹤跡，拄著嵌有綠玉的烏藤杖；坐在長滿青苔的石頭上釣魚，披著紅白羽毛相間的蓑衣。傍晚村中傳來說話的聲音，那是人們從遠處回到飄蕩著炊煙的居處；早市傳來聲聲賣花的吆喝，將紅樓中女子從睡夢中驚醒。

【研析】 鶴聲嘹嚦，在詩詞中常用以表達夫妻分離的哀怨，和遊子思鄉的愁緒，繁欽〈愁思賦〉：「鳴鶴之哀音，知我行之多違，悵俯仰而自憐，志荒咽而摧戚。」月夜清寒，鶴聲更添人愁寂，張九功詩：「孤鶴唳殘山月上，洞簫吹徹海雲收。」宋李思衍〈見王參政〉詩：「一聲孤鶴唳殘月，幾杵疏鐘敲曉霜。」野鶴漂泊無依，暗喻遊子有家難歸，故「山館秋深」兩句，用野鶴唳殘月的淒清景象烘托遊子的鄉愁。杜鵑暮春徹夜悲啼，其聲淒惻，音似「不如歸去」，故在詩中常用以描寫遊子客居他鄉的悲愁。秦觀〈踏莎行〉詞：「可堪孤館閉春寒，杜鵑聲裡斜陽暮。」寫詞人羈旅郴州，客居寂寞，遊子孤單的情景，是流傳甚廣的名句。「江園春暮」兩句，意境與秦觀詞相同。「石洞尋真」、「苔磯垂釣」寫幽人隱士的瀟灑悠閒，宋人真山民〈夏晚江行〉詩：「蕭散烏藤杖，輕鬖白苧衣。試呼垂釣者，分我半苔磯。」明孫一元〈鄭繼之地官久不過湖上奉簡〉詩：「雲外烏藤杖，水邊白鷺巾。」「晚村人語」兩句寫農村傍晚的景象，有王維詩「田夫荷鋤至，相見語依依」、「渡頭餘落日，墟里上孤煙」的意境。「曉市花聲」寫城裡清晨景象，閨中女子被牆外賣花聲驚醒，是為春光明媚而欣喜，還是為春夢失落而遺憾？趙信庵有〈柳花〉詩云：「三月名園草色青，夢回猶聽賣花聲。春光不管人憔悴，飛絮紛紛弄晚晴。」

十二·九〇 **案頭峰石，四壁冷浸煙雲，何與胸中丘壑[1]；枕邊溪澗，半榻寒生**

瀑布，爭如舌底鳴泉❷。

【注　釋】❶胸中丘壑　指繪畫、作文時心中已經把握的深遠意境，也指對事物判斷和處置的主張。❷舌底鳴泉　指人從口腔裡發出的聲音，此處當指吟詠讀書聲、歌唱音樂聲。

【語　譯】桌上置放假山石，四壁好似被煙雲的冷氣所籠罩，與胸中的丘壑比又怎樣；枕邊響著山溪的流淌聲，好像瀑布的寒霧彌漫在半邊床榻上，又怎麼如從舌底發出的聲音。

【研　析】此條借景生事，用自然景物與社會人生相比擬。湯顯祖《南柯記》中說：「太行之路能摧車，若比人心是坦途；黃河之水能覆舟，若比人心是安流。」比喻的手法與此相近。

十二・九一　扁舟空載，贏卻關津❶不稅愁❷；孤杖深穿，攬得煙雲閒入夢。

【注　釋】❶關津　古代收稅的關卡渡口。❷不稅愁　不用為愁而交稅，參卷十第二五條。

【語　譯】小船沒有裝載任何貨物，這樣通過關卡渡口時不用為愁而納稅；獨自拄著拐杖穿越深山，招攬煙雲悠閒地進入夢鄉。

【研　析】「扁舟空載，贏卻關津不稅愁」，參見卷十第二五條研析。「攬得煙雲閒入夢」，寫行走於煙雲山水之間的閒情，十分形象生動。

十二·九二　幽堂晝密，清風忽來好伴；虛窗夜朗，明月不減故人。

【語　譯】幽深的房間白天緊閉，清風忽來猶如好友為伴；虛掩的窗戶夜晚敞開，明月照入室內如同故人光臨。

【研　析】在古代詩文中，清風明月常構成清幽高雅、坦蕩宏遠的意象，象徵著高風亮節。以清風為伴明月為友，可見胸襟之坦蕩，情趣之清雅。

十二·九三　曉入梁王之苑❶，雪滿群山；夜登庾亮之樓❷，月明千里。

【注　釋】❶梁王之苑　即梁苑，也稱梁園、兔苑。西漢梁孝王所建園林，在今河南開封東南。唐韋應物〈送李十四山東遊〉：「立馬望東道，白雪滿梁園。」❷夜登庾亮之樓　庾亮，東晉人，字元規。庾亮登南樓賞月事見本卷第六三條。

【語　譯】清晨進入梁王的園林，白雪覆蓋了群山。夜晚登上庾亮賞月的南樓，月光映照千里。

【研　析】梁園和庾亮樓都是著名的名勝古蹟。梁園為西漢梁孝王劉武所建，規模宏大，景色秀麗，當時著名文人如鄒陽、嚴忌、枚乘、司馬相如等都曾在此聚會，吟詩作文，對漢代文學的發展有重要影響。後世謝惠連、李白、杜甫、高適、王昌齡、李賀、秦觀、王廷相、李夢陽、侯方域等人，都曾慕名前來梁園，並創作了許多與梁園有關的詩文。庾亮樓在今鄂州，原名南樓。庾亮在此當刺史時，常登樓賞月。有一次庾亮登樓，有許多百姓也在樓上。眾百姓見到父母官，紛紛避讓，庾亮連忙阻止，與百姓談笑甚歡。百姓因此將南樓改稱庾亮樓。

十二·九四 名妓翻經，老僧釀酒，書生借箸❶談兵，介冑❷登高作賦，羨他雅致偏增；屠門❸食素，狙獪❹論文，廝養❺盛服領緣❻，方外束修❼懷刺❽，令我風流頓減。

【注釋】❶借箸　借用筷子謀劃方略，典出《史記·留侯世家》，後以「借箸」指為人謀劃。❷介冑　鎧甲和頭盔，此處指披戴鎧甲頭盔的武士。❸屠門　此處指屠夫。❹狙獪　狡猾奸詐，此處指商賈。❺廝養　僕役。❻盛服領緣　衣領有邊飾的豪華服裝。❼束修　乾肉，古人用作禮物。❽懷刺　懷藏名片，準備謁見。刺，相當於今日的名片。

【語譯】著名的妓女翻閱佛經，老和尚釀酒，書生為人謀劃戰事，軍人登山作賦，羨慕他們偏偏增加了不少雅致；屠夫吃素，商人談論文學，僕役穿著衣領有邊飾的盛裝，隱士帶著禮物去謁見權貴，使我風流頓減。

【研析】陳繼儒《巖棲幽事》也云：「名妓翻經，老僧釀酒，將軍翔文章之府，書生踐戎馬之場，雖乏本色，故自有致。」此條所言，皆是違反常規，背離習俗的事情。妓女以賣笑為生，卻去誦讀宣揚色空的佛經；僧人戒酒，卻去釀酒；書生以文章為事業，卻去籌劃戰爭；軍人馳騁疆場，卻登山作賦；屠夫以殺生為業，卻吃素念佛；商人以謀利為生，卻附庸風雅談論文學；僕人只能穿簡樸的青衣，卻穿上奢華的衣服；隱士本當躲避紅塵，卻奔走於權貴門下。這些違背傳統習俗的事情，在晚明社會卻是普遍的現象。

晚明青樓多才女，她們身處歌舞場中，更能體會情色之禍害，因此常念經誦佛以求解脫，最終遁入空門的也不少。佛教提倡禁欲，戒絕酒色，但破戒的僧人歷來有之。晚明小說戲曲中有些作品，如徐渭的《歌代嘯》、馮夢龍的「三言」，都寫到和尚沉湎酒色的故事。當時一些文人，深受狂禪之風的影響，一面篤信佛教，一面追求放縱自在的生活，「酒肉穿腸過，佛祖心頭坐」成了他們的行為模式。晚明文人習武蔚然成風，如一代名儒唐順之，就精通弓箭技擊之術，抗倭名將戚繼光、俞大猷曾從其學習弓箭槍法。唐順之本人也在抗倭戰爭中立下赫赫戰功。又如徐渭、茅坤等文人，都曾入胡宗憲幕府，為抗倭出謀劃策。武將習文也很普遍，戚繼光有《止止堂集》、俞大猷有《正氣堂集》等詩文傳世。晚明文化日益普及，商人社會地位也有所提高，因此不少商人與文人有密切交往，並學詩作文，投入到文學創作中來。封建社會對不同身分人們的服飾有嚴格的規定，洪武十三年頒布的《明律》專設「服舍違式」條，制定了懲戒越級僭用服飾、車輿、房舍、器用的條例。及至明代後期，這些規定全被打破。沈德符《萬曆野獲編》談及晚明服飾之變時說：「至賤如長班，至穢如教坊，其婦外出，莫不首戴珠箍，身披文繡。」范濂《雲間據目抄》將當時講究服飾奢華的風氣稱之為「服妖」，批評道：「奴隸爭尚華麗，則難為貴矣。女裝皆踵娼妓，則難為良矣。良貴不分，烏睹所謂仁厚之俗哉！」

晚明時期經濟的發展、商人社會地位的提高、思想的自由活躍、文化的普及傳播，形成了一股巨大的洪流，衝擊著傳統的禮教習俗。當時保守的人視之為洪水猛獸，驚呼「天崩地裂」，而有啟蒙思想的人則為之拍手稱快。此條文字的作者將這些悖離傳統習俗的行為稱之為「雅致」「風流」，可見作者思想是相當開明的。

十二·九五 高臥酒樓，紅日不催詩夢❶醒；漫書花榭❷，白雲恆帶墨痕香。

【注釋】❶詩夢 詩一般的夢境。❷花榭 花叢中的臺榭。

【語譯】在酒樓上安然入睡，紅日催不醒富有詩意的夢；在花榭中隨意書寫，白雲總是帶著墨蹟的芳香。

【研析】紅日高照，詩夢未醒，可見酒醉之深。詩夢，指富有詩意的夢境，也通指好夢。王冕〈題曹雲西南山水〉詩：「旭日耀蒼巘，翠嵐生嫩寒。幽人詩夢醒，清響得松湍。」「白雲恆帶墨痕香」，形容書畫墨香之濃郁，元許有壬有「清風千里墨痕香」之句，以墨痕香形容書畫作品的精美。

十二·九六 相❶美人如相花，貴清艷而有若遠若近之思❷；看高人如看竹，貴瀟灑而有不密不疏之致。

【注 釋】❶相 欣賞。❷若遠若近之思 指隱約有無的朦朧意趣。

【語 譯】欣賞美人如同欣賞鮮花，貴在清秀豔麗而有隱隱約約的朦朧意趣；看高人如同看竹子，貴在瀟灑而有不疏不密的風致。

【研 析】中國傳統的審美觀念崇尚含蓄、朦朧、中和之美。距離產生美，距離太近，物象太真切，就失去朦朧之美，不能激發觀賞者的遐想。分寸產生美，太過濃豔或太過簡樸，都缺乏美感，恰到好處才是美，故宋玉〈登徒子好色賦〉形容美人云：「增之一分則太長，減之一分則太短，著粉則太白，施朱則太赤。」

十二·九七 **梅稱清絕，多卻羅浮一段妖夢❶；竹本瀟疏，不耐❷湘妃數點愁淚❸。**

【注 釋】❶羅浮一段妖夢 《龍城錄》載：隋文帝開皇年間，趙師雄在廣東羅浮，遇見一素衣女子，兩人飲酒相談甚歡。次日酒醒，發覺自己睡在一株梅花樹下。妖夢，妄誕之夢。❷不耐 不堪；不能忍受。❸湘妃數點愁淚 傳說舜死於南巡途中，舜的妃子娥皇、女英為之慟哭，淚滴竹上成斑，後投湘水而死，成為湘水之神，稱為湘妃。

【語 譯】梅花被讚譽為絕頂清雅，卻多了羅浮的一段妖妄之夢；竹子本來瀟灑疏朗，不堪忍受湘妃的數滴眼淚。

【研 析】梅花清幽，然而羅浮夢乃言趙師雄與梅妖合歡之事，玷汙了梅花的高雅。竹本蕭疏，承受不了娥皇、女英的喪夫之痛。羅浮夢、瀟湘淚本是文人常用來描寫梅竹的典故，可此條作者卻認為這兩個典故有損於梅竹的形象，頗有創見。

十二·九八　窮秀才生活，整日荒年❶；老山人❷出遊，一派熟路。

【注釋】❶荒年　莊稼受災的年頭。此處指饑荒的生活。❷山人　此處指沒有功名，靠奔走豪門打秋風過日子的文人。

【語譯】窮秀才的生活，好像天天都是饑荒；老山人出遊，到處都是熟路。

【研析】山人是明代一個特殊的群體，他們沒有功名，奔走於權貴門下，在文化思想上有一定的影響。有些山人借虛名謀求私利，本無學問卻裝腔作勢，受到人們的嘲諷和批判。「老山人出遊，一派熟路」，語帶譏刺之意。

十二·九九　眉端揚不得，庶幾在山月吐時❶；眼界放開來，只好向水雲❷深處。

【注釋】❶山月吐時　指山間明月初升時。❷水雲　水和雲，泛指幽深的自然景象。

【語譯】眉頭無法展開，大概在山間明月初升的時候；放開眼界，目光只能指向水雲的深處。

【研　析】古人形容美人「眉如彎月」，眉毛彎曲施展不開，似顰非顰，別有風致。山月初升，被群山遮蔽，看到的是一輪彎曲的殘月，與美人的眉毛相似。水面極遠處，水天一色，碧波與白雲混沌一片，李白詩「孤帆遠影碧山盡，惟見長江天際流」，所以只有放開眼界，才能看到水雲深處。水雲深處也指幽人所居之地，宋黃裳有「水雲深處尋幽客」句。「眼界放開來，只好向水雲深處」，也可理解為只有像居住在水雲深處的幽人那樣擺脫世事的束縛，才能有寬闊的胸襟和遠大的目光。

十二·一〇〇　劉伯倫攜壺荷鍤，死便埋我❶，真酒人哉；王武仲閉關護花，不許踏破❷，直花奴耳。

【注　釋】❶劉伯倫攜壺荷鍤二句　晉劉伶，字伯倫，竹林七賢之一。劉伶荷鍤出遊事，參卷一第一九八條。❷王武仲閉關護花二句　宋周密《續澄懷錄》載：「王武仲隱居，羊欣相訪，武仲曰：君子宜去，吾不可啟關，恐踏碎滿徑落花。」

【語　譯】劉伯倫帶著酒壺扛著鋤頭，醉死了就讓僕人當場埋葬，真是個愛喝酒的人啊；王武仲閉門護花，不讓別人踏破花朵，只是個花奴罷了。

【研　析】劉伶性情率真，嗜酒如命，愛喝酒是他的本性。花本是供人欣賞的，王武仲閉關護花，看似惜花，卻違背了種花的初衷，花也就失去其存在的價值和意義。此處涉及人和物的關係。物為我用，我是主物是奴，若我為物驅使，則物為主我為奴。在現實生活中，人們往往不能處理好物我關係，因而為物所累，最典型的例子是人與金錢的關係。金錢本是為人所用，可是有人視錢如命，不擇手段地去掙錢，甚至不惜以生命為代價，於是成了金錢的奴隸。

十二·一〇一 一聲秋雨，一行秋雁，消不得❶一室清燈；一月春花，一池春草，繞亂❷卻一生春夢。

【注釋】❶消不得 抵不上。❷繞亂 當作「擾亂」。

【語譯】一聲秋雨，一行秋雁，抵不上滿室淒清的燈光；一月的春花，滿池塘的春草，擾亂我一生的春夢。

【研析】秋雨、秋雁、秋燈，都是勾人愁思的物象，元王沂孫〈醉蓬萊〉詞：「一室秋燈，一庭秋雨，更一聲秋雁。」描繪出清冷孤寂的境地。秋雨秋聲都是客觀的景物，秋燈下的人卻有複雜的情感，所以說「一聲秋雨，一行秋雁，消不得一室清燈」。春回大地，萬物復甦，春花春草呈現出生氣蓬勃的景象，令人產生新的希望、新的追求，因此「繞亂卻一生春夢」，心情再也不能平靜。唐岑參〈春夢〉詩即云：「枕上片時春夢中，行盡江南數千里。」

十二·一〇二 夭❶桃紅杏，一時分付東風；翠竹黃花❷，從此永為閒伴。

【注　釋】❶夭　妖豔。❷黃花　菊花。

【語　譯】妖豔的桃花紅色的杏花，一時被東風吹落；綠色的竹子黃色的菊花，從此永遠是我悠閒的伴侶。

【研　析】《五燈會元》載：「福州西禪懶庵鼎需禪師，本郡林氏子。幼舉進士，有聲。年二十五，因讀遺教經，忽曰幾為儒冠誤，欲去家。母難之以親迎在期，乃絕之曰：『夭桃紅杏，一時分付春風；翠竹黃花，此去永為道伴。』竟依保壽禪師為比丘。」意為丟棄繁華的世俗生活，終身與翠竹黃花為伴，禮佛參禪。

十二·一〇三　花影零亂，香魂❶夜發，冁然❷而喜。燭既盡，不能寐也。

【注　釋】❶香魂　此處即指花的香氣。❷冁然　欣喜而笑的樣子。

【語　譯】花影零亂，花香在夜間散發，欣然而笑。燈燭已滅，不能入睡。

【研　析】此條言因愛花而夜不能寐，蘇軾〈海棠〉詩：「只恐夜深花睡去，故燒紅燭照紅妝。」與此意同。

十二·一〇四　花陰流影，散為半院舞衣；水響飛音，聽來一溪歌板❶。

【注釋】❶歌板　歌唱時用來打節拍的木板，此處泛指歌唱樂曲聲。

【語譯】花影流動，散在半邊院中好似舞衣旋轉；流水的聲響從遠處傳來，聽起來好似溪流響徹音樂聲。

【研析】此條與卷七第三九條重出。

十二·一〇五　**一片秋色，能療客病；半聲春鳥，偏喚愁人。**

【語譯】一片秋色，能夠治療客居他鄉的思鄉之病；春鳥斷續的鳴聲，偏偏對著心懷憂愁的人叫。

【研析】杜甫〈登高〉詩：「萬里悲秋常作客，百年多病獨登臺。」馬致遠〈秋思〉：「枯藤老樹昏鴉，小橋流水人家，古道西風瘦馬。夕陽西下，斷腸人在天涯。」遊子客居他鄉，鄉愁盤結於胸，待到秋天，更覺淒涼孤獨。然而美好的秋天景色，能減輕遊子的鄉愁，獲得精神上的慰藉。春天是萬物復甦，百花盛開的美好季節，可是在中國文人的筆下，時常與憂愁聯繫在一起，在詩歌中通過傷春、惜春感歎時光易逝，表達自己的身世之感，抒寫與親友分離的愁思。唐金昌緒〈春怨〉：「打起黃鶯兒，莫教枝上啼。啼時驚妾夢，不得到遼西。」少婦在夢中遠赴遼西，與丈夫相會。黃鶯啼鳴驚醒春夢，發現自己依然獨守空房，心中是何等惆悵淒苦。「半聲春鳥，偏喚愁人」，意為愁苦的人聽了春鳥的叫聲，更增添憂愁，與金昌緒的詩構想相似。

十二・一〇六 會心之語，當以不解解之；無稽之言，是在不聽聽耳。

【語譯】知心的話，應當不思而自解；沒有根據的話，應是充耳不聞。

【研析】此條與卷一第一二六條重出。

十二・一〇七 雲落寒潭，滌塵容於水鏡；月流深谷，拭淡黛於山妝。

【語譯】雲落在寒冷的潭上，在平靜如鏡的水中洗滌臉上的塵土；月光在深谷中流瀉，為群山梳妝描畫淡淡的眉黛。

【研析】此條以擬人的手法描寫寒潭中雲彩的倒影，深谷中月光的流瀉，十分形象生動。

十二・一〇八 尋芳者追深徑之蘭，識韻者窮深山之竹。

【語譯】尋求芳香的人追逐幽靜小路上的蘭花，懂得韻趣的人探求深山的竹林。

【研析】蘭花生於幽谷，修竹長於深山。只有窮盡深山幽谷，才能欣賞到蘭花的芬芳，修竹的挺拔。世上一切美好的事物，只有經過艱辛的努力才能獲得。

十二·一〇九 花間雨過，蜂粘幾片薔薇；柳下童歸，香散數莖薝蔔❶。

【注　釋】❶薝蔔　鬱金香的梵語音譯。

【語　譯】雨落花間，蜜蜂粘著幾片薔薇花瓣；童子回到柳樹下，帶著幾支散發著芬芳的鬱金香。

【研　析】雨打花落，蜜蜂在花叢中飛舞，沾上幾片薔薇花瓣，既寫出薔薇的嬌嫩，又寫出蜜蜂忙碌的形狀。童兒在田野玩耍，採摘幾枝芳香的鬱金香，累了回到柳樹下歇息，寫出農家生活的閒逸。

十二·一一〇 幽人到處煙霞冷，仙子來時雲雨香。

【語　譯】隱士到的地方煙霞也帶著一股冷氣，仙子來的時候雲雨散發出香氣。

【研　析】幽人避世，以煙霞為伴。仙子帶雲雨香，暗用巫山神女朝雲暮雨的典故。

十二·一一一 落紅點苔，可當錦褥；草香花媚，可當嬌姬。草逆❶則山鹿溪鷗，鼓吹則水聲鳥囀。毛褐❷為紈綺❸，山雲作主賓。和根野菜，不讓侯鯖❹；

帶葉柴門，奚輸甲第❺。

【注釋】❶逆　迎接。❷毛褐　獸毛或粗麻製成的短衣。❸紈綺　精美絲織品做的衣服。❹侯鯖　即五侯鯖。漢成帝母舅王氏五兄弟同日封侯，婁護合五家珍膳烹飪為雜燴，稱為五侯鯖。後以五侯鯖比喻精美的飲食。鯖，魚膾，用魚肉煮成的菜。❺甲第　豪門貴族的宅第。

【語譯】落花點綴青苔，可以當做錦繡被褥；草香花美，可以當做嬌豔的姬妾。野草迎接山中鹿溪邊鷗，水聲鳥鳴就像演奏音樂。獸毛粗麻衣服就當做精美的絲織品，山為主人雲作賓客。連根的野菜，不比五侯鯖差；用帶葉子的樹枝蓋的小屋，哪裡就不如豪門貴族的宅邸。

【研析】此條寫山居簡樸的生活，表現了崇尚自然，率性而為的意趣，其主旨與本卷第七八條相同。

十二・一二三　野築郊居，綽❶有規制❷。茅亭草舍，棘垣竹籬，構列❸無方❹，淡宕❺如畫。花間紅白，樹無行款❻，徜徉❼洒落❽，何異仙居。

【注釋】❶綽　寬敞。❷規制　指建築物的規模形制。❸構列　構建排列。❹無方　不拘一格。❺淡宕　恬靜。❻行款　標準；規格。❼徜徉　安閒自得。❽灑落　灑脫飄逸。

【語譯】在郊外構築房舍居住，寬綽而有規模形制。茅草蓋的亭子房屋，荊棘作院牆竹子作籬笆，排列不拘一格，恬靜如畫。紅白花朵相間開放，栽樹也沒有固定的規格，安閒灑脫，與仙人居處有什麼兩樣。

【研　析】此條言郊外的建築應該樸素淡雅，茅亭草舍、棘垣竹籬，才能體現出鄉野的風味，結構布局要順應自然。種樹栽花，錯落有致，與環境融為一體。現在有些鄉村建築，搞得富麗堂皇，不僅顯得俗氣，而且破壞了自然景觀。

十二·一一三　墨池❶寒欲結，冰分筆上之花❷；爐篆❸氣初浮，不散簾前之霧。青山在門，白雲當戶，明月到窗，涼風拂座，勝地皆仙，五城十二樓❹，轉覺多設。

【注　釋】❶墨池　洗筆硯的水池。❷冰分筆上之花　意謂筆尖因冰凍而分岔。筆上之花，指筆鋒。❸爐篆　指香爐的煙。煙在空中搖曳，形狀如篆字蜿蜒曲折，故稱爐篆。❹五城十二樓　古代傳說中神仙的居處。

【語　譯】洗筆硯的墨池因寒冷將要凍結，筆鋒因冰凍而分岔。香爐中的煙氣剛剛冒出，在簾前聚結成霧不散。青山在門外，白雲對著門戶，明月照在窗上，涼風吹過座位，如此美妙的境地如同仙界，神仙居住的五城十二樓，反而覺得是多餘的。

【研　析】「墨池寒欲結」二句，從字面上解釋，可理解為天氣寒冷，筆尖凍結而不能書寫。古人有「妙筆生花」之說，則此二句有嚴寒凍僵文思，下筆難以成文的意思。「青山在門，白雲當戶」描寫居處環境幽雅，宋釋道璨詩：「白雲繞屋，青山當戶，中有玉人，自娛歲暮。」明凌義渠〈吳興太守陸公血譜序〉：「我笤素稱沃壤，好稼穡，泉源在庭，青山在門。」「明月到窗，涼風拂座」通常描寫獨處一室的悠閒寧靜或寂寞孤單，明胡奎詩：「一夜清寒誰是伴，忽隨明月到窗前。」清吳綺〈張公蔚生署分司德政序〉：「朗月入懷，既傾情于接袂；清風拂座，乃氣洽于飲醇。」

十二・一一四　何為聲色俱清？曰松風水月，未足比其清華；何為神情俱徹❶？曰仙露❷明珠，詎能❸方其朗潤❹。

【注釋】❶徹　同「澈」。明澈；明亮清純。❷仙露　本指漢武帝所造銅人捧盤所接的露水，此處泛指露水。❸詎能　豈能。❹朗潤　明亮潤澤。

【語譯】怎樣才是聲音容顏都清雅？松風水月，不足以比擬他的清秀華麗；怎樣才是神情都明澈？仙露明珠，哪裡能比得上他的明亮潤澤。

【研析】此條也見於明吳從先《小窗自紀》，原文出自唐太宗李世民〈大唐三藏聖教序〉：「有玄奘法師者，法門之領袖也。幼懷貞敏，早悟三空之心；長契神情，先包四忍之行。松風水月，未足比其清華；仙露明珠，詎能方其圓潤。」此文以松風水月、仙露明珠形容玄奘姿態儀容、風度神情的清麗明澈。

十二・一二五 「逸」字是山林關目❶，用於情趣，則清遠多致，用於事務，則散漫無功。

【注　釋】❶關目　原指小說、戲曲中的重要情節，此處指事物的關鍵。

【語　譯】閒逸是隱居山林的關鍵，用於情趣，那麼就清遠多風致，用於事務，那麼就散漫沒有成效。

【研　析】此條也見於《小窗自紀》。逸即閒逸，以悠閒放鬆的心情對待生活，就能享受到各種樂趣；以閒適的態度對待工作，就收不到成效。因此，生活中要悠閒自在，工作要認真努力，兩者不可混淆。

十二・一二六 宇宙雖寬，世途眇❶於鳥道❷；徵逐❸日甚，人得浮比魚蠻❹。

【注　釋】❶眇　窄小。❷鳥道　只容飛鳥通過的道路。指險峻狹窄的山間小路。❸征逐　指爭名逐利。❹魚蠻　亦作「魚蠻子」，指漁夫、漁民。蘇軾〈魚蠻子〉：「人間行路難，踏地出賦租。不如魚蠻子，駕浪浮虛空。」

【語　譯】宇宙雖然寬廣，可是世途比山中鳥道還要險窄；爭名逐利一日比一日厲害，人們怎麼能像漁夫那樣駕舟自在。

【研　析】「宇宙雖寬」二句，言世途艱難，天地雖然寬廣，但人生的道路卻如行走在羊腸小道那麼危險。李白〈行路難〉云「大道如青天，我獨不得出」，即是此意。「征途日甚」言世人爭名逐利不得安閒，不能像漁夫那樣悠閒自得。在中國古代詩文中，漁夫往往作為隱逸者的象徵。

十二・一一七　柳下艤舟❶，花間走馬，觀者之趣，倍於個中❷。

【注　釋】❶艤舟　泊舟；靠岸停船。❷個中　指當事者。

【語　譯】在柳樹下停船，在花叢中騎馬疾馳，旁觀者的樂趣，要勝出當事人一倍。

【研　析】此條也見於《小窗自紀》。柳下艤舟、花間走馬，都是形容冶遊生活。劉過〈唐多令〉詞：「蘆葉滿汀洲，寒沙帶淺流。二十年重過南樓。柳下繫舟猶未穩，能幾日，又中秋。」宋代妓女盼盼有〈惜花容〉詞：「少年看花雙鬢綠，走馬章臺管弦逐。而今老更惜花深，終日看花看不足。」

十二・一一八　問人情何似？曰野水❶多於地，春山半是雲；問世事何似？曰馬上懸壺漿❷，刀頭分頓肉❸。

【注　釋】❶野水　指野外未經人工開鑿的水流。❷壺漿　壺盛的茶酒。❸頓肉　燉肉。

【語　譯】問人情像什麼？就像野外的水流到處氾濫，春天的山一半被雲遮蔽；問世事像什麼？就像馬上懸掛著茶酒，在刀頭分食燉肉。

【研　析】人情反覆難測，似野外水流任意氾濫，春天的山巒被雲覆蓋。世事危險，好像在馬上掛著一壺水那樣容易傾覆，刀頭舔肉容易割破舌頭。

十二·一一九　塵情一破，便同雞犬為仙❶；世法相拘，何異鶴鵝作陣❷。

【注　釋】❶雞犬為仙　傳說漢代淮南王得道成仙，家中雞犬也一同升天。❷鶴鵝作陣　鶴鵝列隊，猶如戰士排列戰陣。

【語　譯】一看破塵世的凡俗之情，就會與雞犬一同升天成仙；被世俗的禮法相拘縛，與鶴鵝在人的指揮下列隊有什麼兩樣。

【研　析】看破紅塵，就能成仙；不能擺脫世俗的羈絆，就像被人豢養的鶴鵝不得自由。

十二·一二〇　清恐人知，奇足自賞。

【語　譯】清雅恐怕人知道，奇異足以自賞。

【研　析】清高指品德高尚，不慕名利，不與世俗同流合污，又有孤芳自賞的意思。真正清高的人，是不求人知的，就如《老子》所說：「大音希聲，大象無形，道隱無名。」有些人為博取名聲而故作清高，求名之心猶存，那就算不上真正的清高。也有些人假清高沽名釣譽，行為好像高尚純潔，內心卻庸俗猥瑣，那就是假清高偽君子。唐代有個人叫盧藏用，早年求官不成，就跑到終南山隱居，裝出很清高的樣子，因此享有盛名。唐玄宗知道後，就讓他出山做官。有人諷刺盧藏用隱居終南山是做官的捷徑，於是有了「終南捷徑」的成語。

奇特的人，思想言行都與世俗不合，因此不為常人所理解，就只能孤芳自賞了。明代李贄便是這樣的奇人，他在雲南姚安知府任上，官做得好好的，突然辭職，把家眷送回泉州老家，自己跑到湖北麻城，寓居在寺院中讀書講學。他身居寺院，卻不拜佛唸經，還收了許多女弟子，都帶著鋪蓋住在寺院。有一天他與朋友聊天，突然離開，回來時把頭髮剃光了，說頭癢了，梳理麻煩，還是剃了清爽。古人說：「身體髮膚，受之父母，不敢毀傷也。」不是出家人是不能剃頭的。當地士大夫對李贄的奇特行為群起而攻之，並將他驅逐出境。李贄的行為，出自他不拘禮教，追求個性自由的思想，具有時代的進步意義。莊子把這樣行為奇特的人稱為「畸人」，說「畸人者，畸于人而侔于天」，畸人是行為奇特，不同於世俗的人，又是能通天道，即掌握自然規律的人。如果行為奇特卻毫無道理，就稱不上奇人，只是個不正常的人。

十二·一二二　與客倒金樽，醉來一榻，豈獨客去為佳❶；有人知玉律，回車三調，何必相識乃再❷。笑元亮❸之逐客何迂，羨子猷❹之高情可賞。

【注　釋】❶與客倒金樽三句　《宋書》載：陶淵明歸隱田居，「貴賤造之者，有酒輒設，潛（淵明）若已先醉，便語客：『我醉欲眠，卿可去。』其真率如此。」❷有人知玉律三句　《世說新語．巧藝》：「王子猷出都，尚在渚下。舊聞桓子野善吹笛，而不相識。遇桓於岸上過。王在船中，客有識之者云：『是桓子野。』王便令人與相聞，云：『聞君善吹笛，試為我一奏。』桓時已顯貴，素聞王名，即便下車，踞胡床，為作三調。弄畢，便上車去。客主不交一言。」玉律，音律。❸元亮　陶淵明，字元亮。❹子猷　王徽之，字子猷，王羲之之子，亦為晉代名流。

【語　譯】與客倒酒歡飲，醉了就同臥一榻，難道只有讓客人回去才好；有人知曉音律，於是停車吹奏三曲，何必一定要相識。笑元亮逐客是多麼迂腐，欽羨子猷高雅的情致值得讚賞。

【研　析】此條議論魏晉風度。與客飲酒，醉了同榻而眠，比遣客離去更為自然瀟灑。

十二·一二三　高士豈盡無染，蓮為君子，亦自出於淤泥；丈夫但論操持，竹作正人，何妨犯以霜雪。

【語　譯】高士難道都不受世俗汙染，蓮是花中君子，也是出於淤泥而不染；大丈夫只論操守，竹子就像正直的人，受到霜雪的侵犯有何妨。

【研　析】蓮花出汙泥而不染，更顯其高潔；竹子凌風霜而挺立，更顯其堅貞。疾風知勁草，板蕩識英雄，只有經過磨難，更能顯英雄本色。

十二·一二三　東郭先生之履，一貧從萬古之清❶；山陰道士之經，片字收千金之重❷。

【注　釋】❶東郭先生之履二句　《史記·滑稽列傳》載：「東郭先生久待詔公車，貧困飢寒，衣敝，履不完。行雪中，履有上無下，足盡踐地。道中人笑之。……後東郭貴至二千石，昔笑者爭附之。」❷山陰道士之經二句　《晉書·王羲之傳》載：「(王羲之)性愛鵝，……山陰有一道士，養好鵝，羲之往觀焉，意甚悅，固求市之。道士云：『為寫《道德經》，當舉群相贈耳。』羲之欣然寫畢，籠鵝而歸，甚以為樂。」

【語　譯】東郭先生的鞋子，因為一貧如洗便有了萬古的清名；山陰道士的《道德經》，每一個字都有千金的價值。

【研　析】古人歷來以甘於清貧為美德，有許多以清貧而著稱的名人。明代海瑞是有名的清官，他任淳安知縣時，穿布袍，吃粗糧糙米，讓僕人種菜自給。據載他睡覺僅一張木榻，蓋的是妻子的衣服，他的印章也是用泥烤乾後刻製的。王羲之以鵝換經，本是文人佳話。「山陰道士之經，片字收千金之重」，「千金之重」四字，將道士說得貪婪了。王羲之的字在當時雖然有名，還不至於一字千金，到了後世才身價百倍。然而，貪財的和尚道士歷來都有，明代尤為普遍。在白話小說「三言兩拍」中，就有好幾篇寫和尚道士貪財貪色的。

十二・一二四 管輅請飲後言，名為酒膽❶；休文以吟致瘦，要是詩魔❷。

【注　釋】❶管輅請飲後言二句　管輅，字公明，三國時魏人，善卜筮，有卜必應。《太平御覽》引《管輅外傳》云：「輅年十五，琅琊太守單子春雅有才度，欲見輅。輅造之，客百餘人，有能言之士。輅謂子春曰：『府君名士，加有雄貴之姿。輅既年少，膽未堅剛，懼失精神。若欲相觀，先飲三升清酒，然後敢言。』子春大喜，酌三升獨使飲之，於是輅與人人對答，言比有餘。」❷休文以吟至瘦二句　沈約，字休文，南朝詩人。《梁書・沈約傳》載其與徐勉書，言已老病之狀：「百日旬間，革帶常應移孔；以手握臂，率計月小半分。」後人以此云沈約因風流而清瘦，有「沈郎瘦腰」之說。要是，大概是。詩魔，作詩入魔。

【語　譯】管輅請求飲酒後再發表言論，這是以酒壯膽；休文因為吟詩而消瘦，大概是作詩入魔。

【研　析】俗話說：「酒能壯膽。」人喝了酒，會變得興奮衝動，說話做事不像平時有所顧忌，因此有「酒後吐真言」的說法。然而酒喝多了，神智不清醒，也會說錯話做錯事，因此又有「酒後失言」的說法。沈約是南朝著名文人，他特別重視詩歌的音樂性，作《四聲譜》，創立永明聲律論，專門辨析作詩的四聲八病，對中國詩歌的發展有重要影響。「休文以吟至瘦」，說他作詩注重聲律，每作一詩都要反覆吟誦。古代詩人，講究苦吟，常常為一字一句的推敲而走火入魔，賈島就是苦吟詩人的代表。有一次，賈島在驢背上作詩，其中有兩句是「鳥宿樹邊樹，僧推月下門」，他覺得「推門」不如「敲門」好，可又拿不定主意。他嘴裡反覆唸叨著「推門」「敲門」，不知不覺衝撞了韓愈出行的儀仗隊。韓愈沒有怪罪於他，還給他出主意，說「敲門」比「推門」好。這就是「推敲」一詞的由來。

十二·一二五 因花索句，勝他牘奏❶三千；為鶴謀糧❷，贏我田耕二頃。

【注釋】❶牘奏　文案書牘。❷為鶴謀糧　意謂領取俸祿。古代稱官員俸祿為鶴料、鶴俸。

【語譯】因為賞花而搜尋詩句，勝過給朝廷寫的奏疏公文；領取俸祿，勝過耕種二頃田地。

【研析】因花索句，有感而發，有真性情。牘奏三千，皆是官樣文章，千篇一律。從文學角度講，一首抒發真情的詩要勝過連篇累牘的公文。

十二·一二六 至奇無驚，至美無豔。

【語譯】最奇妙的事物不讓人驚訝，最美麗的事物並不豔麗。

【研析】老子說：「大音希聲，大象無形。」莊子說：「大美無言。」此條闡發老莊崇尚自然美的哲學思想。

十二・一二七 瓶中插花，盆中養石，雖是尋常供具，實關幽人性情。若非得趣，個中布置，何能生致。

【語譯】瓶中插花，盆中養石，雖然是平常的陳設，其實關係到隱居者的性情。要不是能領會情趣，其中的布置，怎麼能產生如此風致。

【研析】插花養石，雖是平常的擺設，卻能反映出主人的性情趣味。清代才女方婉儀作「牡丹梅花圖」，即以此段文字作題款。

十二・一二八 舌頭無骨，得言語之總持❶；眼裡有筋❷，具遊戲之三昧❸。

【注釋】❶總持　總管。❷眼裡有筋　意為有主見。筋，筋脈。❸具遊戲之三昧　指認識人生的真諦和奧祕。

【語譯】舌頭沒有骨頭，卻是言語的總管；眼裡有筋，能看破人生的奧祕。

【研析】此條與卷八第二三條重出。

十二·一二九 湖海上浮家泛宅，煙霞五色足資糧❶；乾坤內狂客逸人，花鳥四時供嘯詠。

【注釋】❶資糧 充當糧食。資，資助供給。

【語譯】以船為家在湖海上漂泊，五色煙霞足以充當糧食；乾坤內的狂放飄逸之人，四時的花鳥可以供人作詩吟唱。

【研析】浮家泛宅，謂以船為家，浪跡江湖，《新唐書·隱逸列傳》載：「顏真卿為湖州刺史，志和來謁，真卿以舟敝漏，請更之，志和曰：『願為浮家泛宅，往來苕霅間。』」宋胡舜陟詞：「今我綠蓑青箬笠，浮家泛宅煙波逸。」餐食煙霞，本指修仙學道，也用以形容放浪山水的閒適生活。〈遠遊〉：「飡六氣而飲沆瀣兮，漱正陽而含朝霞。」張居正〈七賢詠〉：「少無適俗韻，早有餐霞願。」狂客逸人指狂放不羈、遁世隱居的人。只有狂客逸人，不為世事拘縛，才有閒情逸致一年四季與花鳥為伍。

十二·一三〇 養花，瓶亦須精良，譬如玉環、飛燕❶不可置之茅茨❷，嵇阮賀李❸不可請之店中。

【注　釋】❶玉環飛燕　玉環，楊玉環，即楊貴妃，唐明皇的妃子。飛燕，即趙飛燕，漢成帝的皇后。楊玉環和趙飛燕都是歷史上著名的美人，有「環肥燕瘦」之稱。❷茅茨　茅屋。❸嵇阮賀李　嵇，嵇康。阮，阮籍。嵇阮是魏晉名士，竹林七賢中人。賀，賀知章。李，李白。賀李是唐代著名詩人。這四人都以嗜酒狂放，不拘禮法著稱。

【語　譯】養花，瓶子也一定要精良，譬如玉環、飛燕不可安置在茅屋中，嵇康、阮籍、賀知章、李白不可在小酒店招待他們。

【研　析】此條出自袁宏道《瓶史》，言好花須好瓶相配，才能相得益彰，襯托出花的嬌媚，猶如玉環、飛燕適宜居住在華麗的宮殿中，若住在簡陋的茅屋中，就會埋沒她們的美麗；嵇康、阮籍、賀知章、李白等人皆是豪放之士，在酒店中喝酒有拘束，不能開懷暢飲。然而，杜甫在〈飲中八仙歌〉中說：「李白一斗詩百篇，長安市上酒家眠。」可見李白也是在酒店喝酒的。

十二・一三一　纔有力以勝蝶，本無心而引鶯；半葉舒而巖暗，一花散而峰明。

【語　譯】小山能承受的力道只有一隻蝴蝶，本來就無心吸引黃鶯；半片葉子舒展開來山巖就黯淡無光，一朵花散去山峰就沐浴光明。

【研　析】此條出自唐太宗李世民〈小山賦〉，言盆景中假山形狀之玲瓏秀美。因為假山小，只能勝任輕巧的蝴蝶停留，黃鶯那樣輕巧的鳥也不能駐足，一花半葉就能遮擋住小山的陽光。

十二・一三二 玉檻❶連彩，粉壁迷明❷。動鮑照❸之詩興，銷王粲❹之憂情。

【注釋】❶玉檻 華美的欄杆。❷迷明 眩人眼目。❸鮑照 南朝詩人，字明遠，擅長七言歌行。❹王粲 三國時魏人，字仲宣，著名文學家，建安七子之一。他的〈登樓賦〉抒寫流離思鄉之情，為千古傳頌的名篇。

【語譯】華美的欄杆五彩繽紛，白色的牆壁眩人眼目。觸發鮑照的詩興，消解王粲的憂愁。

【研析】鮑照詩多有以宮殿樓臺為背景者，王粲登樓憂國思鄉，故從居室之豪華聯想到鮑照、王粲。

十二・一三三 急不急之辨❶，不如養默；處不切❷之事，不如養靜；助不直之舉，不如養正；恣不禁之費❸，不如養福；好不情之察❹，不如養度；走❺不實之名，不如養晦；近不祥之人，不如養愚。

【注釋】❶辨 同「辯」。辯論；爭辯。❷切 急切；急迫。❸恣不禁之費 揮霍不必要的花費。❹不情之察 不合情理的苛求。察，苛求；苛察。❺走 趨向；歸附，此處作爭逐解。

【語譯】急著為無關緊要的事情爭辯，不如保持沉默；去做不急切的事情，不如保持寧靜；支持不正派的行為，不如保持正直的操守；恣意揮霍不必要的花費，不如珍惜自己的福氣；喜歡不合情理的苛求，不如培養自己的氣度；爭逐不符合實際的名聲，不如韜光養晦；接近不祥之人，不如培養大智若愚的品性。

【研　析】此條宣揚老莊無為而治、以靜制動、守拙示弱的哲學思想。此書收集類似的語錄甚多，如卷一：「好辯以招尤，不若訒嘿以怡性；廣交以延譽，不若索居以自全；厚費以多營，不若省事以守儉；逞能以受妒，不若韜精以示拙。」卷十一：「靜坐然後知平日之氣浮，守默然後知平日之言躁，省事然後知平日之費閒，閉戶然後知平日之交濫……，近情然後知平日之念刻。」以上表述的都是同一個意思。

十二・一三四　誠實以啟人之信我，樂易❶以使人之親我，虛己❷以聽人之教我，恭己❸以取人之敬我，奮發以破人之量我❹，洞徹❺以備人之疑我，盡心以報人之托我，堅持以杜人之鄙我。

【注　釋】❶樂易　平易近人。❷虛己　虛心，不固執己見。❸恭己　自尊。❹量我　以固定的眼光看我。❺洞徹　透明；清澈。

【語　譯】用誠實啟示別人信任我，用平易近人讓別人親近我，用虛心來聽取別人的教誨，用自尊來取得別人的尊敬，用努力奮發來打破別人的成見，用透明公開來防備別人懷疑我，用盡心盡力來回報別人的託付，用堅持到底來杜絕別人鄙視我。

【研　析】此條言修養立身，待人處世之道，道理雖然淺顯，但卻很實在，皆是生活經驗的總結。

古籍今注新譯叢書

哲學類

新譯四書讀本　謝冰瑩等編譯
新譯學庸讀本　王澤應注譯
新譯論語新編解義　胡楚生編著
新譯孝經讀本　賴炎元等注譯
新譯易經讀本　郭建勳注譯
新譯周易六十四卦經傳通釋　黃慶萱注譯
新譯乾坤經傳通釋　黃慶萱注譯
新譯易經繫辭傳解義　吳　怡著
新譯禮記讀本　姜義華注譯
新譯儀禮讀本　顧寶田等注譯
新譯孔子家語　羊春秋注譯
新譯老子讀本　余培林注譯
新譯帛書老子　趙　鋒注譯
新譯老子解義　吳　怡著
新譯莊子讀本　黃錦鋐注譯
新譯莊子讀本　張松輝注譯
新譯莊子本義　水渭松注譯
新譯莊子內篇解義　吳　怡著
新譯列子讀本　莊萬壽注譯
新譯管子讀本　湯孝純注譯
新譯墨子讀本　李生龍注譯
新譯公孫龍子　丁成泉注譯
新譯晏子春秋　陶梅生注譯
新譯鄧析子　徐忠良注譯
新譯荀子讀本　王忠林注譯
新譯尹文子　徐忠良注譯
新譯尸子讀本　水渭松注譯
新譯鶡冠子　趙鵬團注譯
新譯鬼谷子　王德華等注譯
新譯韓非子　傅武光等注譯
新譯呂氏春秋　朱永嘉等注譯
新譯韓詩外傳　孫立堯注譯
新譯淮南子　熊禮匯注譯
新譯春秋繁露　朱永嘉等注譯
新譯新書讀本　饒東原注譯
新譯新語讀本　王　毅注譯
新譯潛夫論　彭丙成注譯
新譯論衡讀本　蔡鎮楚注譯
新譯申鑒讀本　林家驪等注譯
新譯人物志　吳家駒注譯
新譯張載文選　張金泉注譯
新譯近思錄　張京華注譯
新譯傳習錄　李生龍注譯
新譯呻吟語摘　鄧子勉注譯
新譯明夷待訪錄　李廣柏注譯

文學類

新譯詩經讀本　滕志賢注譯
新譯楚辭讀本　林家驪注譯
新譯楚辭讀本　傅錫壬注譯
新譯文心雕龍　羅立乾注譯
新譯六朝文絜　蔣遠橋注譯
新譯世說新語　劉正浩等注譯
新譯昭明文選　周啟成等注譯
新譯古文觀止　謝冰瑩等注譯
新譯古文辭類纂　黃　鈞等注譯
新譯樂府詩選　溫洪隆注譯
新譯古詩源　馮保善注譯
新譯千家詩　邱燮友等注譯
新譯詩品讀本　成　林等注譯
新譯花間集　朱恒夫注譯
新譯南唐詞　劉慶雲注譯
新譯絕妙好詞　聶安福注譯
新譯唐詩三百首　邱燮友注譯
新譯宋詩三百首　陶文鵬注譯
新譯宋詞三百首　汪　中注譯
新譯宋詞三百首　劉慶雲注譯
新譯元曲三百首　賴橋本等注譯
新譯明詩三百首　趙伯陶注譯
新譯清詩三百首　王英志注譯
新譯清詞三百首　陳水雲等注譯
新譯唐人絕句選　卞孝萱等注譯
新譯唐才子傳　戴揚本注譯
新譯拾遺記　石　磊注譯
新譯搜神記　黃　鈞注譯
新譯唐傳奇選　束　忱等注譯
新譯宋傳奇小說選　束　忱注譯
新譯明傳奇小說選　陳美林等注譯

新譯容齋隨筆選　朱永嘉等注譯
新譯明散文選　周明初注譯
新譯明清小品文選　鄭　婷注譯
新譯人間詞話　馬自毅注譯
新譯白香詞譜　劉慶雲注譯
新譯幽夢影　馮保善注譯
新譯菜根譚　吳家駒注譯
新譯小窗幽記　馬美信注譯
新譯圍爐夜話　馬美信注譯
新譯郁離子　吳家駒注譯
新譯歷代寓言選　黃瑞雲注譯
新譯賈長沙集　林家驪注譯
新譯揚子雲集　葉幼明注譯
新譯曹子建集　曹海東注譯
新譯建安七子詩文集　韓格平注譯
新譯阮籍詩文集　林家驪注譯
新譯嵇中散集　崔富章注譯
新譯陸機詩文集　王德華注譯
新譯陶淵明集　溫洪隆注譯
新譯江淹集　羅立乾等注譯
新譯庾信詩文選　歸　青注譯
新譯初唐四傑詩集　李福標注譯
新譯駱賓王文集　黃清泉注譯
新譯王維詩文集　陳鐵民注譯
新譯孟浩然詩集　楊　軍注譯
新譯李白詩全集　郁賢皓注譯
新譯李白文集　郁賢皓注譯
新譯杜甫詩選　張忠綱等注譯

新譯杜詩菁華　林繼中注譯
新譯高適岑參詩選　孫欽善等注譯
新譯昌黎先生文集　周啟成等注譯
新譯劉禹錫詩文選　閻　琦注譯
新譯柳宗元文選　卞孝萱等注譯
新譯白居易詩文選　陶　敏等注譯
新譯元稹詩文選　郭自虎注譯
新譯李賀詩集　彭國忠注譯
新譯杜牧詩文集　張松輝注譯
新譯李商隱詩選　朱恒夫等注譯
新譯范文正公選集　王興華等注譯
新譯蘇洵文選　羅立剛注譯
新譯蘇軾文選　滕志賢注譯
新譯蘇軾詞選　鄧子勉注譯
新譯蘇轍文選　朱　剛注譯
新譯曾鞏文選　高克勤注譯
新譯王安石文選　沈松勤注譯
新譯唐宋八大家文選　鄧子勉注譯
新譯柳永詞集　侯孝瓊注譯
新譯李清照集　姜漢椿等注譯
新譯陸游詩文選　韓立平注譯
新譯辛棄疾詞選　聶安福注譯
新譯歸有光文選　鄔國平注譯
新譯唐順之詩文選　馬美信注譯
新譯徐渭詩文選　周　群等注譯
新譯薑齋文集　平慧善注譯
新譯顧亭林文集　劉九洲注譯
新譯納蘭性德詞　馮　乾注譯

新譯方苞文選　鄔國平等注譯
新譯鄭板橋集　朱崇才注譯
新譯袁枚詩文選　王英志注譯
新譯李慈銘詩文選　潘靜如注譯
新譯聊齋誌異選　任篤行等注譯
新譯閱微草堂筆記　嚴文儒注譯
新譯浮生六記　馬美信注譯
新譯弘一大師詩詞全編　徐正綸編著

歷史類

新譯史記　韓兆琦注譯
新譯漢書　吳榮曾等注譯
新譯後漢書　魏連科等注譯
新譯三國志　吳樹平等注譯
新譯資治通鑑　張大可等注譯
新譯史記—名篇精選　韓兆琦注譯
新譯尚書讀本　吳　璵注譯
新譯尚書讀本　郭建勳注譯
新譯周禮讀本　賀友齡注譯
新譯逸周書　牛鴻恩注譯
新譯左傳讀本　郁賢皓等注譯
新譯公羊傳　雪　克注譯
新譯穀梁傳　顧寶田注譯
新譯春秋穀梁傳　周　何注譯
新譯戰國策　溫洪隆注譯
新譯國語讀本　易中天注譯
新譯說苑讀本　左松超注譯
新譯說苑讀本　羅少卿注譯

新譯新序讀本　葉幼明注譯
新譯吳越春秋　黃仁生注譯
新譯西京雜記　曹海東注譯
新譯列女傳　黃清泉注譯
新譯越絕書　劉建國注譯
新譯燕丹子　曹海東注譯
新譯東萊博議　李振興等注譯
新譯唐六典　朱永嘉等注譯
新譯唐摭言　姜漢椿注譯

宗教類

新譯金剛經　徐興無注譯
新譯高僧傳　朱恒夫等注譯
新譯碧巖集　吳　平注譯
新譯百喻經　顧寶田注譯
新譯楞嚴經　賴永海等注譯
新譯梵網經　王建光注譯
新譯圓覺經　商海鋒注譯
新譯法句經　劉學軍注譯
新譯六祖壇經　李中華注譯
新譯禪林寶訓　李中華注譯
新譯維摩詰經　陳引馳等注譯
新譯經律異相　顏洽茂注譯
新譯阿彌陀經　蘇樹華注譯
新譯無量壽經　邱高興注譯
新譯無量壽經　蘇樹華注譯
新譯妙法蓮華經　張松輝注譯
新譯景德傳燈錄　顧宏義注譯
新譯大乘起信論　韓廷傑注譯
新譯釋禪波羅蜜　蘇樹華注譯
新譯八識規矩頌　倪梁康注譯
新譯永嘉大師證道歌　蔣九愚注譯
新譯華嚴經入法界品　楊維中注譯
新譯地藏菩薩本願經　李承貴注譯
新譯悟真篇　劉國樑等注譯
新譯无能子　張松輝注譯
新譯坐忘論　張松輝注譯
新譯列仙傳　張金嶺注譯
新譯抱朴子　李中華注譯
新譯神仙傳　周啟成注譯
新譯性命圭旨　傅鳳英注譯
新譯老子想爾注　顧寶田等注譯
新譯周易參同契　劉國樑注譯
新譯道門觀心經　王　卡注譯
新譯養性延命錄　曾召南注譯
新譯樂育堂語錄　戈國龍注譯
新譯冲虛至德真經　張松輝注譯
新譯長春真人西遊記　顧寶田等注譯
新譯黃庭經・陰符經　劉連朋等注譯

軍事類

新譯司馬法　王雲路注譯
新譯尉繚子　張金泉注譯
新譯三略讀本　傅　傑注譯
新譯六韜讀本　鄔錫非注譯
新譯吳子讀本　王雲路注譯
新譯孫子讀本　吳仁傑注譯
新譯李衛公問對　鄔錫非注譯

教育類

新譯爾雅讀本　陳建初等注譯
新譯顏氏家訓　李振興等注譯
新譯聰訓齋語　馮保善注譯
新譯曾文正公家書　湯孝純注譯
新譯三字經　黃沛榮注譯
新譯百家姓　馬自毅等注譯
新譯幼學瓊林　馬自毅注譯
新譯增廣賢文・千字文　馬自毅注譯
新譯格言聯璧　馬自毅注譯

政事類

新譯商君書　貝遠辰注譯
新譯鹽鐵論　盧烈紅注譯
新譯貞觀政要　許道勳注譯

地志類

新譯山海經　楊錫彭注譯
新譯水經注　陳橋驛等注譯
新譯佛國記　楊維中注譯
新譯大唐西域記　陳　飛等注譯
新譯洛陽伽藍記　劉九洲注譯
新譯徐霞客遊記　黃　珅注譯
新譯東京夢華錄　嚴文儒注譯

◎新譯唐傳奇選

束忱、張宏生／注譯　侯迺慧／校閱

唐傳奇承襲前代志怪小說與傳記文學的寫作經驗，又充分吸收當代抒情文學的精華，將現實精神與浪漫手法完美地結合，因此唐傳奇被視為是中國小說發展成熟的表現，更是後代小說戲曲汲取原料的寶庫。本書選錄注譯三十五篇具代表性的唐傳奇小說，注釋簡明準確，語譯曉暢明晰，篇後並有多角度而深入的賞析，讓讀者能透過本書了解唐傳奇的精華與發展特色，並從多元的內容中感受唐代兼容並蓄的社會風氣。